U0513608

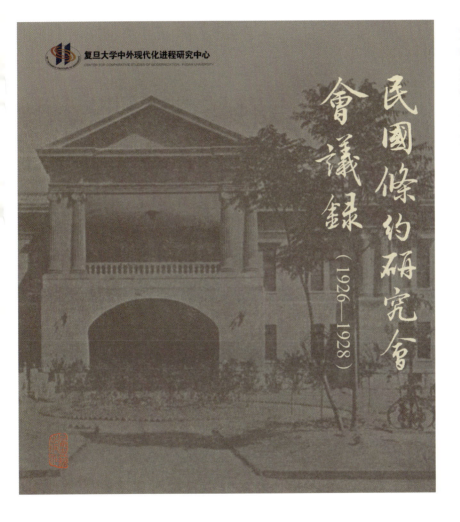

复旦大学中外现代化进程研究中心
CENTER FOR COMPARATIVE STUDIES OF MODERNIZATION, FUDAN UNIVERSITY

民國條約研究會

會議錄

（1926—1928）

近代中外交涉史料叢刊

吳文浩　整理

近代中外交涉史料丛刊

第二辑

复旦大学中外现代化进程研究中心　主编

编委会成员（以姓氏拼音排序）

戴海斌	韩　策	吉　辰	乐　敏	刘　洋
裘陈江	孙海鹏	孙　青	谭　皓	王元崇
吴文浩	薛轶群	章　清	张晓川	郑泽民

本辑执行主编：戴海斌

条约研究会会长顾维钧

条约研究会副会长王宠惠

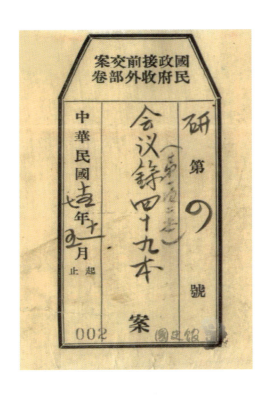

南京国民政府接收条约研究会档案封面

1928 年 3 月 15 日条约研究会第四十六次常会讨论中波缔约交涉的记录

总　序

　　梁启超在 20 世纪初年撰《中国史叙论》,将乾隆末年至其所处
之时划为近世史,以别于上世史和中世史。此文虽以"中国史叙论"
为题,但当日国人对于"史"的理解本来就具有一定的"经世"意味,
故不能单纯以现代学科分类下的史学涵盖之。况且,既然时代下延
到该文写作当下,则对近世史的描述恐怕也兼具"史论"和"时论"双
重意义。任公笔下的近世史,虽然前后不过百来年时间,但却因内
外变动甚剧,而不得不专门区分为一个时代。在梁启超看来近世之
中国成为了"世界之中国",而不仅仅局限于中国、亚洲的范围,其原
因乃在于这一时代是"中国民族连同全亚洲民族,与西方人交涉竞争
之时代"。不过,就当日的情形而论,中国尚处于需要"保国"的困境之
中,遑论与列强相争;而面对一盘散沙、逐渐沦胥的亚洲诸国,联合亦
无从说起,所谓"连同"与"竞争"大抵只能算作"将来史"的一种愿景
而已。由此不难看出,中国之进入近世,重中之重实为"交涉"二字。
　　"交涉"一词,古已有之,主要为两造之间产生关系之用语,用
以表示牵涉、相关、联系等,继而渐有交往协商的意思。清代以前
的文献记载中,鲜有以"交涉"表述两个群体之间的关系者。有清
一代,形成多民族一统的大帝国,对境内不同族群、宗教和地域的
治理模式更加多元。当不同治理模式下的族群产生纠纷乃至案

件,或者有需要沟通处理之事宜时,公文中便会使用"交涉"字眼。比如"旗民交涉"乃是沟通满人与汉人,"蒙民交涉"或"蒙古民人交涉"乃是沟通蒙古八旗与汉人,甚至在不同省份或衙门之间协调办理相关事务时,也使用了这一词汇。乾隆中叶以降,"交涉"一词已经开始出现新的涵义,即国与国之间的协商。这样的旧瓶新酒,或许是清廷"理藩"思维的推衍与惯性使然,不过若抛开朝贡宗藩的理念,其实质与今日国际关系范畴中的外交谈判并无二致。当日与中国产生"交涉"的主要是陆上的邻国,包括此后被认为属于"西方"的沙俄,封贡而在治外的朝鲜与服叛不定的缅甸等国。从时间上来看,"交涉"涵义的外交化与《中国史叙论》中的"乾隆末年"基本相合——只是梁启超定"近世史"开端时,心中所念想必是马嘎尔尼使华事件,不过两者默契或可引人深思。

道光年间的鸦片战争,深深改变了中外格局,战后出现的通商口岸和条约体制,致使华洋杂处、中外相联之势不可逆转。故而道咸之际,与"外夷"及"夷人"的交涉开始增多。尤其在沿海的广东一地,因涉及入城问题等,"民夷交涉"蔚然成为一类事件,须由皇帝亲自过问,要求地方官根据勿失民心的原则办理。在《天津条约》规定不准使用"夷"字称呼外人之前一年,上谕中也已出现"中国与外国交涉事件"之谓,则近百年间,"交涉"之对象,由"外藩"而"外夷",再到"外国",其中变化自不难体悟。当然,时人的感触与后见之明毕竟不同,若说"道光洋艘征抚"带来的不过是"万年和约"心态,导致京城沦陷的"庚申之变"则带来更大的震慑与变化。列强获得直接在北京驻使的权力,负责与之对接的总理衙门成立,中外国家外交与地方洋务交涉进入常态化阶段。这是当日朝廷和官员施政新增的重要内容。因为不仅数量上"中外交涉事件甚多","各国交涉事件甚繁",而且一旦处置不当,将造成"枝节丛生,不可收拾"的局面,所以不得不"倍加慎重",且因"办理中外交涉事件,关系重大",不能"稍有漏泄",消息传递须"格外严密"。如此种种,可见从同治年间开始,"中外交涉"之称逐渐流行且常见,"中外交涉"之事亦成为清廷为政之一大重心。

在传统中国,政、学之间联系紧密,既新增"交涉"之政,则必有"交涉"之学兴。早在同治元年,冯桂芬即在为李鸿章草拟的疏奏中称,上海、广州两口岸"中外交涉事件"尤其繁多,故而可仿同文馆之例建立学堂,往后再遇交涉则可得此人才之力,于是便有广方言馆的建立。自办学堂之外,还需出国留学,马建忠在光绪初年前往法国学习,所学者却非船炮制造,而是"政治交涉之学"。他曾专门写信回国,概述其学业,即"交涉之道",以便转寄总理衙门备考。其书信所述主要内容,以今天的学科划分来看大概属于简明的国际关系史,则不能不旁涉世界历史、各国政治以及万国公法。故而西来的"交涉之学"一入中文世界,则与史学、政教及公法学牵连缠绕,不可区分。同时,马建忠表示"办交涉者"已经不是往昔与一二重臣打交道即可,而必须洞察政治气候、国民喜好、流行风尚以及矿产地利、发明创造与工商业状况,如此则交涉一道似无所不包,涵纳了当日语境下西学西情几乎所有内容。

甲午一战后,朝野由挫败带来的反思,汇成一场轰轰烈烈的变法运动,西学西政潮水般涌入读书人的视野。其中所包含的交涉之学也从总署星使、疆臣关道处的职责攸关,下移为普通士子们学习议论的内容。马关条约次年,署理两江的张之洞即提出在南京设立储才学堂,学堂专业分为交涉、农政、工艺、商务四大类,其中交涉类下又有律例、赋税、舆图、翻书(译书)之课程。在张之洞的设计之中，交涉之学专为一大类，其所涵之广远远超过单纯的外交领域。戊戌年，甚至有人提议，在各省通商口岸无论城乡各处，应一律建立专门的"交涉学堂"。入学后，学生所习之书为公法、约章和各国法律，接受交涉学的基础教育，学成后再进入省会学堂进修，以期能在相关领域有所展布。

甲午、戊戌之间，内地省份湖南成为维新变法运动的一个中心，实因官员与士绅的协力。盐法道黄遵宪曾经两次随使出洋，他主持制定了《改定课吏馆章程》，为这一负责教育候补官员和监督实缺署理官员自学的机构，设置了六门课程：学校、农工、工程、刑名、缉捕、交涉。交涉一类包括通商、游历、传教一切保护之法。虽然黄遵宪自己表示"明交涉"的主要用意在防止引发地方外交争端，避免巨额赔款，但从课程的设置上来看包含了商务等端，实际上也说明即便是内陆，交涉也被认为是地方急务。新设立的时务学堂由梁启超等人制定章程，课程中有公法一门，此处显然有立《春秋》为万世公法之意。公法门下包括交涉一类，所列书目不仅有《各国交涉公法论》，还有《左氏春秋》等，欲将中西交涉学、术汇通的意图甚为明显。与康梁的经学理念略有不同，唐才常认为没必要因尊《公羊》而以《左传》为刘歆伪作，可将两书分别视为交涉门类中的"公法家言"和"条例约章"，形同纲目。他专门撰写了《交涉甄微》一文，一则"以公法通《春秋》"，此与康梁的汇通努力一致；另外则是大力鼓吹交涉为当今必须深谙之道，否则国、民利权将丧失殆尽。在唐才常等人创办的《湘学报》上，共分六个栏目，"交涉之学"即其一，乃为"述陈一切律例、公法、条约、章程，与夫使臣应付之道若何，间附译学，以明交涉之要"。

中国传统学问依托于书籍，近代以来西学的传入亦延续了这一方式,西学书目往往又是新学门径之书。在以新学或东西学为名的书目中,都有"交涉"的一席之地。比如《增版东西学书录》和《译书经眼录》,都设"交涉"门类。两书相似之处在于将"交涉"分为了广义和狭义两个概念,广义者为此一门类总名,其下皆以"首公法、次交涉、次案牍"的顺序展开,由总体而个例,首先是国际法相关内容,其次即狭义交涉,则为两国交往的一些规则惯例,再次是一些具体个案。

除"中外交涉"事宜和"交涉之学"外,还有一个表述值得注意,即关于时间的"中外交涉以来"。这一表述从字面意思上看相对较为模糊,究竟是哪个时间点以来,无人有非常明确的定义。曾国藩曾在处理天津教案时上奏称"中外交涉以来二十余年",这是以道光末年计。中法战争时,龙湛霖也提及"中外交涉以来二十余年",又大概是指自总理衙门成立始。薛福成曾以叶名琛被掳为"中外交涉以来一大案",时间上便早于第二次鸦片战争。世纪之交的1899年,《申报》上曾有文章开篇即言"中外交涉以来五十余年",则又与曾国藩所述比较接近。以上还是有一定年份指示的,其他但言"中外交涉以来"者更不计其数。不过尽管字面上比较模糊,但这恰恰可能说明"中外交涉以来"作为一个巨变或者引出议论的时间点,大约是时人共同的认识。即道咸年间,两次鸦片战争及其后的条约框架,使得中国进入了一个不得不面对"中外交涉"的时代。

"交涉"既然作为一个时代的特征,且历史上"中外交涉"事务和"交涉"学又如上所述涵纳甚广,则可以想见其留下的相关资料亦并不在少数。对相关资料进行编撰和整理的工作,其实自同治年间即以"筹办夷务"的名义开始。当然《筹办夷务始末》的主要编撰意图在于整理陈案,对下一步外交活动有所借鉴。进入民国后，王彦威父子所编的《清季外交史料》则以"史料"为题名，不再完全立足于"经世"。此外，出使游记、外交案牍等内容，虽未必独立名目，也在各种丛书类书中出现。近数十年来，以《清代外务部中外关系档案史料丛编》、《民国时期外交史料汇编》、《走向世界丛书》（正续编）以及台湾近史所编《教务教案档》、《四国新档》等大量相关主题影印或整理的丛书面世，极大丰富了人们对近代中外交涉历史的了解。不过，需要认识到的是，限于体裁、内容等因，往往有遗珠之憾，很多重要的稿钞、刻印本，仍深藏于各地档案馆、图书馆乃至民间，且有不少大部头影印丛书又让人无处寻觅或望而生畏，继续推进近代中外交涉相关资料的整理、研究工作实在是有必要的，这也是《近代中外交涉史料丛刊》的意义所在。

这套《丛刊》的动议，是在六七年前，由我们一些相关领域的年轻学者发起的，经过对资料的爬梳，拟定了一份大体计划和目录。复旦大学中外现代化进程研究中心的章清教授非常支持和鼓励此事，并决定由中心牵头、出资，来完成这一计划。以此为契机，2016年在复旦大学召开了"近代中国的旅行写作、空间生产与知识转型"学术研讨会，2017年在四川师范大学举办了"绝域轺轩：近代中外交涉与交流"学术研讨会，进一步讨论了相关问题。上海古籍出版社将《丛刊》纳入出版计划，胡文波、乔颖丛、吕瑞锋等编辑同仁为此做了大量的工作。2020年7月，《近代中外交涉史料丛刊》第一辑十种顺利刊行，荣获第二十三届华东地区古籍优秀图书一等奖。《丛刊》发起参与的整理者多为国内外活跃在研究第一线的高校青年学者，大家都认为应该本着整理一本，深入研究一本的态度，在工作特色上表现为整理与研究相结合，每一种资料均附有问题意识明确、论述严谨的研究性导言，这也成为《丛刊》的一大特色。

2021 年 11 月、2024 年 6 月,由复旦大学中外现代化进程研究中心与复旦大学历史学系联合举办的"钩沉与拓展:近代中外交涉史料丛刊"学术工作坊、"出使专对:近代中外关系与交涉文书"学术工作坊相继召开,在拓展和推进近代中外关系史研究议题的同时,也进一步扩大充实了《丛刊》整体团队,有力推动了后续各辑的筹备工作。《丛刊》计划以十种左右为一辑,陆续推出,我们相信这将是一个长期而有意义的历程。

这一工作也是国家社科基金重大项目《晚清外交文书研究》(23&ZD247)、教育部人文社科重点基地重大项目《全球性与本土性的互动:近代中国与世界》(22JJD770024)的阶段性成果。

整理凡例

一、本《丛刊》将稿、钞、刻、印各本整理为简体横排印本，以方便阅读。

二、将繁体字改为规范汉字，除人名或其他需要保留之专有名词外，异体、避讳等字径改为通行字。

三、原则上保持文字原貌，尽量不作更改，对明显讹误加以修改，以〔 〕表示增字，以（ ）表示改字，以□表示阙字及不能辨认之字。

四、本《丛刊》整理按照国家标准标点符号用法，进行标点。

五、本《丛刊》收书类型丰富，种类差异较大，如有特殊情况，由该书整理者在前言中加以说明。

目　录

前　言

在近代以来的中国外交史上，民国北京政府时期的外交部因实际承担了外交决策的职责，具有特殊地位。近代中国中央政府层面主管外交的机构，始于1861年成立的总理各国事务衙门，即通称的总理衙门。不过总理衙门不是专职外交机构，与洋务相关各类事宜多少都在其职权范围之内，但又只是一临时性、协调性机构，对很多外交事务不享有决策权，遑论在很长时间内北洋大臣李鸿章才是中国主持对外交涉的主要官员。根据《辛丑条约》的规定，总理衙门于1901年改组为外务部，位居各部之首，且有了专职人员，但其他方面变化不大。民国北京政府成立后，陆徵祥负责主持新设立的外交部，担任外交总长一职，对外交部与驻外使领的关系、地方外事权力等进行了清理，实现了外交部组织的现代化。根据1912年《中华民国临时约法》规定，总统享有外交权，但要接受国会的监督，有关外交的命令还需要得到外交总长的副署才能生效。1924年《中华民国约法》的规定亦与《中华民国临时约法》相似。1914年《中华民国约法》、1924年《中华民国临时政府制》、1927年《军政府组织令》规定由国家元首（大总统、临时执政、大元帅）独掌外交权，但实行的时期都很短。在实际情况中，外交部掌握了外交权,这是因为袁世凯死后,皖系、直系、奉系相互之间及派系内部的争斗,使得北京政府更迭频繁,长期处于不稳定的状态,财政方面更是仰仗于列强控制的海关"关余",因此历届北京政府均需要得到列强的正式承认或者默认;而段祺瑞、曹锟、吴佩孚、张作霖等军事强人缺乏外交经验,虽然有自己的外交机构或代表与列强联系,但在实际掌握北京政府时,不太干涉外交事务,依靠由专业人士掌控的外交部与列强打交道。得益于这一不正常的政治状态,陆徵祥与袁世凯的约定——"外交部应归总长指挥,别人不得干涉"维持了下来,①外交部不仅具有人事上的独立性,还获得了外交决策权,致力于通过外交途径维护国家利益,收回国家主权。

民国北京政府外交部的组织除通商司、条约司、政务司等之外,还设立了一系列任务编组性的临时机构,如俄事委员会、条约研究会、和约研究会等。其中条约研究会更是在北京政府处于总统和国会均不复存在的混乱状态下,承担了外交决策的重责大任,"成为当时实质上主持'修约外交'的外交决策机制"。②

一、条约研究会的职责

自签订《南京条约》之后,清政府对条约的认知与观念,经历了从"要盟不信"到"以为信据"的转变,从传统的"怀柔远人"到

---

① 张宪文、张玉法主编,马振犊、唐启华、蒋耘著:《中华民国专题史》第三卷"北京政府时期的政治与外交",南京:南京大学出版社,2015年,第86页。
② 唐启华:《北京政府末期"修约外交"决策机制刍议(1925~1928)》,中国社会科学院近代史研究所编:《中华民国史研究三十年(1972—2002)》上卷,北京:社会科学文献出版社,2008年,第37页。

"以求两益"，从"未便参阅"国际法到"奉为圭臬"，从"一劳永逸"的所谓"万年和约"到"预筹修约"的转变。[①] 20 世纪初年，清政府与英、美、日等国进行了修订商约的交涉，并注重改革内政，研究条约，以为修约创造条件。民国政府延续清末以来的思路与政策，利用各种机会，订立平等新约，先后在巴黎和会与华盛顿会议上，公开向列强提出取消不平等条约束缚、恢复中国国家完整主权的请求，然而未得到列强的积极回应。五卅惨案前后，国内兴起了反对不平等条约的运动，如国共合作，提出废除不平等条约，使废约成为国民革命运动的重要旗帜。当时的北京政府虽然已经极度虚弱，但却在外交方面进行了出色的工作，于 1925 年 6 月 24 日向列强提出修约照会，要求列强满足中方的修约要求。列强经过磋商，终于同意考虑中方的诉求，召集关税会议与调查治外法权委员会会议，以寻求解决关税与治外法权问题的办法。然而，中国仍然没能通过这两次多边外交途径实现目标，于是自 1926 年 2 月起，北京政府决定转而采取与各国分别进行双边交涉的路径，实行"到期修约"的方针，以国际法上情势变迁原则为依据，根据条约到期先后顺序，分别向各国提出修约要求。当时与中国订立不平等条约的有十多个国家，各条约到期情况如下表：

因此，北京政府外交部自 1926 年底起，与比利时、西班牙、日本、法国等国就修订不平等旧约问题展开磋商，并废除与比利时、西班牙的旧约，在近现代中外关系史上留下了浓墨重彩的一笔。

---

① 李育民：《晚清时期条约关系观念的演变》，《历史研究》2013 年第 5 期。

中外旧约到期改订情况

国别	旧约缔结日期	旧约互换批准日期	旧约届满日期	修约依据条款	改订条约的时限要求
法国	1858年6月27日	1860年10月25日	1932年10月25日	《天津条约》第40款	1932年10月25日以后（仅法国有权提出）
	1886年4月25日	1896年8月7日	1926年8月7日	《越南条款》第8款、《越南边界通商章程》第18款	1926年2月8日前
比利时	1865年11月2日	1866年10月27日	1926年10月27日	《通商条约》第46款	1926年4月27日前（仅比利时有权提出）
日本	1896年7月21日	1896年10月20日	1926年10月20日	《通商行船条约》第26款	1926年10月21日后6个月内
西班牙	1864年10月10日	1867年5月10日	1927年5月10日	《和好贸易条约》第23款	1926年11月10日前

续　表

国别	旧约缔结日期	旧约互换批准日期	旧约届满日期	修约依据条款	改订条约的时限要求
秘鲁	1874 年 6 月 26 日	1875 年 8 月 7 日		《通商条约》第 18 款	1928 年 2 月 7 日前
葡萄牙	1887 年 12 月 1 日	1888 年 4 月 28 日	1928 年 4 月 28 日	《和好通商条约》第 46 款	1928 年 4 月 29 日后 6 个月内（仅限税率及通商条款）
意大利	1866 年 10 月 26 日	1867 年 11 月 12 日	1928 年 6 月底	《通商条约》第 26 款	1928 年 7 月 1 日后 6 个月内（仅限税率及通商条款）
丹麦	1863 年 7 月 13 日	1864 年 7 月 29 日	1928 年 6 月底	《天津条约》第 26 款	1928 年 7 月 1 日后 6 个月内（仅限税率及通商条款）
瑞典	1908 年 7 月 2 日	1909 年 6 月 14 日	1929 年 6 月 14 日	《通商条约》第 15 条	1929 年 6 月 15 日后 6 个月内

续表

国别	旧约缔结日期	旧约互换批准日期	旧约届满日期	修约依据条款	改订条约的时限要求
巴西	1881年10月3日	1882年6月3日	1932年6月3日	《和好通商条约》第16款	1931年12月3日前
美国	1903年10月8日	1904年1月13日		《通商行船续订条约》第17款	1934年1月12日前
英国	1902年9月5日	1903年7月28日		《续议通商行船条约》第15款	1934年7月29日后6个月内（仅税则）
荷兰	1863年10月6日	1865年7月26日		《天津条约》"另款"	"凡各国税则届重修年份，和国亦可与曾经换约各国一体办理，不必另立年限"

资料来源：「对支列国通商条约改订时期」「日支通商条约改订时限」「日支通商条约届满年份」「中国与各国所订商约届满年份表」，第二卷「外务省外交料馆藏，2-5-1-0-123_002，JACAR Ref.B07080001300《中国与各国所订商约届满年份表》，台北"国史馆"藏档，020-990600-0004。

在到期修约的一系列行动背后，起到谋划、决策作用的是条约研究会。为更好推动修约外交，时任北京政府国务院总理兼外交总长、摄行大总统职权的顾维钧认为，取消不平等条约对中国主权的束缚是举国一致的要求，"惟国民方面与政府主张虽属一致，而进行不必同途，在国民不妨极鼓吹之能事，而政府则必求事实之可行，与其以废约为名，或反引列强之协以谋我，不如从根本改订条约之事实，将旧约之有损国权者，逐一修改，尤为切实易行，泯去痕迹"，①决定设立条约研究会，"专为研究现行条约及筹议改订新约各事项，并将改定章程，以部令公布，用策进行"。②条约研究会虽名为研究会，但由于主持者顾维钧为北洋时期最杰出的外交家，且顾氏在此期间长期担任外交总长，参会人员也囊括了这一时期北京政府大多数外交精英，又由条约司司长钱泰担任事务主任，讨论所得即交外交部执行，故实际上承担了修约决策的重担。

1926 年 11 月 9 日，条约研究会于外交部大楼开成立会议，除了因政局剧变，曾两次各休会一两个月外，大部分时间保持了一周一次会议的频率。

条约研究会处理的第一个重大问题是如何应对废除中比旧约的后续事宜。1926 年 11 月 6 日，北京政府以大总统令宣布废止中比旧约，从速订立以平等及互相尊重领土主权为基础的新约。③

① 《顾维钧致吴佩孚密电稿》(1926 年 10 月 16 日)，胡震亚选辑：《吴佩孚与顾维钧往来函电(1923 年 8 月—1927 年 4 月)》，《民国档案》2009 年第 4 期，第 31 页。
② 《条约研究会第一次会议》，《大公报》1926 年 11 月 10 日，第 2 版。
③ 《抄送终止中比条约之大总统指令照会》(1926 年 11 月 6 日)，《外交公报》第 64 期，1926 年 10 月，"条约"第 41—43 页；中国社会科学院近代史研究所译：《顾维钧回忆录》第一分册，北京：中华书局，2013 年，第 340 页。

废止中比旧约在中国近代外交史上具有里程碑意义,"是中国政府第一次在面对另一缔约国公开、正式反对的情况下宣布彻底废除旧的不平等条约",表明中国政府"决心行动起来",彻底摆脱不平等条约的束缚。① 颜惠庆称赞北京政府"终止得正是时候"。② 连正在领导北伐的蒋介石都称赞"顾博士做的对,废除这一条约只是即将来到的其他事件的先声"。③ 在发布大总统令的同一日,北京政府发表公开宣言,声明:"自近百年来,中国受压迫而订立不平等条约,于中外人民之间造成歧异不同之待遇,至今日实为对于各国种种不满及蠹辖之原因。"不平等条约不符合《国际联盟盟约》及洛迦诺会议的精神,因此北京政府将努力改定现行各条约,订立平等新约。④ 这份宣言反复强调不平等条约的概念,"是中国在国家实践中首次使用不平等条约概念,在世界范围内也是破天荒的第一次"。⑤

比利时政府迅速作出回应,收回了有关与其他国家在法权问题上采取同一立场的声明,决定向海牙常设国际法院(Permanent Court of International Justice,当时中文亦常称之为国际法庭)提起诉讼,要求常设国际法院对条约第 46 条进行解释,还希望中国能一起向该法院提起公断请求;在该法院裁决结果出炉前,比利时坚

① 《顾维钧回忆录》第一分册,第 340 页。
② 上海市档案馆译:《颜惠庆日记》第二卷(1921—1936),1926 年 11 月 6 日,北京:中国档案出版社,1995 年,第 382 页。
③ 《蒋介石之内政外交谈》,《时报》1926 年 11 月 24 日,第 2 版;《西报载粤蒋谈话》,《大公报》1926 年 11 月 30 日,第 6 版。
④ 《中国政府宣言》(1926 年 11 月 6 日),《外交公报》第 64 期,1926 年 10 月,"条约"第 41—43 页。
⑤ 张建华:《晚清中国人的国际法知识与国家平等观念——中国不平等条约概念的起源研究》,北京大学博士学位论文,2003 年,第 118 页。

持只有其本国有权提议修约,拒绝承认中国政府的废约权。① 面对这一情况,条约研究会在 11 月 9 日的成立大会上,就是否接受常设国际法院的判决,还是以该问题属于政治问题而非单纯法律问题,转而向国际联盟大会提出,进行讨论;在后续的会议中,还就是否应诉、过渡时期对待比利时侨民及利益的办法等问题,进行过多次讨论,讨论结果均交由外交部执行。

条约研究会还深入讨论了中日、中西、中法等条约涉及的诸多问题,揭示了北京政府修约所面临的困境。以中法修约问题的讨论为例,1927 年 3 月 10 日,条约研究会第十七次常会讨论条约司所拟《中法边界通商条约草案》。该草案第 2 条为通商口岸及法国领事待遇问题,刁作谦认为既然旧约作废,则中国有权禁止法国人及法属殖民地人到原通商口岸通商,如果法国要求继续通商的话,中国"自可要求取消该处领事裁判权,以为交换条件",顾维钧及钱泰认为法国在华治外法权系基于 1858 年中法《天津条约》,因此应暂时不在草案中提及法权问题。王宠惠基本赞成刁作谦的意见,而罗文干则认为将通商与法权问题联系起来,"事实上恐多阻碍,因滇粤桂三省人民借道越南前往国内其他各处,及国内其他各处人民借道越南前往滇粤桂三省者,无岁正不知凡几,若取积极办法,于我亦多不利",因此他和顾维钧都倾向于在与法国协商解决法权问题之前,维持该地区法国领事的待遇,不取消其治外法权。王宠惠与刁作谦还是倾向于在交涉中讨论治外法权在三省的存废

---

① 《附比华使备忘录译文》(1926 年 11 月 6 日),《外交公报》第 69 期,1927 年 3 月,"条约"第 6 页;《附比华使照会译文》(1926 年 11 月 10 日),《外交公报》第 69 期,1927 年 3 月,"条约"第 6—7 页;《王景岐致外交部》(1926 年 11 月 10 日),王建朗总主编,张丽分卷主编:《中华民国时期外交文献汇编(1911—1949)》第三卷下册,北京:中华书局,2015 年,第 962 页。

问题,刁氏还以为"目下正在改订新约有机可乘之时,最好不妨设法一试,将领事裁判权予以取消,庶可借此得国内一般舆论之好感",但罗文干及钱泰担心影响在越侨民利益,而且法国可能反过来要求内地杂居的权利。①

这次会议的讨论充分显现了中方在中法交涉中困境的原因。越南华侨有六七十万人,享有部分与西方人不同的权利,如在诉讼上,因中、越习俗相近,故与越南人同等看待。在土地所有权、内河航行权、投标、渔业等方面华侨亦与越南人享有同等权益。② 华侨希望能继续维持原有权利,同时取消法属印度支那政府在税收等方面的歧视性待遇。如果贸然断绝与法属越南的关系,将严重冲击到华侨利益。在中法交涉中,"最感困难者,为彼方实有所挟制而无恐,盖我若拒绝订约,于彼方毫无损失,反是我国侨民即首受影响",尽管旧约中有关华侨待遇的规定并未在越南落实,但法国草案却只同意废除旧约,没有明确保障华侨利益,"在旧约既废、新约未成时期以内,华侨不将完全失其保障耶"。③

法国不担心谈判破裂后旧约作废,中方反而不敢贸然废约,"我若与法国取同一毅然决然之态度,则侨民、货物将两受影响,至于法国至多不过不能继续享有减税权利,盖此事彼实有恃无恐,而我则毫无对付之方也。……我若取毅然决然态度,则在印度支那之侨民、货物将两失其保障,法国对于我国旅居印度支那之侨民及

① 《条约研究会第十七次常会议录》(1927 年 3 月 10 日),台北"国史馆"藏档,020-990600-0127。
② 《条约研究会第十九次常会议录》(1927 年 3 月 24 日),台北"国史馆"藏档,020-990600-0129。
③ 《条约研究会第二十一次常会议录》(1927 年 4 月 14 日),台北"国史馆"藏档,020-990600-0129。

运往该处之货物将更订立种种苛刻之条件",废除中法《越南边界通商章程》对中国是弊多利少。同时顾维钧等人也担心云南省地方政府不会与北京政府采取同样的政策。王荫泰批评高唱废除旧约舆论的华侨,根本不了解废约后华侨将首当其冲,"中法条约我国所处地位正与中比条约比国所处地位成一正比例,去年比国态度初时非不异常强硬,然卒因本国侨民利害关系,终归屈服"。①如果无法达成中方所希望的新约,贸然取消旧约,"适所以害己利人",而中方唯一可以反制的手段,"不过取消边关减税办法,至多仅能使法人每年受数万元之损失已耳",因此中方宁愿一再延长旧约效力,以免"我国侨民将益失其依赖,于我殊为不利"。②

对于中国在中法修约交涉中的作为,唐启华有深刻分析:"中外旧约并非全属'不平等条约',废止旧约对中国不一定有利。中法修约与中比修约正好相反,北京可借比国侨民在华利益对比利时施压,迫使比国让步;但华侨在印支利益巨大,北京政府全无筹码迫使法国让步。加以比利时兵力不强,法国则大可对华强硬,致使北京政府对待两国态度,差距颇大。"③条约研究会的讨论充分体现了这一点。北洋修约外交中的退让、妥协非可单纯归咎于弱国外交之软弱无能,实有对国家及民众利益的深切筹谋。

条约研究会还花费很多精力研究、讨论条约中的治外法权、关税协定权、内河航行权、最惠国待遇等具体特权。以治外法权问题

---

① 《条约研究会第二十八次常会会议录》(1927 年 7 月 19 日),台北"国史馆"藏档,020 - 990600 - 0131。

② 《条约研究会第三十一次常会会议录》(1927 年 8 月 26 日),台北"国史馆"藏档,020 - 990600 - 0131。

③ 唐启华:《被"废除不平等条约"遮蔽的北洋修约史(1912—1928)》,北京:社会科学文献出版社,2010 年,第 429—430 页。

为例,王宠惠与罗文干应顾维钧的要求,合作起草了一份有关治外法权的说帖,供条约研究会讨论。该说帖首先说明了废除治外法权的必要性,"外国领事裁判权行于国内,与国家不能相容",日本、暹罗、土耳其、阿富汗等国也先后废除了治外法权,"独我以亚洲最大之邦,依然有领事裁判权之存在,致贻半主权国之诮,可耻实甚",接着分析了交涉方法、让与的利益、解决步骤等问题。交涉方法有与集体交涉或分别交涉两种,"与各国同时和议",如列强接受中国的要求,"可免分别交涉之烦",能较快地解决法权问题;但由于各国意见并不完全一致,"甲国认某项条件下可以放弃其领事裁判权,乙国或犹以为未足,互相牵制,交涉上不免发生困难"。"分国单独交涉",是外交部对比、法、日等国采取的方针,"果能因应得宜,可免各国协以谋我之弊";这两种方法均有成功的先例,前者如土耳其,后者如日本,"该二国交涉之方法不同,而结果均能达收回法权之目的,我国究以采用何种方法为宜,似应观察国际情形,随宜应付,免贻刻舟胶柱之讥"。在列强放弃治外法权的交换条件问题上,"于情于势",中国都需要在"关系国在中国各处得依照国籍(际)普通习惯及公平之标准,以享受居住与通商之自由及私法之权利"等问题上做出让步,主要的即土地所有权及内地杂居权。土地所有权问题上,从一般原则而言,经济发达国家,自可准许外人该项权利,对于经济落后国家,准许该项权利,将使"土地尽入外人之手,喧宾夺主,为害不可胜言";就实际情形而言,日本将趁机在中国东北及西北攫取大片土地,而且日本在废除治外法权时并未给予外国人土地所有权,所以"吾国此时不能允许外人享有似不待言"。内地杂居,一方面可以促进中国经济的发展,另一方面也可能会压迫较为孱弱的中国民族经济的发展,"欲获其利益而减少其弊害,则外人欲在内地杂居,在势虽难固拒",但应将内地杂居的区域限制在沿海、沿江及铁路沿线等交通便利的城镇,并同时要求废除租界、铁路附属地及使馆界,禁止外人在内河的航行权。解决法权问题的步骤方面,有三种方法,一是"分区逐渐收回",先收回外国人较多的通商繁盛地区的管辖权,然后逐渐收回内地的管辖权;二是"分事项逐渐收回",即不分地区,先收回某类案件管辖权,后收回其他种类案件的管辖权;三是"附条件收回",即"商定应履行之条件,俟该条件实施后即将领事裁判权及其他一切治外法权全部撤销,并无分区分期之限制",日本采取的就是这种做法,"除附期限外,于法院审判案件并不附他项条件,吾国似当仿照办理"。① 条约研究会对这份说帖进行了详细的讨论,确定了北京政府末期处理法权问题的基本政策。②

二、条约研究会的人员与经费

条约研究会由顾维钧自任会长,成员包括王宠惠副会长,罗文干、王荫泰、刁作谦、戴陈霖、刘崇杰、王继曾等会员,外交部条约司司长钱泰担任事务主任,后续还聘请了张东荪、严鹤龄、汤尔和、胡惟德等人担任顾问或高级顾问。自 1926 年 11 月 18 日,至 1928 年 5 月 3 日,条约研究会共举行了四十八次常会,基本由顾维钧主持。

1927 年 4 月 7 日,因与张作霖的安国军外交处在接收天津英租界及搜查苏联驻华大使馆问题上发生冲突,顾维钧内阁总辞,但

---

① 《王宠惠罗文干函送领事裁判权说帖》(具体时间不详),"国史馆"藏档,020 - 990600 - 2325。
② 参见拙文《中外法权交涉中的内地开放问题(1919—1931)》,《近代史研究》2023 年第 5 期。

被张作霖慰留。6月16日,顾维钧正式辞职,外交总长一职由次长王荫泰代理。北京政府随即改组成以张作霖为大元帅的军政府,由潘复任总理,王荫泰任外交总长,安国军外交处处长吴晋任外交次长。顾维钧虽留在北京,但未在军政府中任实职。条约研究会受此次政府大改组的冲击,自6月10日第二十七次会议后,休会一个半月,至7月29日才重新开会。条约研究会也就此改组,顾维钧继续担任条约研究会会长,由王荫泰接替南下的王宠惠任副会长,并加入了吴晋、内务总长沈瑞麟、司法总长姚震等人。1927年底,因王荫泰坚辞外交总长一职,条约研究会再次休会近三个月,在确定由罗文干担任外交总长后才复会。在这期间,顾维钧的地位似乎受到冲击,北京政坛有以唐绍仪、孙宝琦、颜惠庆等人主持条约研究会的言论,[①]但终究还是由顾维钧继续主持其事。

条约研究会副会长王宠惠,是耶鲁大学法学博士,曾任民国南京临时政府外交总长,北京政府大理院院长、司法总长、国务总理等要职,还曾担任修订法律馆总裁、司法官惩戒委员会委员长、海牙国际法院候补法官,代表中国参加过华盛顿会议、调查治外法权委员会会议,是民国时期外交界、法律界的重要人物,对治外法权问题有较深入研究。

顾维钧之外,短暂主持过条约研究会的是王荫泰。王荫泰,毕业于德国柏林大学法科,曾任张作霖顾问、外交次长,后来担任外交总长。1927年8月26日第三十一次常会,至1927年10月14日第三十五次常会,因顾维钧辞职离京或为其他事务缠身,由王荫泰主持条约研究会的讨论。

---

① 《颜惠庆日记》第二卷(1921—1936),1928年1月14日,第397页。

罗文干，曾在牛津大学学习法律，担任过北京政府检察总长、修订法律馆副总裁、大理院副院长、司法次长、财政总长、司法总长等职，是北京政府末任外交总长，同样属于法律界重要人物，对治外法权问题有较深入研究。

沈瑞麟，清末举人，历任驻比利时使馆随员、驻德使馆二等参赞、驻奥匈公使，1922 年后长期担任外交次长，后出任外交总长、内务总长。

姚震，曾留学于日本，历任清政府大理院推事、安福国会议员、法制院院长、司法部总长、大理院院长等职。

吴晋，曾留学于法国，担任过巴黎和会中国代表团秘书、安国军总司令部外交处长、外交次长兼情报局局长等职。

以上诸人均属于北京政府的高级官员，外交系统中层参与条约研究会的则有刁作谦、戴陈霖、刘崇杰、王继曾、钱泰、严鹤龄等人，他们大都有过驻外公使或者参加华盛顿会议的经历。

刁作谦，剑桥大学法学博士，历任驻英使馆一等秘书、参赞，外交部秘书、参事，外交官典试委员、驻古巴公使等，华盛顿会议时任中国代表团秘书长。

戴陈霖，早年就学于上海方言馆、北京同文馆，后历任驻法使馆翻译、二等书记官、驻西班牙及葡萄牙使馆代办、外交部参事、驻西班牙兼驻葡萄牙公使、驻瑞典兼挪威、丹麦公使等职。

刘崇杰，毕业于日本早稻田大学，曾任驻日公使馆参赞、横滨领事、国务院参议、外交部参事、驻西班牙公使等职。

王继曾，毕业于巴黎政法大学，曾任外务部主事、外交部佥事、政务司司长、驻墨西哥公使等职。

钱泰，巴黎大学法学博士，历任北京政府战时国际事务委员会委员、外交部参事、华盛顿会议中国代表团专门委员等职,1921—1928年间一直担任外交部条约司司长,深受顾维钧信任。

严鹤龄,哥伦比亚大学哲学博士,历任外交部秘书、参事、巴黎和会中国代表团专门委员、华盛顿会议中国代表团顾问、农商次长等职。

就求学及工作经历而言,参与条约研究会的人员均有较为丰富的外交经验或是法律素养,能够在修约问题上发挥所长。此外,条约研究会在讨论某专项问题时,还会邀请相关人员参加。

北洋末期政务费用,依赖关余及以关税等作担保之债务。北京政府国务会议通过的条约研究会经费是每个月3 000元,但实际上是每个月由关余项下支付2 000元。1927年3月10日,外交部向国务会议提出追加条约研究会经费至8 000元,统由关税项下拨付,以满足条约研究会延聘人员、对外接洽等方面的开支。3月16日,国务会议决定由关余项下拨付7 000元,但财政部实际拨付者仍只有2 000元。7月19日,国务会议决定每月拨付3 500元,另外3 500元借给外交部支付使领馆经费。后来,因总税务司对增加拨付经费的截止时间有不同理解,致使条约研究会的经费收入一度出现问题。经费支出方面,很大一部分是支付给委员、顾问等人的车马费、津贴,大体是300元、150元不等。

从条约研究会的人员构成及经费支出情况,似可窥见顾维钧与所谓"外交系"其他人物的关系。外交系并非一个具有明确组织、固定成员、共同利益与政治目标的政治派系,而是指巴黎和会之后,在北京政府内具有相当声望的一批出身于外交官的政府高官,主要包括颜惠庆、顾维钧、王宠惠、王正廷等人。条约研究会公布的副会长为颜惠庆,但颜惠庆并未参与研究会的活动。在顾维钩准备组织条约研究会时,就向颜惠庆发出担任副会长的邀请,颜惠庆"借口自己要出国而婉辞了",①似是因颜惠庆当时对顾维钧有意见,因此即便北京政府公布颜惠庆为副会长,他也没有参加条约研究会的会议。颜惠庆拒绝担任副会长后,顾维钧请王宠惠担任条约研究会副会长,王宠惠也确实提供了诸多重要意见。南京国民政府成立后,北京政府外交部官员投效南方者日众,其中最重要的人物就是王宠惠。王宠惠于1927年4月脱离了北京政府,南下出任南京国民政府司法部部长,但是直到1928年3月,条约研究会仍在向王宠惠支付津贴。王正廷不在条约研究会人员名单之中倒属正常,因他与顾维钧长期不睦,又与冯玉祥关系密切,在张作霖成为北京政府的实际掌控者之后,自然难以在北京政府立足,也就不可能加入条约研究会。

三、条约研究会档案的概况与价值

条约研究会档案现存于台北"国史馆",而非保存了较多北洋外交档案的台北"中研院"近代史研究所档案馆,或南京中国第二历史档案馆。这是因为南京国民政府取得全国政权后,继续推行改订新约,需要参考北洋政府的相关资料,故在接收北洋外交档案时,接收委员徐德懋"以条约研究会案卷,有关改订新约计划,将来国府与各国谈判修约时,亦须作为参考",故致电外交部长王正廷,请示是否一并接收该会档案。② 王正廷接纳了徐德懋的意见,该批档案被带住南京。随后几经波折,该批档案最终入藏"国史馆",以"前外交部条约研究会"档案的名称,被包括在国民政府外

---

① 《颜惠庆日记》第二卷(1921—1936),1926年10月19日,第378页。
② 《条约研究会案卷接收问题》,《新闻报》1928年6月27日,第3版。

交部档案中。

"国史馆"藏的这批档案共包括四部分,主体是"前外交部条约研究会会议录",共十一卷,其中 020 - 990600 - 0126 卷是条约研究会成立大会至第六次常会的会议记录,020 - 990600 - 0127 卷是条约研究会第七至十二次常会的会议记录,020 - 990600 - 0128 卷是条约研究会第十三至十八次常会的会议记录,020 - 990600 - 0129 卷是条约研究会第十九至二十三次常会的会议记录,020 - 990600 - 0130 卷是条约研究会第二十四至二十七次常会的会议记录,020 - 990600 - 0131 卷是条约研究会第二十八至三十一次常会的会议记录,020 - 990600 - 0132 卷是条约研究会第三十二至三十五次常会的会议记录,020 - 990600 - 0133 卷是条约研究会第三十六至三十八次常会的会议记录,020 - 990600 - 0134 卷是条约研究会第三十九至四十二次常会的会议记录,020 - 990600 - 0135 卷是条约研究会第四十三至四十六次常会的会议记录,020 - 990600 - 0136 卷是条约研究会第四十七至四十八次常会的会议记录。另外,020 - 990300 - 0026 卷是"前外交部条约研究会人员任用",收录了该会部分顾问、办事人员的聘用函;020 - 990200 - 0001 卷是"前外交部条约研究会经费",收录了该会月度经费的收入情况,以及支付给部分人员的津贴与夫马费的情况;020 - 990600 - 0137 卷是"前外交部条约研究会开会通知",收录了每次会议开会通知及会议讨论主题的情况。

基于档案的情况,本书的主体亦为条约研究会历次会议录,并以附录的形式,收录条约研究会的人员任用、经费收支、开会通知等方面的材料。

笔者管见所及,条约研究会档案的学术价值,至少包括以下几方面：

（1）有助于学界加深对北洋时期外交制度史的研究。通常认为，北洋时期的外交部享有外交决策权，但同时北洋政府成立了诸多临时性的外交方面的委员会、研究会之类的组织，这些组织与外交部的关系呈现怎样的状态呢？就条约研究会而言，时任外交总长的王荫泰曾声称，关于修约问题的政策与行动，皆取决于条约研究会，而非其个人决断，故条约研究会似可列入北洋时期的外交决策机构；然而，在少数几次王荫泰缺席的情况下，主持会议的顾维钧也明确表示，当次会议只能交换意见，不便做出决定，则条约研究会似乎又是个偏向于无法独立做决策的机构，其与外交部的关系实态还有待探究。

（2）有助于学界加深对近现代中外条约关系的研究。条约研究会讨论的范围既包括了如何应对中比、中日、中法、中墨等旧约的修订工作，还涉及对关税、法权、航权、最惠国等问题的认识，特别是其中关于取消治外法权与开放内地等问题的讨论，揭示了中外条约关系对中国社会的深刻与复杂影响。

（3）有助于学界推进近代中国外交思想史的研究。条约研究会做出相关决策时反复讨论的诸问题，如对治外法权与开放内地关系，如对最惠国待遇条款的发展趋势，如对修约与华侨利益的筹谋，等等，均反映了当时的外交精英对相关问题的认识，为推动近代中国外交思想史这一相对薄弱领域的研究，提供了重要的材料。

笔者关于条约研究会档案的搜集与整理工作，得到学界很多师友的帮助。唐启华老师的经典著作《被"废除不平等条约"遮蔽的北洋修约史（1912—1928）》就运用了条约研究会的档案。2013年底，笔者在台中东海大学交换、跟随唐老师学习期间，唐老师把条约研究会的会议记录分享给笔者,这是笔者首次接触到这批史料。后来,笔者进一步搜集条约研究会的其他资料,才有了目前的这部资料集。条约研究会会议记录中,间或有一些英文与法文,其中有些书写相当潦草,在任雯婧、苏圣捷等友人及责编乔颖丛的帮助下,并利用 ChatGPT、通义等 AI 工具,笔者得以识别出绝大多数外文;部分因底本极为模糊暂时未能识别者,则以"□"标出。会议录底本中涂抹删改之处,只录改后的文字;底本中明显错误之处,以脚注形式指出;底本中解释说明性文字,以"( )"的形式注明,内附小一号字体的文字;附录之人员任用、经费收支、开会通知等文件,原件多无标题且顺序稍有错乱,现标题为整理者新拟,并按照时间及事件发生的先后调整顺序。当然,由于笔者学力有限,本资料集不可避免会有疏漏之处,这些均由笔者负责。

吴文浩
于武汉大学振华楼历史学院

条约研究会第一次开成立会会议录

一九二六年十一月九日下午五时

列席人员：顾总长主席、王次长、罗总长、王总裁、王公使、戴公使、刁公使、钱事务主任。

总长云：修改不平等条约，不但人民希望，政府亦同此宗旨。修改办法与手续急待研究，故有本会之设。此次我国对于比国所采办法，比较的似出于外交常轨之外。查修约各案中，比约实居第一，故讨论对付手段时，目光不宜只注于比国，尤应注及于其他各国。目下已到提出修改期限各约，为比国约、法国越南边界通商约、日本约、日斯巴尼亚约，其数有四，最好请诸君各人担任研究一约，拟具意见，开会时提出讨论，仿佛 Rapporteur 然，此种办法是否可行？

王公使云：最好由二人担任研究一约，推一人报告，庶研究更见周密。

总长云：今日不过一种成立会，唯关于比约，现有异常重要之二点，似应提前交换意见，即：（一）废约后待遇之大纲；（二）比国提议交付国际法庭问题。关于待遇问题，现在有两种论调，一为主宽说，其理由为就约论约，作法理上之解释，比国似较我有所根据，且就各国修约日程之前后论，比国系居第一，若对比过严，恐他国有所警惧，反使以后与其他各国修约之进行，受一莫大打击，故目下我国对于修约之主义，切不可轻予放弃，而对于事实上待遇问题，不妨稍假通融；一为主严说，其理由为设不如此，则废约徒有其名，难收实效，此说言论界中持之尤力。二说均不能谓毫无理由，究竟应侧重何说，希望诸君发表意见。

罗总长云：比国情形与德、奥战败国情形迥异，似不宜以对待德、奥者对待比国，此事应参酌各部意见，以求一致。

钱司长云：比约事，就目前论，除与内务部因租界问题、司法部因裁判权问题，颇有关系外，对于其他各部，似无甚问题。因比国在华既无矿产，显与农商部并无牵涉。至交通部管辖之筑路问题，自有合同规定，与条约无关。财政部税务处管辖之关税问题，则现在我国只有一种协定税则。

总长云：待遇办法之规定，与比国将来是否将此案提出永久法庭一层，亦不无多少关系。若待遇较好，则比国或能打消该项决定，亦未可知。现在有主张严厉者，有主张宽大者，究竟应侧重何说，似应速予定夺。

王公使云：此次废约重在订立新约，对比绝无他意，但外间不明真相，谣言孔多，甚至有谓陇海铁路合同亦可随之取消者。

戴公使云：比国在华人民裁判权一层，将如何办理？

罗总长云：必须外交方针决定，然后司法上始有办法。此事须先有外交，后有司法。

总长云：外交上并无问题。

戴公使云：究竟比国在华领事裁判权一层，是否予以撤销？

刁公使云：就法理论，废约后比国领事裁判权自亦随之撤销，惟事实上是否仍认为有效？

罗总长云：譬如乘车，现在外交部处主人地位，司法部处车役地位，必须主人发号施令，然后车役乃知所适从也。

王总裁云：现在法界中主张对比似应较对俄、德各国稍为优待，惟过渡办法中，亦不宜过于宽容，以为将来订立新约时留一地步。

罗总长云：此系法司（司法）界内部谈论。

总长云：外交上不止希望废约，且希望订立新约；不只希望与比国订立新约，且希望与其他各国订立新约，故目下决不宜使各国脑海中即有一种不好感想，所以鄙意对比不便取过分办法。

王公使云：我国对比不惟与对德、奥情形不同，且与对俄情形亦异。

次长云：废约不过我国片面说法，现在比国态度异常强硬，主张取消以前谈判。观比使与总长谈话时，关于关税、司法事件，声明谓与中国有经济关系之列强中，如英美等国，设有一国日后与中国规定何种办法，比国亦承认同样办法，可见该国与其他各国似早有接洽。我国将来之态度关系重大，亟宜注意。

总长云：鄙意不妨定一有期限的过渡办法，事实上予比国以有期限的优越待遇。

罗总长云：关于司法上待遇，司法部拟推测比国所希望各点，自动的予以满意，勿使绝望。惟无论如何，宜先决定外交方针。

总长云：然则对比不能与对其他普通无领事裁判权国同样待遇一节，诸君谅均已同意。

次长云：比国提议将四十六条之解释提交国际法庭，是比国固不承认废约，我国应付之方亟应研究。

总长云：此事吾国可认定系政治问题，非法律问题。若提倡提交国际联盟大会,似较提交国际法庭更有伸缩余地,且可唤起国际间一般舆论界之同情,结果不致完全失败。

罗总长云:国际平等之原则,为世界所公认。若据此政治理由提交大会,则自胜根据法律理由提交法庭。

总长云:提出国际联盟会总比提出永久法庭,于我国较有利益。

罗总长云:法庭只说法律,无通融余地。我宜将提交联盟会一节之意见及早广为宣传。

次长云:似应由国务院通电各省,嗣后对于比国人民之交涉特别注意,以免彼方有所借口。所有比国人民在中国法庭提出诉讼案件者,法官亦应根据政治方针,格外慎重。

王公使云:对于服务陇海铁路各比国人民及内地比国教士,亦应特别保护。

总长云:现本会已告成立,嗣后拟一星期开会二次,诸君意以为然否?

罗总长云:看问题多少再定。

次长云:闻现在天津方面,正在讨论收回比国租界,关于此事,国务院宜予注意,以免发生误会。

总长云:当与内务部酌同(商)办理。

时已下午六时,遂宣告散会。

条约研究会第一次常会会议录

一九二六年十一月十八日下午五时

　　列席人员：顾总长主席、王次长、罗总长、王总裁、王公使、戴公使、刁公使、孙顾问、钱事务主任。

　　总长云：关于修约问题，上次本会开成立会时，已将意见约略交换。今日拟提付讨论者，第一为改订一八九六年《中日通商航船条约》问题。查对日修约照会，根据该约第廿六条之规定，已于上月廿日送出。因我国主要目的，重在修约，关于关权、法权一律修订，故当日所提修约范围，较第二十六条所定者为广。并提议将一九〇三年《中日商约》一并修订，且于照会尾端，附以一种保留案，即指六个月修约期满，而新约尚未成立，则届时中国政府不得不决定对于废约之态度而宣示之。嗣后与日使迭次谈话，日使总以我国所提修约范围，太属广泛，并希望将保留案删去，当告以废约系根据民意，为尊重民意起见，故不得不加入此项保留。现在日本复文已到，大致应允修约，惟对于保留案始终不能毫无异议，并声明我国不当误会日本之应允修约，而遂谓其默认我方所提出保留之各种权利。究竟日本此次所交复文，是否有答复必要？鄙意日本既赞同修约，则嗣后我国方面，应重在着手进行，不必再作文字上无谓之争辩。惟外界议论甚多，诸君有何卓见？

罗总长云：我国顾虑舆论，故有保留案，要知日本亦顾虑舆论。我之对日，首望修约，日既诚心赞同修约，则对于条文上似可不必争执。至外界评论，总所难免。

王总裁云：日本节略最后数语，亦等于一种保留案。我可保留，日本亦自可保留。

刁公使云：我不能拒绝日本保留。

罗总长云：此次日本节略，不但甚为清了，且措辞亦异常调和。（罗总长朗诵日本节略第六节）

刁公使云：细阅日本节略，似以我国对彼不能完全信任，深引为憾。

总长云：此次日本对于我国有意表示同情，故我国所提保留案，日本视为一种不信任之表示，深引为憾。要知政府出此，实由于国民希望修约之心，甚为切迫，且将来万一六个月期满，新约不能成立，则尚可借此留一说话余地。

罗总长云：似可不必过为文字上之争执，直行做去可也。

总长云：今日拟提付讨论之第二问题，为修改《中法越南商约》。查该约于本年八月七日期满，修改条约照会，于本年二月四日送出，在该约未满期六个月以前通知。嗣后关于可废与不可废问题，与法使迭经面商。九月间，法馆来一公文，认我国废约主张为无理由，内中措辞且牵涉内政问题。十月十五日，法使来部，当告以我国最要宗旨，在于订立新约，只须约定新约完成期限，则对于废弃旧约一层，可勿深论。法使允将所谈各节，电陈政府。后更经屡次面商，双方约定新约须于开议后三个月完成。我复声明目下之维持现状办法，乃一事实问题，与旧约之是否存在，并无关系。本月五日，法馆来一节略，对于维持现状系事实问题一层，并未提及,惟称新约未实行以前,中越边境征税现行规则,仍予存在。查该节略,似不能不予答复,将我国态度再行说明。现复文稿业经拟就,请诸君传观。鄙意此种复文发出后,当不致另生枝节。诸君对于此种复文,有何卓见否?

罗总长云:若然,是《中法越南商约》现在有两个问题,一为订约时间,一为维持现状问题。关于后一问题,闻我已将中越边境现行收税办法,予以展限。

总长云:八月间,曾由国务会议议决,训令主管机关,将中越边境现行收税办法,宽限二个月,至十月七日为止。九月间,复经提案于国务会议,再行宽限二个月,至十二月七日为止。惟均曾声明,系为格外体恤商艰起见,作为中国自动的临时办法,与条约不生关系。现在中法修约问题,诸君尚有意见发表否?(众无异议)

总长又云:今日拟提付讨论之第三问题,为待遇比国侨民办法。此事上次开成立会时,已约略报告。自本月六日我废约通知发出后,比国于同日交来复文一件,内中重要之点,约略可分为二:(一)比使以十一月五日比国备忘录第六节第二句内之所载,不过驻京比使馆对于本国政府一种之建议;(二)我国对于比国提交国际永久法庭一层,既未置答,是否即系默示拒绝。查目下外间评论甚多,无非谓我国规避国际永久法庭,故我国对于比国此种来文,不可不予答复。诸君对于本部所拟答复节略,有何高见?(传观部拟复文)

总长又云:我国答复节略主要目的,在一方面表示我国并非畏惧将该问题提交国际永久法庭,不过目下真正争执之点,实在平等原则之适用于中比关系,此则为政治性质,如果向国际机关提出申诉,则提出于国际联合会大会,似较为适当;一方面表示我国仍希望以平等相互为原则，与比国随时开议，缔结新约。自答复节略送出后，闻比使以我国无具体办法，颇为诧异。其实我国心目中之具体办法，即从速商订新约。又今日部中接到驻比王公使来电，以据法比报载日来弗消息，比国先本欲到国际法庭，明知中国必设法规避，因此或至将此案提交行政院云云。但至今比国尚未正式表示，鄙意与其提交行政院，不如提交大会。

戴公使云：各种提交案件，似须先到行政院，后到大会。

总长云：我所谓提交大会云者，系根据《盟约》第十一条之规定。

戴公使云：如比国将该案径行提交行政院，则将如何？

总长云：我可按照《盟约》，于该案提交行政院日起算，十四日内，将其提交大会。

戴公使云：比国是否有法拒绝？

总长云：根据《盟约》第十一条，比国似不能拒绝。惟关于比侨待遇问题，新近又发生二事。一为会议禁运品事。据江海关监督来电，上海比领竟派副领事来署，请保留原有权利。一为上海会审公堂事。比国政府于本月十五日来一节略，抗议正会审官拒绝比国陪审官审理中比人民诉讼案件。究竟会审公堂问题，应如何办理，请王总裁与罗总长发表意见。又今晨国务院议决《无领事裁判权国人民民刑事诉讼章程》，惟对于废约国人民案件，并未提及。

罗总长云：既云废约，以法律眼光看去，领事裁判权自亦随之取消。若谓对比须另定特别办法，则以后废约者尚有日本、日斯巴尼亚等国，我将不胜其繁。鄙意最好就比国所希望各点，自动的予以满意，订出一种较为广义之办法，不只专为比国而立。

刁公使云：鄙人对于罗总长之持论，甚表同情。对比既经废约,是比国事实上已等于无约之国。嗣后比国设毫无所举动,则我亦可不必特有表示;设比国有所举动,自当照对待无约国办法对付。

总长云:现在比国已有举动。

罗总长云:中国对比既已宣告废约,当然不能承认比国在中国维持现在所处情状。不过比国若只将关于修约一条,提付法庭,将来殊为可虑。

刁公使云:比约条文中对于我国不能修改一层,既无明文规定,就普通国际公法修改条约权原则上论,我国主权决不受其束缚。

罗总长云:要知国际公法,不过各法学大家意见之结晶,不能与法律 positive law 相提并论。

刁公使云:譬如合同,既云可以修改,即有取消之意义。

总长云:诚然。无明文许可,即可谓不许可;无明文不许可,即可谓许可。惟上海会审公堂比陪审官出庭问题,照罗总长意见,废约后究竟应如何办理?

罗总长云:现在我国只有一路可走。

次长云:不问比国果否将此案提交国际永久法庭,惟我国既宣布废约,自当坚持到底。好在现在比国有困难,我无困难,我正不妨以逸待劳,决不可轻予放松,自贻伊戚。

王公使云:比国在会审公堂既要求出庭,则我国自当贯彻废约之办法。此外比侨待遇,若事实无所来质,不妨暂以消极对待。

次长云:所谓优待云者,亦不过一种虚言。总之,不要予以苛待即可。

罗总长云:自不能以比国无约,而遂予以苛待。

刁公使云：若遇有事故发生，应表示我国目下实已达到能管辖外人之程度。

总长云：外人均谓中央命令不出国门，现在正可借此予以反证。今日交换意见之结果，大约对于遇事应贯彻废约目的之点，已可认为决定。惟日本及日斯巴尼亚改订新约日期，转瞬即至。最好关权问题请关税特别会议拟一方案，决定我国最后让步究可至何种程度。至法权问题，则请王总裁与司法部拟一方案，以便提付讨论。查日本修约，实曾经过许多阶级。

王总裁云：租界究竟应否收回？

总长云：待会同内务部调查得有结果再行酌办。

时已下午六时，遂宣告散会。

条约研究会第二次常会会议录

一九二六年十一月二十五日下午五时半

列席人员：顾总长主席、王总裁、罗总长、王公使、戴公使、刁公使、钱事务主任。

总长云：据路透〔社〕电，比国已决意将关于中比条约之争执，提付国际永久法庭。惟曾否提出，部中尚未接到报告。但观该电社（社电）所载消息，比国办法可分为二步：第一步提付解释；第二步在未解决以前，请国际法庭表示意见若何，保护比国在华利益。

王总裁云：依照《国际法庭规约》第四十一条："如认情形有必要时，法庭有权为两造指定保存彼此权利暂行办法。"

总长云：必须先行起诉，然后法庭乃可作临时处理之办法耶？

王总裁云：然。

总长云：既经向法庭提出控诉之后，法庭是否必须处理？

王总裁云：须先看是否有管辖之权。

总长云：比国既向国际法庭提出控诉，我方对于该法庭管辖权问题，即有疑义，似亦不能不派员到庭。惟现在比国曾否提出，似可先去电向王公使一询。

钱事务主任云：比国现在如果提出国际法庭，事前可无须向我再行通告。

总长云：比国如果提出国际法庭，我国自不能不派员出席，惟宜竭力设法辩明该法庭对于此事，实无管辖之权。

王总裁云：日前德国因与波兰发生争执，亦曾根据《规约》第四十一条，请求法庭裁判，惟嗣后德国并未十分进求，此事亦遂无形消灭。

总长云：目下中比二国根本争执之点，为国际平等之原则。此事关系甚大，吾恐法庭亦不肯贸然下一维持现状之判断。但比国若先根据《规约》卅六条提出控诉案，再根据四十一条请求定一临时办法，是我国不能不到庭辩论。

刁公使云：法庭是否须先行通知？

王总裁云：然。法庭须将陈诉书通知各有关系国。惟鄙意目下先决问题，在于我国对于法庭之判决，是否遵守。如予遵守，则不妨出庭；否，似以不去为妙。盖去而不守，错谬益甚。

总长云：我如不去，则一切之苦衷及废约之原委经过，无从表白于世界，而引起各国之同情。外间将谓我情虚胆怯，此事在舆论方面大有关系。我既认定中比争执系政治问题，则将来赴会时，亦根据此旨，设法辩论，借机宣传，故似仍以赴会为是。

王总裁云：我若不去，则法庭只有根据接受比国一方面理由书之机会，关于判决一节，或者尚可望其暂时延宕；若既去矣，对于判决，又不遵守，殊难自解。

钱事务主任云：我若不去辩护，对于不予承认一层毫无表示，设一旦法庭依据《规约》第四十一条，下一维持比国权利之临时办法，将如之何？

王总裁云：我如不去，犹可声言本问题系政治问题，不受法庭管辖。我在法庭既未发表意见，则对于未参酌我方意见所定之判决，尚有不予承认之理由；既去矣，因判决不利，半途退出，反为不妙。惟先决问题，仍在于对于判词是否遵守。

总长云：我不妨派员到庭，与之辩论管辖权问题。

王总裁云：我既决定不遵守判决，即对于管辖权问题，亦不必空与辩论。

总长云：鄙意以为法庭总有一种执中办法，不能直然谓中国无修改之权，旧约似须维持下去。

王总裁云：理由书中或可加入种种希望文字，但判词主文内，断不能参入通融语法。

总长云：我要求以平等为原则，改订新约，如比国坚不允许，则我方可否提请法庭处理？

王总裁云：恐法庭未必肯越俎代庖。

罗总长云：我既以政治手段始，自应以政治手段终。若一半用政治手段，一半用法律手段，吃亏必大。假令毫无把握，贸然派人出庭，一旦败诉，将如之何？盖即使理由书中顾全我国颜面，判词主文既已不利，即系败诉。

王总裁云：我既赴庭，对于判决又不遵守，则外国舆论必然大哗。

总长云：我若不出席法庭，外人将谓我不但对比废约，且对国际法庭亦不肯承认，影响甚大。

王总裁云：我不妨觅人先向秘书长方面宣传，谓中国舆论对于废除不平等条约，异常激昂；比若过为坚持，恐将激成巨变，危及远东和平。并流露比国如果提出国际永久法庭，中国决不派员出席，既不辩护，亦不遵守。此种消息，一经传出，秘书长必转告比国。

钱事务主任云：我如不派员出席，法庭判决维持现状，又不遵守，则比国可借此宣传，谓中国不承认国际永久法庭矣。

罗总长云：如迫人太甚，俄国前例可援。

总长云：我国可否向法庭征求意见，询以中比条约应用何种方法，可予废止。

罗总长云：此事法庭恐未必肯予管理。

王总裁云：用何种方法废弃旧约一层，乃系各国政府自身责任，法庭不能代替政府设法。

总长云：法庭不能承认一条约永久有效。

王总裁云：此比国每次来文中，所以均附有比国对于修改条约，甚愿予以考量之一语也。现在争执之要点有二：（一）为双方是否均有提议修约之权；（二）为新约未成立以前，旧约是否仍然有效。

总长云：新约未成立之前，旧约仍当有效之理论，在权利义务平等之条约中，自可引用，毫无流弊。至若关于不平等条约，则有利者常借此种理论，维持既得权利。观于比国磋商临时办法时，一再固执该国所提议之条件，即可概见。

王总裁云：比国对于修约一层，并非不予承认。惟主张新约未成立以前，旧约仍为有效已耳。

总长云：我若能阻止比国不提出国际法庭，自属上策；否，只得派员出席。不然，深惧舆论将谓我国不承认国际法庭，群起攻击也。

罗总长云：若派员出席，胜诉固属得计；不幸败诉，甚为难堪。鄙意还以坚持目下中比争执，系政治问题，不必出席为妙。

刁公使云：不幸败诉，对于判决，可以置之不理。因此事为我国主权攸关，对于不公平之裁判，自可拒绝承认也。

王总裁云：国际平等之原则，为世界所公认，我应不承认法庭有管辖之权。且在国际法庭中，各入会国实处平等地位。今比国为维持不平等之原则，而欲起诉于一各国平等之机关，理论上无乃自相矛盾。

钱事务主任云：最好将此事延至明年。

罗总长云：此种政策，比国未必不能窥出。观其拒绝我国临时办法中所规定之期限，可见比人目光敏锐。在我既以强硬始，自当以强硬终，不可半途畏缩。即使错谬，尚不失为一种之政策。

王总裁云：我苟派员出席，一旦失败，国内国外之舆论，均将不容。国内舆论，必谓我既下令废约，则对于比国之赴诉法庭，又何必派员辩护。国外舆论，必谓我既派员辩护，对于法庭之判决，自应遵守；乃又不然，是直蔑视法庭也。

总长云：我若不派员出庭，则不只引起对比问题，且对于法庭方面，亦将发生问题。

王总裁云：俄国近来所采政策，较此尤为强硬。

总长云：俄宣言谓签字公约者，与该国均处于反对地位。

钱事务主任云：以一我国亲笔签字之条约，今对于该约各项规定，乃竟完全置若罔闻，恐将无以自解。

罗总长云：何以当日贸然下令废约，强硬处置，对于此点，不加注意？迟至现在，似觉已晚。

钱事务主任云：当时并非未曾顾及，故有临时办法之提议。

刁公使云：第一步应设法阻止比国提出法庭。

总长云：可觅人非正式向秘书长表示意见，谓中国舆论，对于此事异常激昂，操之过急，恐生巨变，危及远东和平。总之，该问题关系我国前途,实非浅鲜,望诸君详密考虑,如有卓见,务请尽量发表,以匡不逮。

总长又云:关于中日修约问题,日使曾表示愿先行非正式交换意见,待略有端倪,然后开会。推其缘由,似不外抱二种用意:(一)此次日本对于修约,大体上虽再三让步,令我国国民之愿望,得有一部分之满意。然将来一到讨论具体办法,双方所见不同之处,尚属甚夥。故在意见未接近以前,雅不愿遽行正式开议,致阻碍横生,妨害进行。(二)现在中国政局如此,日本欲避去正式开议形式;否,恐对于别国诸多未便。日本心理,大约如此。查先行非正式交换意见之办法,亦为国际交涉上所常有,惟非正式交换意见所得之结果,可随时改变,不若经过正式会议之议案,一旦决定,即不能任意移易。诸君关于此节,有何卓见?

王总裁云:最好定出一定时期,如在一星期或二星期之内,开正式会议一次。

总长云:日本此种主张,其主要目的,如真正在于先行试探我国之意见,俾便利正式会议之进行,则我国自可承认;否,恐修约因此无形搁起。我方设不予声明,将来六个月期满之后,新约不能成立,责任将由我负。

刁公使云:总须有一种之证明,表示已经开议。

王总裁云:先举行一正式开会之形式,然后再交换意见,何如?

刁公使云:近来日本宣传,谓该国正在静待我国提出议事日程。

总长云:若先仅限于交换意见,则日延一日,岁月如流,转瞬即满六个月期限矣。

时已下午七时,遂宣告散会。

条约研究会第三次常会会议录

一九二六年十二月二日下午五时

列席人员：顾总长主席、王总裁、罗总长、王次长、王公使、刁公使、钱事务主任。

总长云：中比废约事，最近本部接到十一月二十九日比使馆备忘录，答复十一月十六日本部节略。内中大概谓我国解释《国际联合会盟约》第十九条，颇有忽略之点，因即依据该条条文，中国亦并无废约权也。且比国政府主张起诉于国际法庭，与中国政府拟提出于国际联合会，不惟无何种之抵触，反能借此予该问题以通盘之审核。本部对于上载备忘录最后答复，尚未研究完竣。迭准驻和王公使来电，谓接国际法庭书记长来函，通知比国业将该案提出，望于接到本通知后，先行见复云云。本月二日，本部电王公使，以法庭既要求见复，不妨先用王公使私人口气向书记长当面表示，来件过长，虽已电达，但闻错码甚多，俟寄到北京后，中国政府方能作复云云。鄙意此事此（比）国既提付法庭，则目下所急待研究者，为我国究竟应否出席。查出席与不出席二种办法，各有利弊。中比条约第四十六条之解释，从全约精神上论，我国虽有权修改，然不能谓有权废约。今既废约，是已成政治问题。不出席恐失各国感情，渠辈将诋毁中国蔑视国际义务，违背公约，将来群起责难，办事更行棘手。出席则尚可借此机会，将废约之原委经过与我国国民取消不平等条约坚决之志愿，一一说明。经过此种步骤，日后对于他国修约时，亦可少却一部分误会。总之，就法律方向严格解释，我国到庭，败多胜少，自不待言。

王总裁云：假令法庭谓新约未成立以前，原约仍当有效，将如之何？

刁公使云：比国对于修订新约，毫无诚心，所以我国有宣布废约之一举。

王总裁云：法庭解释条约，素主严格。

刁公使云：比国诉状中，对于该国单独享有修约之权利问题，并无若何表示，惟侧重中国宣布废约一节。

王总裁云：此盖比国深惧第一道防线打破，故不能不预设一第二道防线也。

总长云：我国初意本在修约，无如比国一再延宕，竟欲将不平等待遇无期延长。往返交涉，毫无结果，不得已而有废约之一举，文件俱在，可为证明。

王总裁云：单方废约，恐为法庭所不许。

总长云：废约亦有各种方式，如《黑海限制军舰条约》，一八七〇年俄国竟单方宣言终止。我国此次对比废约，比较的手段尚属和平。

王总裁云：法庭决不能容许单方废约。查条约中固有订明单方可以终止者，然中比条约实不在此类之列。

总长云：我苟出席辩护，能使全世界民族信我国此次对比废约，并非毫无理由。则法律上虽归失败，无形上获益已非少可。

刁公使云：中比条约规定十年可以修改。修改不成，所以废约。

钱事务主任云：新近墨西哥对十三国宣布废约。

王公使云：墨西哥情形略异，因有条文可据也。

钱事务主任云：中墨条约中固有缔约双方均得主张停止之规定，但墨国与其他各国所订条约，恐未必完全如此。

王公使云：墨国并未加入国际联合会及国际法庭，故行动较有自由。

总长云：不平等条约，若欲经双方同意取消，恐非易事。

王公使云：我国出席法庭，如认定目的只在宣传，去亦无妨。

总长云：将来结果，失败必十居八九，此固无待赘言。惟出席则失败只限于比约，不出席恐牵动全局，两者相较，似还以出席为是。

王公使云：废约一事，本属异常困难，绝非外交部一部能力所能办到；亦非徒唱高调，即可达厥目的。

总长云：我国一经派员出席，此案必成世界问题，如数年前之山东问题然。或者能因此唤起世界人士一部分之同情，收有一部分之效果，至少亦可引法庭秉公判断。且闻此次比国贸然赴诉，实受人耸（怂）动者。

王总裁云：现在舆论对于比国之赴诉法庭，佥谓我国竟可置之不理。故不派员出席，将来败诉，舆论只责难法庭判断不公；派员出席，又复失败，外交部将同受其咎。

钱事务主任云：舆论本无标准，目下主张不派员出席者，设我果不派员出席，一旦诉讼失败，彼辈将又变其论调，谓此事中国本理直气壮，正可出庭辩护，表明理由；今乃畏首畏尾，遂致差之毫厘，谬之千里，盖既不出席，何能胜诉！

王总裁云：我之不派员出席，系认定该问题乃政治问题。

刁公使云：他国条约中，对于修订期间是否俱有明文规定？

王总裁云：有者系居多数。

总长云：一九一〇年美国废止丹约，当日轰动一时，似可觅出，以资参考。总之，不出席而失败，国内舆论必交相责难，谓我理直气壮，何以不派员辩护。

王公使云：舆论将谓政府放弃责任。

总长云：就法律上论，败诉成分十居八九。不过出席可借机宣传，为后来对别国修约时留说话地步。

次长云：日前朱代表来电，谓晤国际联合会秘书长，据云中国可声明此案有政治意味，对法庭管辖能力可提起疑问。其实中比条约订于六十年前，是时我国自命上邦，视比利时为蕞尔小国；第四十六条之规定，在当日我国负责订约者目光之中，无非特予该国以一种之殊典；盖以为我国之有权修约，不言自喻，无须于约中再为声明也。

王公使云：当时实挟有一种恩典性质。

刁公使云：然当日我国用意，谓十年之后，方许尔比国请求修订，并非谓独比国能提议修订也。

王公使云：但假令法庭下令先行维持现状，将如之何？

王总裁云：既经派员出席，似不能不遵守判决；不如不派员出席，尚可借口本问题系入于政治范围，不受裁判。

罗总长云：既出席矣，又不受判，殊难自解。

总长云：即就管辖权问题论，我亦应派员辩护。

罗总长云：管辖权问题，惟法庭自身有判断之权。

总长云：苟不派员出席，签字《国际法庭议定书》之各国必群起责难。盖出席，则法律方面，纵使失败，而政治方面，容可获益。借此机会，将条约中不平等之情状，向世界民族详细剖释，决不致因败诉，而遂谓中比条约永远不能修改也。

罗总长云：假使法庭下令暂时维持现状，可否将日前我国废约命令收回？

次长云：我只出席说明本问题系政治问题，为国家主权攸关，不在法庭管辖权之内。此点一经说明，不待判决，即行退出。

王总裁云：设对于管辖权问题之辩论，亦归失败，又将如何？

钱事务主任云：国际法庭受理案件，须经过两种步骤：第一为决定对于该案件法庭是否有管辖之权，第二为待管辖权既定，然后开始裁判。

次长云：我在辩论管辖权时，不妨派员出席；过此以后，自可不必。

刁公使云：审判 trial 时，不必莅庭。

罗总长云：管辖权之决定，亦系判决之一种。

次长云：倘自始至终，均不出席，牵涉未免太大。

总长云：进一步论，承认中比条约就法律论，我国不能修改；惟现在我国所争者，乃欲由政治入手，以图废除不平等条约，似无不可。

王总裁云：如附条件的出席，先行声明平等主义不受裁判，不平等之裁判决不遵守，以为将来免脱时留一说话地步，尚属可行，但鄙意仍以不必莅庭为是。盖若此，法庭容或有所顾虑，不肯因单方之请求，立刻指定临时办法也。

总长云：是否须待管辖权问题解决后，然后可指定临时办法？

王总裁云：恐未必然。因临时办法之精神，在于维持现状，防避动移。普通法庭中,亦常有此种处置。

总长云:观四十一条第二节 pending the final decision 数字,可见条文中只规定临时办法之指定,系在宣告最后判决以前。

罗总长云:第四十一条第一节载有 that circumstance to require,是如认情形必要时,法庭即有权指定临时办法,初不问管辖权曾否决定。况 pending the final decision 数字,自指收诉状之日起,至最后判决之日止,似均可包括在内。譬如二人争衣,为法官者,先将所争之衣暂为保存,不准两造任意毁坏,然后再定案件之性质及判决,于两造固毫无损害也。

总长云:临时办法指定后,我仍可声明不平等之待遇,决不遵守。惟本问题关系过大,决非今日一时所能解决,务望诸君作一第二步之研究,预备下次第二步之讨论。此外,关于上海违禁品会议及会审公堂二事,最近比馆亦曾来文抗议。(传观比馆来文)鄙意比国不承认废约,此种抗议,自属照例文章,至我国方面之不能承认,亦系理所当然。故上载比馆来文,似可无庸答复,诸君以为然否?(众无异议)

时已下午六时有半,遂宣告散会。

条约研究会第四次常会会议录

一九二六年十二月九日下午五时半

列席人员：顾总长主席、王总裁、罗总长、王公使、戴公使、刘公使、刁公使、钱事务主任。

总长云：今日提付讨论之第一问题，为中比条约。查上次开会时，对于比国既经提出法庭，我国究竟应否应诉派员出庭一节，已略为研究。本月三日，部中接日来弗朱代表来电，谓曾晤国际联合会秘书长。据渠意，中国似仍以应诉出席为是，何必畏法庭审判不公。即谓关系平等主权原则，无任法庭审判余地，但中国亦可于到庭后，声明此案有政治意味，对管辖权问题提出疑问。预料判决可分二层，一为法律专家解释条文，比国独享废约权利；一为以实际上言，旧约不适用于现势，理应修改。总之，两国皆强迫受审份子，皆行政院份子，今一方面苟不应诉，是不啻使国际法庭等于赘疣，何以表示公平云云。窥其意，似以此事关系法庭威信，其望吾国派员出席，且各国亦并非偏重何方者。

刁公使云：吾国单独废约理由，不能不设法广为宣传。

总长云：日前曾由部电施公使，请其对于比国提出法庭一节，发表意见，并请于欧美著名公法家与中国感情素好、堪膺律师委任者，酌开数名，以便选聘，咨询一切。总之，为保存中国国际地位起见，比既赴诉，我恐不能不去，最好设法使比不坚持达到最后裁判。此着如归失败，在法庭中不克得有良好结果，则我只可提出大会。盖中国既不能在法律上求保障，只能在世界舆论方面求得公道也。

罗总长云：若法庭判决，如何应付？

总长云：此问题一时颇难答复，惟按照《国际盟约》第十九条，对于不适用之旧约，似可重行考量，俾得应时势之须求。

罗总长云：按照第十九条，大会对于不适用之条约只可请联合会会员研究调停，不得有若何之制裁力量。故法庭如判决败诉，上大会亦无甚办法。

刁公使云：此次我国如不幸败诉，领事裁判权恐永无收回之一日。

总长云：测比国之愿望，欲中国取消废约命令，然后再行修约。

刁公使云：照中比条约全约精神上论，比国单方有修约权利之理论，其不能成立，无待讳言。夫我国既有权修约，是我国即有权废约。

罗总长云：凡无明文规定者，自应照全约精神解释。但比国单方得享修约权利一层，实有明文规定者也。

总长云：有修改权，即有废约权一节，不过一种之议论argument。其实推测当日我国订约者之原意，无非因是时政府雅不欲与外国轻启交涉。中国方面，甚望比约一经订定，即能垂之久远，永不改变，深惧比国方面时来相扰，故加入此条，以示限制。现在法律方面，我已公认理由甚薄弱，假使法律方面有所根据，何致沦入目前情状。故日后即令派员出庭，亦只注重政治问题，及平等与不平等之原则，对于条文不与深论。鄙意将来法庭判决，决不致令我难于遵守,大约不外谓就约论约,中国自不能单独废止;惟目下外界情形既非该约订立时所可比,为适应时势起见,望双方和衷共济,善意的予以修改已耳。

罗总长云:恐法庭只能维持法律,不能谈到政治。

总长云:如不派员出席,恐徒是表示心虚,且未免有近蔑视法庭威信,使法庭受莫大打击。苟派员出席,如日后裁判不公,强我遵守,则我不唯退出法庭,且当退出大会,是时固振振有辞也。

王总裁云:如不派员出席,则不只对于比国一国,且将牵涉国际联合会根本问题,影响自未免太大;惟派员出席,法律方面恐终必失败。

刁公使云:约内既有修改字句,即包含有废约之可能性,观十一月十五日日斯巴尼亚照会,是又一明证。

刘公使云:一八六四年中日条约情形略有不同,盖该约实载明彼此均可修改者。

王总裁云:鄙意吾人现在暂时先行讨论败诉后,有无补救方法。

王公使云:本问题可分二层,第一为到庭与不到庭,第二为败诉后如何补救。

罗总长云:应先行决定,败诉后,对于判决是否服从。鄙意既以强硬始,自应以强硬终。盖世界各国,自我国单方废约之日起,已觉我国态度甚为奇离,固不必待至拒绝莅席之时,始露其惊异也。

王公使云:即不派员出庭,对于不出庭之理由,亦宜广为宣传。

总长云:若谓就法律论,我国不能单方废约,此层我可承认;

若谓中比国交,目下仍应暂保现状,此层于确定时期内我亦可酌量承认;不过不平等条款,决不屈从。待至彼时,即退出国际联盟,容亦可得世界人民之谅解。惟自始至终,均不出席,即有欲声辩之处,无从说起。且签字该项公约者,共五十八国;我苟不派员出席,是以一国而与五十七国相对抗,不惟引各国之疑我心虚,而且势成孤立,各国将曰中国对于五十八国共同签字之公约,尚不遵守,何况一国与一国所订之条约乎!

罗总长云:私人合同尚不能单方取消,何况条约。

总长云:是有平等与不平等之区别。盖我之派员出席,不过欲将废约之苦衷及经过揭晓于世界也。

罗总长云:可先请公法家研究应付方针,然后再讨论应否遵守判决。惟最要者,事前务须设法广为宣传,余待比国派员时再定。

总长云:测比国用意,现在不过在法庭先为备案,故一方面如能设法打消,自属上策;而一方面亦不可不未雨绸缪,先事筹划,以为万一不能不派员出席时之准备。鄙意不妨先行征求各公法家意见,以便择尤采用。

罗总长云:比国毅然赴诉,恐亦不过一种示威运动,冀图保存颜面,故在法庭中先为备案。

刁公使云:阅近来外国报纸,几于千篇一律,群谓中国不宜废约,完全持一种恐吓论调。其实照条文精神上解释,我国主张并非毫无理由。

刘公使云:法庭解释条文,大概均取狭义,未必留心政治问题。

刁公使云:不顾结果胜败如何,总之,事前宣传,实不可少。

唯我国若不出席,法庭是否可不审理而判决 verdict without reason。

罗总长云:只须就事实及法律上观察,均有正当理由 justified in fact and in law,当然可予判决。不过现在先看各大法律家意见如何,再行酌定。

总长云:Lansing 及 Hughes 二人在法律家中似尚有相当声望。最好聘请时,于英美派中选择一二人,大陆派中亦选择一二人,此事当由部电驻外各公使商酌办理。

罗总长云:对于废约经过,在国内、国外均宜广为宣布。

总长云:废约经过情形,当废约之时,部中同日即有长篇宣言发表。

罗总长云:即废约以后之情形,以及国际法庭之组织及国际联合会之内容,应同予宣传。鄙人个人意见,对于是否服从判决一节,系本问题最大关键,应先决定。

刁公使云:现在国内只知比约期满作废,尚有不明所以废约之真相者。

刘公使云:比既提起诉讼,我国是否不能不予答复;至用书面答辩,抑或派人出席口头答辩,是为第二问题。

总长云:我苟置而不问,定遭国际联合会其他各会员国之唾弃,反不如派员出席,待败诉后,再行声明:我国因不承认维持不平等待遇,退出法庭。吾恐是时必将有出而挽留者。

刘公使云:在舆论方面,宜广为宣传,表明我国派员出庭并非屈服。

总长云:宣传不只限于在报纸上发表论文,且报纸不能每日著论鼓吹同一问题。鄙意即借个人谈话,亦可造成空气。现在比约问题,诸君大概均主张先征求公法家意见,然后再定应付方针,故今日对于此事之讨论,可暂作结束,转而研究中国与日斯巴尼亚修约问题。查日约事,阅十一月十五日日政府复宋代办文,其中应行注意之点约有两端:(一)关于修约之范围;(二)关于旧约有效之期限。关于修约范围一节,日政府似只承认修改商务条款。关于旧约有效期限,日政府依照日文条文,以为须至明年十一月十日为止。刘公使新自该国归来,见闻较为亲切,究竟日政府对于修约,是否具有诚意?

刘公使云:修约一层,测日政府态度,似非毫无诚意。近来,日政府对于已经到期各约,均纷纷自动的通知各国,着手改订。况日在我国商务几微,侨民甚少,关税问题与该国利害关系异常薄弱。而法权问题由该国目光视之,似亦仅系一种颜面问题,故必不至若其他各国,坚欲保存旧制。惟最好将来修约时取概括主义,要求相互关税。而交涉似应在日京办理,以免受北京外交团牵制。且窥此次日国来文,似承认旧约可以作废者。

总长云:日政府似默认至明年十一月十日为止,旧约可以宣告无效。

刘公使云:不过我国去文,要求将中日旧约全部修改,而日国答复,似有限制。总长以为然否?

总长云:此次日政府来文:(一)对于时间问题,因约中载明各以本国文字为准,致看法与我国略有歧异;(二)修约范围,该国希望仅限于修改商务条款,我国则希望根据平等相互原则,作一种概括的修订。上月我国致驻京日使照会中,所以列述自该约订立以后,二国商务、社会及经济情形已不知几经变迁者,盖亦深虑日政府缩少修约范围也。鄙意现在日政府既赞成修约,我国似可以和平之口吻,再备文将我国此种愿望,予以说明。

钱事务主任云：期限一节，即照日政府来文所说，亦不过多延长六个月，似无何种重大关系。

刘公使云：因约内载明各以本国文字为准，致两国看法发生此种歧异。

总长云：不问该约在明年五月或十一月期满，总之，目前最要者，在于从速进行修改。关于期限方面，即让六个月亦属无妨。

钱事务主任云：所谓商务条款 Commercial articles 者，本有伸缩余地。

刘公使云：该约根本系通商条约，故各款大半多少均与商务有关。

总长云：日约事，诸位意见，大概须备文将修约范围向日政府再为说明。（众无异议）

总长又云：现在可讨论墨约问题，请王公使先将经过情形约略报告。

王公使云：墨约事，墨政府因欲禁止多数华工入境，故于民国九年照会驻墨使馆，拟将一八九九年中墨商约二年后予以终止。当时鄙人以我国在墨侨民，数达数万，且该国杀戮华人之举时有所闻，一旦条约保障乃归消灭，交涉将益感困难，经与墨政府迭次争辩，中间屡遭波折，卒于十年九月间，与墨国订立中墨协定换文，自行限制华工入墨，并声明现约效力展至正式修约之日为止，以为一种临时过渡之办法。旋拟定约稿寄部。十二年一月奉到部核中墨约稿草案十九条，并将中墨协定换文所订禁工各条加入，作为附件。当即备就节略面交墨国外部，并请其先行具文答复。去后，墨外部一再迁延，迄未有确切表示。嗣后鄙人启程回国，旋准周代办寄到墨外部节略及修正约稿，当由鄙人陈部审核。以后情形，请钱司长报告。

　　钱事务主任云：墨国答复约稿到后，经部中详为审核，将最难同意之点，加以修改，拟定二次约稿十七条、附件十一条，交岳公使携往墨京，以便向墨外部提出。查墨国答复约稿中，最难同意之点为：（一）将我国提案禁工附件列入正约，并加入种种严厉条件，此节部中现拟仍维持换文原案，作为附件；（二）关税规定答复约稿加入"此国无论何种税则，不得视为妨害彼国利益"，部中深恐缔约国将随意苛捐加税，现拟加但书"不得过于本国人民所纳税项"一语，以防流弊；（三）答复约稿添入侨民于驻在国内乱暴动时所受损失，政府概不负责，部中以菜苑前车可鉴，侨民所受损失，如因地方官不能尽力保护，而政府又不允赔偿，非惟于我侨民前受损失应得赔偿，大有妨害，且恐墨政府因此卸其保护外侨之责，于侨民生命财产，殊为危险，此种规定断难承诺；（四）至答复约稿所称"自知照之日起，一年之后，本约作为无效"一节，本部以前主张新约未实行以前，现约仍完全有效，不过现在情形不同，此种主张似有回旋之余地。本年九月，部中接准岳公使电称，墨国会开幕，墨外部报告中载有中墨商约已经取消等语，墨主管司长并谓上年十月二十日已具文托驻京日斯巴尼亚公使转致中国当轴。部中当即电复岳使，以日斯巴尼亚驻京公使转送墨外部废约文件，始终未曾收到，自应根据换文抗议，并迅将前送约稿提出商订。九月十二日准岳使电称，约稿已于前日提出。十月二日复准电称，准墨外部照开，依据中墨原约第十九款，正式声明废止该约，换文随之取消，应于一年后发生效力，并将废约照会原文另行函送前来。自王公使返国后，直至今日，中墨条约交涉情形，大概如此。

　　总长云：墨约系载明通知一年后，可以废止，与比约情形略有不同。夫既有明文规定，则对于墨国废约提议，只可承认。

王公使云：好在墨约交涉已略具端倪，现在尚未同意者，只有数点。禁工一节，如能列入附件，不载正约之内，更妙。但未知墨国现在排华情形如何？新约一年内是否有成功希望？如或不能成功，墨政府能否切实担任以相当之方法，保护华侨？似可电岳使一询。

总长云：墨国条约之外，又有换文。

王公使云：然我国不妨先承认旧约到期可以废止，换文在新约未成立以前，仍当有效。

总长云：现在情形略有不同，此层似不便过于坚持。诸君有无别种意见发表否？现时已近七时，似可宣告散会。又下次会议，拟改在每星期四五时举行，诸君以为何如？（众无异议）

时已下午六钟三刻，遂宣告散会。

条约研究会第五次常会会议录

一九二六年十二月十六日下午五时半

列席人员：顾总长主席、王副会长、罗总长、戴公使、王公使、刘公使、王次长、刁公使、钱事务主任。

总长云：国际法庭书记长廿六日通知书及比代办陈诉状全文已由驻和使馆函送前来。比陈诉状甚为单简，恐系起诉初步办法。

王总裁云：此系对法庭通知书，将来当尚有辩护状。

总长云：法庭通告不甚明了，究竟"转知"二字，以到何种程度为止？

王总裁云：现在可待辩护状到后再复。好在答辩有一定时期，在此时期以内，我可通告反对法庭对于此事管辖之权。

总长云：答辩时期将来想必另有通知。现在比国在法庭尚未派员，我自可待接到该国理由书后，再行详细研究答辩。（众无异议）

总长又云：上次讨论征求各公法家意见，以为后来应诉准备。现在部中备就三个名单，一为本部自己所拟者，一为朱公使来电主张者，一为王公使来电主张者。请诸君就以上三个名单中，择各人素所深知之公法家推荐几人，俾便聘任。惟各公法家所属国籍，在法庭中是否亦有关系？

王总裁云：多少总有关系。

刁公使云：国籍问题恐不能毫无考量 weight on the opinion，凡属于大国国籍者，其发言自较属于小国国籍者更有势力。

总长云：部意于大陆派及英美派中，各选数人，因两派主张往往互不相同也。

王公使云：最好选择无不平等条约各国国籍之律师，例如德籍律师。

刁公使云：先征求彼等意见，看我国在诉讼上有无胜算把握，不必即请其出庭辩护。

总长云：先行选出几人，征求其所抱意见。选出后，一方面对于彼等生平历史亦须详加调查，聘请乃系最后问题。如 Motta 平素对于各种主张，尚属持平，且属自由党分子，似可聘任。此外诸君心中尚有他人推荐否。

王总裁云：Rout①（Hughes）何如？

总长云：Rout（Hughes）在华会时，曾任美国外交部长。鄙意现在先选四人，一属美籍，一属瑞士籍，一属德籍，一属希腊或波兰籍，诸君以为如何？

王次长云：名望过高者，未必肯轻易出庭。

钱事务主任云：驻比王使来电中，亦曾提及此层。

刁公使云：我先征求彼等法律意见，不必请其出庭。

罗总长云：若就法律方面说，甚为单简，故苟为对国内民意起见，不妨选择数人，咨询一切，惟事实上恐仍无甚结果耳。

总长云：就小国各律师论，自以属于波兰或希腊国籍者为佳。

---

① 底本如此，但据上下文及文中所提史实，此处当为 Hughes，即华盛顿会议时担任美国国务卿的许士（Charles Evans Hughes）。下同。

刘公使云：属于希腊国籍者，较属于波兰国籍者为佳，因波兰近来异常亲比也。

戴公使云：Politis 何如？

总长云：Politis 曾一度充外交当轴。鄙意今先选定 Walier Schucking、Politis、Hughes、Motta 四人，向其征求意见，好在此事为费无多，诸君以为然否？（众无异议）

总长又云：关于上海会审公堂问题。部中新近接到上海特派员来电，据云该廨受审比国人民民刑事诉讼案件，已讯未结者尚有八起。本拟由华官单独调查证据，宣布堂判，惟陪审官比领坚不赞同，并主张由该陪审官来廨，在办公室会商、裁判，不取正式开庭程序，或请他国陪审官代将未结各案继续审理，云云。究竟此种案件应取何种手续？事关司法，请王总裁、罗总长发表意见。

罗总长云：我既废约，当然照废约做去。即令错误，亦须有始有终。

刁公使云：关于诉讼案件，比人民可与德国人民同一待遇。

总长云：德国人民案件，系由中立国官员陪审。但现在比国人民诉讼案件，应分两层说法，即废约以前发生之案件，与废约以后发生之案件，似宜略有区别。

罗总长云：即令案件发生在废约之前，然审判既在废约之后，鄙意自废约之日起，至新约重新有明文规定之日止，我国态度总须一致。

刘公使云：细观电文，比国似已退让，惟第一办法断难认可。

总长云：比国对于领事裁判权并未坚持。

罗总长云：办公室会商后，比领事发表意见，是否应予遵从？鄙意第二办法，即照德国人民诉讼案件办理一节，尚可勉强承认。

刁公使云：照德国人民办法最为妥当。

王总裁云：第一办法等于变相开庭。

钱事务主任云：德国人民诉讼案件，所以由中立国官员陪审者，因当时英、法坚持会审制度，而德国人民又雅不愿受英法官员之审判也。

次长云：以后无论何事，比国人民俱应与无领事裁判权国人民同一待遇。

罗总长云：以前所以讨论优待办法者，乃系我国一种好意之表示。现比既提出法庭，是与我势已决裂也。

次长云：故意刁难，自可不必。然一律照德、奥人民待遇，不能责我不公。

王总裁云：我既负废约之名，自应求废约之实。

总长云：是否即照待遇德、奥人民办法办理，换言之，即由中立国官员陪审。

次长云：照待遇德、奥人民办法办理，对内、对外均可告无罪。

王总裁云：在上海租界，无领事裁判权国人民诉讼案件，是否均照德、奥人民办法办理？

钱事务主任云：租界内法权在彼而不在我。德国人民当日所以规定中立国官员陪审者，因德与英、法都系敌国，雅不愿受英、法裁判也。

总长云：细玩诸君谈话，对于比国人民诉讼案件，均一致赞成照待遇无领事裁判权国人民办法办理。（众无异议）

次长云：可电复以后遇有比国人民诉讼案件，均照德、奥人民诉讼案件办理，不必再行请示。

总长云：现在拟讨论我国对于收回领事裁判权应取之步骤。

此事关系司法,请王总裁、罗总长发表意见。

王总裁云:应先定宗旨,后议办法。

罗总长云:取消领事裁判权一节,各国与各国之情形既系不同,我国应付方法自亦当随之各异。譬如日本,日本之法律,其较胜于我国者几希,只须许以内地杂居之权,取消恐属较易。又如日斯巴尼亚,其旅华侨民,为数无几,对于此事本无若何重大关系,然如首先放弃,则颜面攸关,故亦不得不故意坚持。情形如此,若别定出一种普通办法,恐难实现。

总长云:总有几点大致相同者,如内地杂居一层,可否承认?

罗总长云:我如要求取消领事裁判权,各国恐必要求内地杂居。

次长云:我要求取消领事裁判权,各国若要求内地杂居,则我可要求放弃租界,以为抵制。

刁公使云:内地杂居总须有严格限定之区域 Strict area。

次长云:就东三省论,日本允许若我国承认内地杂居,则彼国放弃铁路附属地。惟对于日人在内地居留者,关于我国警察权及课税,日本仍始终不肯允许遵从。

总长云:是仍不肯允许放弃裁判权也。

王总裁云:苟欲取消领事裁判权,而不承认内地杂居,恐办不到。证诸各国历史,二者均有连带关系。

刘公使云:不承认服从警察权,是直等于不承认取消领事裁判权也。

次长云:先决问题,在于我国政府是否情愿只要获得取消领事裁判权之虚名,甘受外人内地杂居,经济压迫,且日本当可由内地杂居而实行其移民之政策。

钱事务主任云：以前苏联政府在中俄会议中，亦以俄国已放弃领事裁判权，中国应准其内地杂居，当经我国答以对俄本可允许，惟中国对外条约均载有最惠国条款，中国既许俄国人民内地杂居，他国必群起要求，无法应付。俄国谓中国不妨于中俄条约内，规定以后各国如欲援例取得内地杂居者，必须首先放弃领事裁判权，以为交换。我谓中俄条约系中俄二国之约，安能束缚他国。以后此事遂无结果。故我国若允许日人内地杂居，对于他国亦应顾及。

罗总长云：日本在中国情形与俄国略异。当日俄国意欲中国承认，以便在远东从事宣传，实挟有政治作用，故不惜自动宣言放弃领事裁判权；且就事实上论，如在哈尔滨一带对俄司法权早已事实上收回。

王公使云：主要之点是在于看我国经济情形及法律组织是否完备。

罗总长云：我国司法组织之不完备，自无须讳言。

王公使云：欧美各国虽允许外人内地杂居，然入境时均有限制。

总长云：我国对于条约中应有权利，往往自己不知享受。如三年以前，英人因抗税殴伤崇〔文〕门关税吏，当时本部根据《烟台条约》，提出严重抗议；自此案结束后，外侨无一敢不守崇关税章者。反是，我国对于外人应有权利，苟稍有侵犯，外人即大声疾呼，谓中国违背条约。

次长云：其实不能全怪外人，只可责备本国政府。

刁公使云：新近又发生美人 Hormas 所乘汽车撞伤警吏一事，当时中国官吏无敢加以逮捕者。

总长云：此案似已到部。

罗总长云：关于收回领事裁判权一节，最好还是一国定一应付方针。

总长云：总有几点大致相同，如我欲收回领事裁判权，他国必要求内地杂居。惟领事裁判权究竟全部的收回，抑先行局部的收回？凡此种种，目下不妨先予讨论。又如内地杂居连带发生之收回租界、防止移民以及购置不动产等问题，对于应付各国之办法，大概亦大同小异。

罗总长云：总须先从局部收回着手，因如新疆等处既无经费，又乏人材，若径欲收回法权，谈何害易。反是，中部一带，较易着手。考外人现在对我司法上最不满意者，为军人与行政官之干涉，以及法律之不完备等等。

刘公使云：于收回法权之区域，立一设备完善之特别法庭，凡在该区域内各外人之诉讼案件，均归该庭管辖，大概收回法权之第一步，总如此办法。

罗总长云：又东三省经费固有，但人材缺乏。

总长云：此外又有司法内部问题，即收回法权系取一步办法，或分几步办理？

罗总长云：大概须分几步办理。

王总裁云：土耳其亦许外人内地杂居，惟附有种种条件，我不妨借为参考。

总长云：请就大纲上先行定一概括的方针。

罗总长云：不必故唱高调，先就可行范围之内定一办法。对于日本不妨稍示让步，只要日本承认，他国即易于就范。王总裁办理此事已一年余，对于外人希望之程度与我国可让之程度，必胸有成竹,务请偏劳一办。

王总裁云:在下次开会以前,我辈先定一大纲,然后再定办法。只须日本肯予承认,他国自易于应付。

罗总长云:日本若肯放弃,比国必不坚持。比国此次赴诉法庭,恐亦不过保存颜面问题已耳。

王总裁云:以应付日本为目的,先行拟就数条大纲,何如?

总长云:请王总裁偏劳一办。

钱事务主任云:草拟方案时,虽以对付日本为主要目的,惟对于其他订立新约各国亦不能完全不顾。

钱事务主任云:不过我国对于法权问题,设一旦定有办法,将来他国订约时,将群起要求援用,故事前不得不予顾及耳。

罗总长云:我对于英、美、法、日等国,不妨各附条件;必须履行条件,然后予以承认,并非无条件的办法。

刁公使云:即令日本取消治外法权,然杂居亦须限定区域。

王总裁云:先以日本为目标,定一最轻条件之方案,设他国赞同,我国亦可许其一体采用。此种办法,诸君以为何如?(众皆赞同)

总长云:即请罗总长与王总裁将收回法权问题,先行拟一大纲,以便下次开会时之研究。

时已下午六时三刻,遂宣告散会。

条约研究会第六次常会会议录

一九二六年十二月三十日下午五时半

列席人员：顾总长主席、王副会长、罗总长、王次长、戴公使、刘公使、王公使、刁公使、钱事务主任。

总长云：今日有应为诸公报告者，即上次所讨论之聘请外国法律专家研究比约一事，现在部中已接到驻外各使来电。Politis业经允许照办；Schucking 亦愿担任此事，先行拟具意见书；惟许思则因施公使已将比案交付兰辛核阅，一时未变易人，暂时只可作为罢论；其尚未接到答复者，惟 Motta 一人而已。至收回领事裁判权办法大纲，亦承王总裁及罗总长拟就说帖，可请诸公传观。又部中新近接到驻比王公使所寄比国通告书一件及驻和使馆来电二件。第一件报告比国已派 T. Ne. Russell 及 Henri Polin 二人为出席法庭代理人，法庭并已经指定两造呈递文据时期。第二件报告比国诉状所请未经判决以前，给予临时办法一节，经庭长认为按照目前文据，尚无证明取用该办法之必要，但保留日后一切情形云云。以上各项文件，诸君已否阅过？

王总裁云：所谓通告文件者，是否比国向中国投递之通知文件？

钱事务主任云：否。此系比政府训令其驻外各使馆向他国公布之文件，系由驻比王公使抄来，借资参考者。

总长云：关于会审公堂问题，本月二十四日比馆又来文表示不满意之态度，以为现在上海会审公堂悬而未结之案，其诉讼之呈递，皆在中国废止中比条约之前；若不继续审理，是认中比条约之废止，有追溯既往之效力云云。究竟此事应如何对付？

罗总长云：比国在会审公堂得派员陪审，系根据条约而来；现条约既废，此种权利已失根据，自难存在。

王总裁云：比国此种权利，系根据条约所得特殊权利，与普通权利不同，"法律不溯既往"之原则，想难适用。

罗总长云：此种权利所视为根据之条约既已废除，则因此种条约所发生之结果，当然随之消灭。

王总裁云：对于普通权利可引用"法律无追溯权"原则，惟特别权利不入此种范围。

刁公使云：我对于比国诉讼案件，并未将其延宕，何得谓之损及比国人民利益？且正式法官仍系华员，并未更易。

总长云：鄙意仍照对付上次比国抗议办法办理，即待大体决定后，再定方针，现在暂时不复。

刁公使云：复与不复，系礼貌问题，复较有礼貌。

总长云：主要问题还是废约问题，此事乃根据废约问题发生者。

王总裁云：驻和王公使来电中，载有关于比国诉状所请未经判决以前给与临时办法一节，先经庭长认为按照目前文据，尚无证明取用该办法之必要，惟保留日后一切情形等语。现我对于比国抗议，苟置不复，对于此层，日后是否不至发生影响？

总长云：设我以废约为理由，备文答复，比国定难满意。是仍不能阻止该国政府援引此事作为证据,要求国际法庭决定临时办法也。故鄙意仍以遵照上次开会时诸君所表意见,对于比国抗议暂时不复为是。(众无异议)

罗总长云:比国取得陪审权利,系根据条约。条约既无,则陪审一节,更无论矣。

总长云:关于比约其他各种问题,现拟待必要文件到齐,后再行讨论。(众无异议)

总长又云:关于西班牙修约问题,西班牙政府复文中,虽仅赞成修改商务条款,但同时声明对于修改该约全部一节,亦当予以同情之考量。至时间问题,则我国当日照会,系以中文条文作为根据,而此次西班牙来文,则以西文条文作为根据,遂致微有出入。现对于范围一层,本部拟再备文声明希望全部修改。惟时期问题,则因约内规定各以本国文字为准,故双方主张均有理由。究竟应如何办理,诸君有何卓见?

刘公使云:中西条约既属友好通商条约,则除关系法权问题之各项规定外,其余均可名为通商条款;即关系法权之规定,就广义论,亦可纳入通商条款范围以内,故第二十三“通商各款”四字之解释,我国未始不能不可与之强辩,况西班牙之取得领事裁判权实在发生通商以后。故设因通商而发生之条款俱可名曰“通商条款”,则全约内所载条款,均不难以“通商条款”四字抱(包)括之。鄙见为此,未知当否?

总长云:此亦系一种解释,如一八九六年中日条约即统名曰“通商条约”,即“通好”二字亦未提及。

罗总长云:我国第一通商条约系南京五口通商条约,领事裁判权乃随后发生之枝节,刘公使所称系通商之结果,诚属确论。

刘公使云：凡互助通商、便利通商之条款，均可名曰"通商条款"。

总长云：除通好条款外，或因通商发生或与通商有关之条款，似均可名为"通商条款"。

刘公使云：双方所最注意者，实在只关权与法权二问题，不过双方均不肯道破耳。

总长云：我国可备文将"通商"二字之范围予以推广。好在西班牙来文中对于我国修改条约全部一节，亦表示相同同情。惟期限问题，苟严格解释条文，因约内并未载明主体文字，故双方主张，均有理由。

罗总长云：此点现在最好暂时不予提及。

刘公使云：此点即表示让步，亦无不可。盖必要者，在于修约。

总长云：最好取折中办法，由我让步三个月，而以立即开议为交换条件，比较的尚属一种办法。

王公使云：如西班牙对于立即开议、到期废约二层，肯予承认，则时期问题，不妨让步。

刘公使云：即欲让步，现在似可不必急于许可。

王总裁云：我国可备文劝告西班牙政府，谓中西条约既有修改必要，则自以早日修改为是；对于期限一节，该国何必坚持一己主张。

总长云：我可以解释的口吻，备文将范围及时期两问题，向西班牙政府再为说明。

罗总长云：关于收回领事裁判权一节，鄙意最好对于各国各定方针，不必过唱高调；只就可行范围之内，订一方案。惟英国天津调查委员会报告书中所指各种办法，决难承认；否，恐遭国民反对。盖即在暹罗，亦未闻有如此严厉之制度也。

总长云：天津调查委员会报告书，本会不过将其作为一种参考之资料，并非将其提付讨论也。

罗总长云：最好莫若对于各国各定办法，分别最难应付之各国与易于应付之各国，如自动的聘任外籍 commissioner 都可照办，不过欲明文订明实难承认。鄙意只要日本允许放弃，比国即易于就范。我不妨先行对付易于就范之各国，将最难应付者，暂置不问。

刘公使云：就西班牙论，其视税权较法权为重。鄙意中西二国，对于关税一层，不妨互相约定此国对于彼国货物，应适用最低税则，取双方互利之原则。第一步先行解决税权，第二步再及法权，若欲将法权与税权同时解决，恐难办到。鄙人系就事实上立论，并不顾及外间舆论，当知欲速反不达。苟到期后，新约尚未成功，如对于废弃旧约能有把握，尚属可行；否，恐又蹈此次比案覆辙。

戴公使云：先法权后税权，似较合理。

罗总长云：税权苟有办法，法权即有办法。盖一有经费，即可整顿司法。鄙意法权一事，如日本肯予放弃，西班牙未必过于坚持。

总长云：诚然各国中固有重税权而轻法权者，亦有重法权而轻税权者。现在关于收回法权之说帖，既承王、罗二公费神拟就，当由部从速油印，以备下次开会时之讨论。又鄙人有应行报告者，即中法越南商约事，十一月五日法公使曾来一节略，称法政府准备与中国政府立即开议，无论如何，总在该节略投递日起二个月期满

以前,并称一待接到巴黎详细提案,当即行知照等语。惟至今尚未见法使来文,本部现拟再去文一催,看其如何答复。(众无异议)

时已下午七时,遂宣告散会。

条约研究会第七次常会会议录

一九二七年一月十三日下午五时半

列席人员：顾总长主席、王副会长、罗总长、王次长、戴公使、王公使、钱事务主任。

总长云：法权问题已由王总裁、罗总长缮就说帖，兹请二公再为约略说明。

罗总长云：关于收回治外法权问题，讨论范围大约可分二端：一为先决问题，一为具体办法。对于交涉方法，吾国以前均采取与各国同时合议之政策，惟此种政策往往因各国互相牵制，至产出种种之困难，一失败于巴黎和会，再失败于太平洋会议，三失败于此次法权会议，前车不远，可为殷鉴，故鄙见似以分国单独交涉较为得计。又我国设欲收回法权，则外人必将以承认内地杂居等等为交换之条件。此次调查法权委员会建议书，开首即提出法权放弃后，关系国在中国各处得依照国籍（际）普通习惯及公平之标准，以享受居住与通商之自由及司法 civil rights 权利等语。此种要求，揆诸情理，在我似不能不稍为退让，予以一部分之满意，故退让之程度，亦须有一番精密之研究。再以现在中国财政之形况，及司法人材之缺乏，似不能不倾向于渐进之办法，则关于分区收回及分事收回二种，亦应详细讨论。鄙意全国收回，一时恐难办到。昔民国二年许俊人总长有九年筹备收回全国法权之提案,嗣后朱博渊总长又有五年筹备收回全国法权之建议,至今均成绝影。是以鄙见主张须就可行范围内做去,不必过唱高调,先由富庶各省着手收回,然后逐渐推及边省。至分事收回云者,即区别司法管辖权,或先收回民事案件,后收回刑事案件;或先收回轻微案件,后收回重大案件;或先收回刑民事案件,而违警罪则另定期限。但第三办法,又须牵及警察权问题。

王总裁云:内地杂居一层,我苟不肯承认,则法权断无收回希望。盖证诸国际实例,各国之收回法权,莫不以承认内地杂居权为条件,日本、暹罗及土尔其事实俱在。惟对于杂居之办法,在我方可加限制,或条件的限制,或区域的限制。例如土尔其全国国境均许外人杂居,但附有种种条件,我似可效此办理。且我国要求列强予我以平等之待遇,而我反不予人以平等之待遇,揆诸情理,何得谓平。此次法权会议开会时,细察各国代表意向,我国对于司法现状,设完全不加改动,则要求外人放弃法权,恐难得其认可。惟外人对于我国司法上之希望,内中约有数端,我国目下似可办到。如外人谓我国法典不甚完备,我可于若干时间内将不完备之法典,予以公布。外人不满意我国警察法庭 Police Court 及军事裁判,我可指定凡外人案件,均归普通法庭审理。上载二层,一经办到,则对方反对之根据已去其大半,交涉自更便利。唯此种改革,须自动的做去,不过暗中对于外人合理之希望,予以满意。公布法典一层,仿土尔其办法,用单方宣言,不载在条约之内,并可规定相当时期,以便准备。如日本当时改约,取消领事裁判权时,亦因法典未备,故载明对于改正条约,经过五年之后,方可实行。

总长云:鄙意拟将说帖逐条讨论,如分国交涉,对病下针,收效自属较易。惟此种政策亦有流弊，即我国因收回法权对于此国之让步，将来与彼国交涉时，彼国将视此国所获之权利为一种既得权。不过会议政策，近年以来因难得各国一致之同意，收效亦属甚鲜。

罗总长云：对于此国之让步，彼国将视为既得权一层，目下暂时似可不必过虑。盖我国现在应取之方针，譬如灾官索薪，得寸则寸也。

王总裁云：根据鄙人在法权会议所得之经验，亦以单独交涉较为得计。就当日法权会议情形论，如此国对于某问题加一评论，彼国对于该问题本无意见发表者，见此国既有评论，往往因颜面问题，亦不得不略为点缀。

罗总长云：事实上中国内地即许日人杂居，恐日人亦难立足，因我国人民生活程度之单简节省，远过日人也。鄙意内地杂居一层，可以允许。惟一方面先就警察章程、收税制度、入口办法及营业条例上，着手加以种种之限制。

戴公使云：表面不妨慨予承诺，惟无形中仍加限制。

总长云：作为一种原则上之承认。

戴公使云：就瑞典论，非不许外人在内地杂居，惟对于外人营业加以种种限制，结果外人在该国内地均难立足。此种办法不但对华人为然，即对于其他各国人民，亦莫不然。

王公使云：在外人未经允许完全服从中国法令以前，内地杂居似不能轻予允许。

总长云：兹有应行注意之点，即关于纳税问题。近来我国承认外国人民所纳课税，较诸本国人民不得有所歧视。若对于捐税方面，附加条件，则与此种原则，似不无微有出入。

罗总长云：当知以前外国货物入口后，只须在海关领有三连单，即可通行全国，不受其他各种课税之阻碍，反是本国货物应纳厘捐等等，其总额远在洋货以上。鄙意只须外人对于中外人民一律待遇一层，肯予承认，我国收回之权利已非少可。

总长云：又内地杂居之后，对于出外游历，是否仍须请照。

罗总长云：护照似不可少，我正可借特别保护之名，而暗收取缔之实。

王次长云：就奉天论，外人出外旅行，亦须请照；否，即中途遇害，政府不负责任。

罗总长云：内地杂居，原则上不妨先予赞成，随后再商取缔办法。

总长云：然则依罗总长之意见，似无限制区域之必要？

罗总长云：设外人承认放弃在我国全境之治外法权，则我亦自可许其在我国全境杂居。总之，彼方放弃之权利愈多，则我方之退让亦愈大，自不必限制区域也。

王总裁云：我既全国开放，租界自当一律收回。

罗总长云：毫无疑义。

王总裁云：全国开放，则全国租界均应收回；否，只可有限制的杂居。鄙意后一办法，似较富有可能之性。

总长云：全国开放及将外人在全国之法权一时完全收回，事实上恐难实现。

王总裁云：暹罗之收回法权，亦系取分区办法。

罗总长云：以目下我国司法人材论，首推江浙；以经济状况论，首推东三省；至内地各省，则司法尚在萌芽时代。

总长云：我国沿海沿江各省，发达实远过内地。

罗总长云：现在不过讨论先决问题及原则问题，至详细办法，须与各国分别接洽。总之，收回法权一节，对付日本尚属易办，对付英美则较为困难。此外，各国尚有轻视民事案件，重视刑事案件，对于民事案件之管辖权，尚肯勉强承认者。查德国自领事裁判权取消后，对于民事往往和解了结，不到法庭，刑事则不然。

钱事务主任云：此次比国即要求民事案件归中国法庭管辖，刑事案件仍维持领事裁判权旧状。惟如此分国办理，将来结果恐头绪繁多，异常纷乱。例如波兰，对于刑事案件管辖权，似亦肯承认放弃，惟对于身分问题反异常重视。

罗总长云：当知一国与一国之情形不同，故应付之法亦应略有歧异。以日本内政之修明，经几番战胜之结果，尚须费若干努力，始克将领事裁判权完全废除。我国目下情形，岂能望其项背。

钱事务主任云：以土尔其与日本相比较，其不及日本也远甚，而土尔其亦竟能将领事裁判权予以收回。

罗总长云：欧洲各国在土尔其之利益远不若在中国者之重大。

总长云：此事还请王总裁与司法部详密研究，拟一具体办法，定我国最多让步之程度。鄙意各国意见恐不能十分分歧，因彼等遇事均互相接洽也。

罗总长云：若日本肯予承认，他国易于就范，惟英、美较难对付耳。

总长云：定一最多让步之程度，凡过此界线之要求，我国均难承认。如此，庶以后应付较为便利。

钱事务主任云：现在首当其冲者，厥为比国。

罗总长云：比国各种要求，我国正可置之不理。将来最难应付者,还是英、美。惟我国现在应抱方针在于得寸则寸已耳。

王公使云:能收回一分就是一分。

总长云:第三种附条件收回,恐系不得已时之办法。

罗总长云:我苟提议收回法权,则日本对于我国司法经费及司法人材二者,必甚为注意。

总长云:鄙人拟将顷间关于法权问题讨论之结果,先行作一最短之结论:即交涉方法,多数赞成分国办理;如能免去外人享受土地所有权之权利,自属更妙;内地杂居原则上可予承认,惟须附有种种法令上之限制,杂居地点,暂限于沿江沿海交通便利之各省,凡外人许我收回法权之地点,即我许外人杂居之地点;对于分区逐渐收回,事实上不能不预有准备;分事项逐渐收回一层,暂不讨论;至附条件收回,乃系不得已时之办法。顷间,诸公意见大约如此。总之,无论关权、法权,我国内部须先定有最高让步之程度Maximum Concession,庶遇事有一确定之标准。

罗总长云:当交涉开始之时,我方自可无庸将最多让步即予揭明,要价不妨稍高也。

王次长云:诚然诚然。

总长云:关于是否以法权报告书作为根据一节,比使已屡次询问,鄙人初时均以政府尚未考量相答复。

王总裁云:司法上总须有所举动,不能完全置而不问。

罗总长云:可就各国希望自动的予以满意,表面上不以法权报告书作为根据,而事实上仍不离该报告书所定范围。

总长云:法权报告书是否将提出阁议,以便政府对之取一种之态度?

罗总长云:鄙意似可不必急急提出阁议,因一经过阁议,必致减少活动伸缩之性质。分国对付,则各国之力分。故事实上不妨以该报告书作为根据,但绝不宜显诸表面也。

总长云:提付阁议并非即与通过,暂不提付系延宕手段,然终不能始终不问。

王总裁云:不妨将该案在阁议上先为一提,待签字国表示态度后,再予决定。如此办法,亦是一种态度。而外交方面经过此项手续,说话不致无所根据。

总长云:后几次比使来部询问时,鄙人均以翻译尚未竣事,暂相宕塞,但此总非久远办法,是事还请司法部酌夺办理。(众无异议)

总长又云:法约问题,本月初法馆交来草案一件。今日已无暇讨论,请诸君将该草案印本携回,先行研究;若有暇将其逐条签注,以便提出讨论,尤为欢迎。又比约新近驻和王公使来电,报告法庭已下临时处理办法。惟本月六日比使曾一度来部,与鄙人谈话至两句钟之久,最后微露极愿挽回,希望速订新约,并询问中国对于比国赴诉法庭,有何意见。当答以比国即在法庭胜诉,本问题亦不能解决。比使复询新约未订立以前,中国对于比国人民如何待遇。鄙人初时不肯答复,后比使再三追问,当答以临时办法,现在已谈不到,最要还在速订立新约。比使复谓比国商人对于关税问题未决以前,甚为不安;又对于法权问题,亦愿有所闻知。当答以法权系司法部主管,惟无论如何,比国在华领事裁判权自不能再予恢复。比使答称当将此中情形,电达政府请训。昨日比使又来,谓不鲁萨纳回电已到,比政府决定与中国速订新约,在会商新约时期以内,即行中止在永久法庭之诉讼。鄙人答称比此种态度殊堪嘉许,比国既已决定中止诉讼,则本国政府对于法庭所下之临时处理办法,亦暂时不予公表,以免引起国人反动,或足阻碍订立新约之会商,惟希望比使将此层予以书面表示。现接比馆来文,大旨为为表示两国之友好起见,比国决定与中国从速开始新约之商议,在商议时期以内,中止在法庭之诉讼,一面并派定专门委员三人,以为驻京比使之赞助云云。该项来文,请诸君传观。

罗总长云:比使前数日亦曾以法权问题来相询问,当经鄙人答以现在我国既处被告地位,似可不必再谈此事。

总长云:比国亦深知临时办法一层,目下已不能再行谈及。惟开始交涉后,设有进步,我国总有表示,不过领事裁判权无论如何不能任其恢复耳。

钱事务主任云:比国来文仅称中止诉讼,将来谈判不合,仍可进行。

王总裁云:中止非取消可比。

总长云:当时比公使询问何时开议,当答以大约下星期一即可开议。惟司法问题我国虽曾公布无领事裁判权国人民之诉讼条例,但此种条例是否亦适用于比国? 比国既经明令优待,后来办法定后,似仍可用明令公布。

王总裁云:所谓优待办法,订立时本挟有优待精神,惟以后逐渐推广,遍及各国,遂致失其优待之本性。

罗总长云:就可承认范围中,订一办法。

总长云:可备文通知比使,下星期一上午十一点半钟开始订约谈判。

时已下午七时,遂宣告散会。

条约研究会第八次常会会议录

一九二七年一月二十二日下午五时半

列席人员：顾总长主席、王副会长、罗总长、刁公使、王公使、钱事务主任。

总长云：今日当首付讨论者，为比国中止诉讼问题。查此事根据十八日比馆照会，不过展长中国呈递答辩日期，现拟再去照会，言明展长中国呈递答辩日期问题与中止诉讼问题完全不同，并询问比国政府是否有履行原议，在海牙国际法庭中止全部诉讼之意。照会稿已经拟就，请诸君传观。

罗总长云：昨日 Devos 派人来访，云照法庭规章，对于诉讼只可取消，不能中止，希望中国从速提出办法，如能令比国得以满意，则比国可通知法庭撤消诉讼。当经答以比国此次改变方针，如果出诸诚意，则应将诉讼速行撤消；倘对于比侨待遇问题有所顾虑，中国政府不难担任予以种种保护。鄙意比国目前忽然变计，内中似不无令人可疑之处，其目的恐在于故意示好，以冀取得一种优越之过渡办法。究竟法庭手续是否并无中止办法，王副会长对于该问题富有经验，有何卓见？

王总裁云：规章条文内实无明文规定，比国此次所称中止，其实不过展长答辩日期。鄙意停止诉讼是一问题，停止临时处分是又一问题。查以前德国对于波兰,亦曾一度请求法庭下临时处分,后德国并未继续请求执行,此案遂无形搁浅。临时处分既系因原告之请求,为保护原告之利益而下,若原告请求停止,法庭似不致于反对。

罗总长云:中止一层,规章内既无明文规定,然则有无先例可援乎?

王总裁云:关于临时处分办法,因原告未继续声请,法庭亦未执行,此节实有先例。

罗总长云:昨天 Devos 方面谓中国所定办法,苟能令比国满意,比国可声请撤消诉讼。当答以贵国此次如果出诚意,则宜切实了当,通告法庭,撤消前案;目下所取步骤,结果恐反足发生误会,贻害交涉进行。鄙意比国所谓中止云者,恐不过一种外交政策。至放弃天津比国租界一节,当知比国租界,我国即予收回,所获实利,亦属寥寥。

王总裁云:鄙意要求先行停止临时处分。

总长云:诉讼既已中止,临时处分恐亦随而无效。

罗总长云:在诉讼未撤消以前,有效无效,权在法庭,原告不能随意决定。

刁公使云:法庭是否曾明白表示无中止办法?

钱事务主任云:根据驻和王公使来电,谓法庭书记长面告,比国向法庭声明,中国政府现愿开商新约,比国为易于开商满足中国政府之愿望起见,请照庭章三十三条关于所定中国政府应行提出答辩之期,予以延长等语。究竟比当局与法庭内中如何接洽,外间无从探悉。

总长云:照章程只可 Renewal,无 Suspendre 明文。

　　罗总长云：比国目的，恐不过欲设法取得临时待遇办法。鄙意此中必有内幕，惟昨日 Devos 方面一再称比国异常诚意。当答以比国若一方面撤消诉讼，则一方面我可与之订临时待遇办法。

　　总长云：比国此次恐亦处于进退两难之地位，故不惮用尽方法，以图与我相接近。想比国当轴中，必有一二专门家专讲条文，以为定操胜算。现此案既已提出法庭，径予撤消，总觉不快，且撤消之后，毫无保障，深恐订约将益行不利，此事亦在情理之中。

　　罗总长云：果如此，则可预行约定一方面我国公布临时待遇办法，一方面比国承认于临时待遇办法公布后若干日内，取消诉讼。总之，彼以诚意来，我以诚意去，否则，惟有置而不问可耳。

　　总长云：现有三种办法：（一）要求比国取消诉讼，此系我国最高希望;（二）要求比国请求停止临时处分;（三）如顷间罗总长所称，我国公布临时办法若干日后，比国即应取消诉讼。现拟去一照会，请其答复，庶较有根据。

　　罗总长云：比国须重行答复，声明确悉诚意。

　　总长云：关于法权问题，承王总裁、罗总长拟有极详细之提案，共分三种：（一）加入条约原文之提议;（二）关于法权之附件;（三）中国政府宣言书。兹请罗总长再为约略说明。（罗总长朗诵提案，并予说明）

　　总长云：此次提案异常详细，罗、王二公煞费苦心，殊深感佩。

　　王总裁云：此系极高让步。

　　总长云：不必一时全行提出，否，恐我所视为最高让步者，彼将视为最低让步也。故此种提案，同人宜严守秘密。

　　罗总长云：诚然，诚然。所以昨日 Devos 方面探问具体办法时，鄙人当答以此事尚须商诸各主管机关。

总长云：恐期限一层，亦不便更长。

罗总长云：系以日本为准备。

王总裁云：土耳其亦然，实有先例可援。

罗总长云：现在司法上困难之点，总不外人材及经济二种。

总长云：条约未成立以前，临时待遇办法，是否亦包含在附件之内？

罗总长云：诚然。鄙意总须设法使比国先行撤消诉讼；否则始终令人不能毫无疑虑。盖此次比国系属原告，就情理论，对于法庭规章事前必须有一番精密研究，乃始则谓中止诉讼，继则谓法庭无中止办法，态度闪烁，殊属可疑。故昨日 Devos 人来访时，鄙人即谓一方由比国撤消诉讼，一方中国可公布临时待遇办法。

总长云：然则此种临时待遇办法，必须待比国对于条约原文认可后，我方始能承诺乎？

王总裁云：此种临时待遇办法，究竟我方用以交换签约，抑用以交换取消法权，两者之间，孰为得计？

罗总长云：鄙意以能交换签约为最好。

王总裁云：此是最高退让，故不宜一时全予提出，庶较有伸缩余地。

总长云：今日已将该问题略为讨论，待下次开会时，再行详细研究。（众无异议）

总长又云：关于关权问题，现在由司中拟有条文三款，大体以奥约为根据，对于关税自主一层，不明予提出，而以条文代之。

钱事务主任云：精神上全以奥约为基础，不过条文微有不同耳。

总长云：大约主要之点有二：一为关税自主；一为照本国人民

待遇。

钱事务主任云：此外尚有一点，即平等待遇 on an equal footing 是。所谓平等待遇者，即甲若许乙以最低税率，则乙亦许甲以最低税率。至本国人民待遇一层，以目前中国关税制度论，实不啻等于虚语，因中国现在只有一种协定税则也。

总长云：今日最好将条文精神先为确定，至文句请刁公使担任修正 recast，务使异常明了。总之，关于关税条款，应行注意之点有三：（一）关税自主；（二）本国待遇；（三）相互主义。惟对于日本，相互一层，我方始不予提出，俟日本先提，由我方承认，作为一种让步。又此事关税会议当有案可稽，请钱事务主任与张参事预为接洽，备一方案。至法约，今日为时间所迫，已无暇讨论。再下次会议，拟再下星期一下午四时开会，未知诸君亦有暇否？（众无异议）

时已下午七时一刻，遂宣告散会。

条约研究会第九次常会会议录

一九二七年一月二十四日下午二时半

列席人员：顾总长主席、王副会长、罗总长、王次长、王公使、刁公使、钱事务主任。

总长云：本日拟先将关税条款再为讨论。查该问题在上次开会时，业经提出，后因条文似过冗长，曾请刁公使主持酌量修改，经此番修改后，条文已甚简明。自主一节，似不予明白揭出，因此事各国已经赞同，且我国曾有明令公布，目下拟将其作为已有相当解决，诸君有何卓见？（传观修正条款）

刁公使云：鄙意新约中对于关税一点照各国普通办法，不予提起，待将来再用续约 supplementary agreement 详细规定。

总长云：在他国关税自主，系国家固有权利，约内自可不必再予提起。惟我国情形略有不同，我国关税至今均有条约限制。

刁公使云：新约系代替旧约，新约既订，旧约自属完全无效。

王总裁云：旧约内各项规定与新约相抵触者 contrary，自属无效。惟旧约内所有而未经新约中载明者，似不能相提并论，默而不言 silence on that point 恐非良策。

罗总长云：本来非自主，但现欲要求自主，如此，似不能不有一番明白之表示。

王总裁云：不然，恐以后将生出种种误会。

总长云：税则系商约中重要条款，似不能不有特别规定。至详细办法，不妨另订续约，故将来对于关税问题提案时，拟即以该条款为根据。自主一节，作为已经解决，诸君以为何如？

钱事务主任云：查修正条款内载有 all matters concerning …，是不但包括税则 tariff，即其他一切问题，如船钞等等，亦俱包括在内，各国若不赞成自主，则此句即不能赞同。

刁公使云：以前 Underwaod① 在上议院 Senate 演说时，曾谓各国并非全无承认中国关税自主之倾向，但中国本身迄未要求。

总长云：此条完全出于误会，鄙意 no higher duties shall be imposed upon the produce …句，似可改为 imposed upon importation or exportation on the produce …以示仅指进出口税而言。

王总裁云：interior législation 似可改为 national législation。

刁公使云：importation 与 exportation 二字，可以不必提起，自然指进出货而言。

总长云：我国除海关外，尚有常关，约文措辞与其不甚明了，不若过于明了。

王总裁云：upon importation or exportation …改作 no higher import or export duties，何如？鄙意… tation 似带有多少 movement 意义。

总长云：甚当，甚当。

王总裁云：又最末 payable by their nationals 一句，their 指两国而言，现拟改为 nationals of the other high contracting party 较为

---

① 底本如此，疑为 Underwood，即美国参议员 Oscar Wilder Underwood。

恰当。

刁公使云：改为 respective nationals，何如？

总长云：鄙意拟再加 or like produce or manufacture 数字。总之，该条精神，诸君均已同意，至措辞系次要问题，现拟请金科长再为修正。又关于中比修约一节，上次本约比使于今日开第二次会议，现因比国所谓中止诉讼云者，我国尚有不尽明了之处，故今日比使来时，并未正式开会，惟曾面询以比国此次中止诉讼，究用何种手续及取何种程序。比使答称撤销诉讼应双方共同请求，现拟去电请示政府，再行答复。窥其意，我国若欲该国完全撤销，则必须有交换条件。所谓交换条件者，即指总统命令中所称优待一层而言，但部中对于此节，并未明予答复。现比馆既非正式向王总裁、罗总长接洽，鄙意即请二公根据顷间王总裁所拟三条办法，作为标准，继续进行，交换意见，俟略有端绪，再定办法。（众无异议）

总长又云：近来法、日、比各国，纷纷请求我国将我国所拟新约草案提出，以便彼方审核，本部迄未承认。因商约头绪繁纷，若同时全部提出，深恐内中容有遗漏之处，且一经全盘揭露，则我方希望之程度、要求之范围将均为彼方所洞晓，将来交涉时，彼必占优越地位。故鄙意拟提出几个重要问题，先为磋商，庶较有伸缩余地，诸君以为然否？

王次长云：日本方面，亦甚欲知我国提案大纲，此事当然以逐条提付讨论为是。

王总裁云：交涉有如作战，决不能将秘密全盘托出。

罗总长云：鄙意亦复如此，公开讨论，恐非良策。

总长云：既经诸公均表同情，以后准如此办理。惟彼方苟有以非正式之方法，来相提问者，则我方内部总须有一合调之答复，故不能不预定标准。前由司拟就大纲七条,内中容或尚有损益之处,务请诸公各抒所见。(遂朗诵大纲第一条)"(一)关税问题,依照民国十五年十一月十九日之关税会议议决案,要求关税自主,同时可订立互惠协定,以中日两国特产为限。"换言之,关税自主,惟同时可商订互惠协定。(众无异议)

总长复朗诵大纲第二条"法权问题":"取消领事裁判权,但关于司法上之便利,得予以相当之让步。"

王总裁云:"让步"二字,似以改作"办法"二字,较为妥当。

王次长云:鄙意将该条改作:"但关于司法上之实施,得予以相当之保护及便利。"诸君以为如何?(众无异议)

总长复朗诵大纲第三条:"内河及沿海航行要求,依世界通例,专归本国自办,如彼不允时,可以现有船只为限,在中国法令之下,暂许其继续行驶。"换言之,沿岸航行原则上由本国自办,如对方坚不认可,则只以现有船只为限,暂许继续行驶。惟鄙意不妨将年限一层加入,改为在中国法令之下及于相当期限内,暂许其继续行驶。(众无异议)

总长复朗诵大纲第四条:"租界及铁路附属地希望早日交还。"

王次长云:"希望"二字,欠妥,改为"应由中国收回"。

罗总长云:尚须确定期限。

总长云:然则改作"要求收回",何如?

王次长云:"要求收回"句下,再加"如彼不允时,得商订期限及收回之办法"。(众无异议)

总长复朗诵大纲第五条:"内地税课及警察法令,侨居中国之日本人应完全在中国法令之下。"

王次长云：此条可加入法权条下，不必另立一条，将法权条末段后加"至侨居中国之日本人及其财产应完全遵守中国之一切法令"数句。（众无异议）

总长复朗诵大纲第六条："内地杂居在租界及铁路附属地未经取消以前，碍难允许。"查第五条既经取消，则第六条可改作第五条。惟鄙意租界及铁路附属地外，似可加入租借地，诸君以为如何？

罗总长云：此系一种希望，范围不妨略广。

王次长云："碍难允许"，可改作"碍难完全允许"，较有伸缩余地。譬如日本放弃治外法权，则我可许其局部及附条件的杂居。

王总裁云：改作"碍难无条件的允许"，如何？

钱事务主任云：据称日本似已准备先行放弃间岛、珲春一带之治外法权，要求该带作为杂居区域。

罗总长云：收回租借地一层，日本定难认可，鄙意现在我等应抱政策系得寸则寸，不必过于奢求。

总长云：要求收回租借地段，自属有近奢求，若以之作为杂居条件，鄙意尚属无妨。

王总裁云：将来第一步恐仍系局部杂居。

钱事务主任云：然则改为"碍难立予承认"，何如？（众无异议）

总长复朗诵大纲第七条："内地所有权暂时不能允许。"

钱事务主任云：日本取消领事裁判权近三十年，迨去冬始实行外人享有不动产所有权。

王次长云：我国人民在日本国中，至今尚只有永租权，无所有权。

王公使云：日本恐故予保留，备作将来交换条件已耳。

王次长云：日人之杂居系有组织的杂居，且有经济后援，一旦果见诸事实，恐非我国之利。

总长云：原拟七条大纲，现因取消第五条，只余六条，惟第一条关于互惠协定一节，外间颇有不明真相者，似可另加说明。

王次长云：第一条似太简单，可再详为解释，日本对于互惠协定甚为注意。

钱事务主任云：关于互惠协定问题，日本方面初时似愿以十二年为期，我方只许二年；互惠物品，日本提出至五十三件之多，我方只须以两国特产者为限，且日本似欲将大豆、棉花、煤、铁等件作为我方互惠之物品。

王次长云：我国大豆、铁矿各事业，早为日人所操纵。

总长云：（甲）须说明互惠之利害，（乙）短期为限，（丙）少数特产品为限。

时已下午六时，遂宣告散会。

条约研究会第十次常会会议录

一九二七年一月二十七日下午三时

列席人员：顾总长主席、罗总长、王次长、王公使、刁公使、钱事务主任。

总长云：现在拟先讨论中法修约问题。昨日与法使开第二次修约会议，当本上次本会议决办法，先将重要问题提出几条，双方讨论。我方要求中国货物出口税是否减收抑或完全免收，不必在约内规定，至中国货物输入越南者，应照最低税率纳进口税。法使询问法国货物输入中国是否继续减税。当答以根据华会条约，此层似难承认。法使对于中国货物出口税率不必订在约内一节，无甚异议，惟谓华货入越既欲享最低税率，则应有交换条件。当答以法国究欲以何种利益作为交换条件。法使谓法国输入中国货物，其所纳进口税应十分减二。当答以此节歉难照办，因恐他国援例要求。法使谓若然，则中国货物在越南所纳通过税，应提高至等于所纳税额五分之一。当答以此种制度，实为国际商务原则中之所无。法使谓商约乃系双方交换条件办法，今中国只要求单方利益。当答以现中国所要求者，为华货在越南进口与各国一律待遇，并未主张应享受何种特殊权利。法使谓现在法国有最高、最低及折中三种税则，设中国果欲贯彻一己主张，双方不妨各行其是，又何必另订条约。当答以然则中国一部分货物在越南照最高税率纳税,一部分货物照最低税率纳税,至货物之品目容后由专门家再行类别,何如?法使对于此节,不肯容纳,仍要求以提高通过税为交换条件,此层我亦未承认。最后法使谓待请示政府,再行答复。故目下应研究之问题,为我国是否坚持取消减税?若坚持取消减税,恐必须有交换条件。不然,设一旦果各行其是,则法对于我国货物有自由加税之权,而我对于法国货物因条约关系,即提高税额亦不能过一定之程度。又鄙人昨日并曾向法使声明,待中国国定税则实施以后,中国货物在法国若得享最低税率,则法国货物在中国亦得享最低税率,此层法使似表赞同。惟国定税则未实施以前,在此过渡时期内,法使坚欲有一交换条件。总之,问题有三:(一)我国是否坚持取消减税制度?(二)我国是否要求一部分货物在越南享最低税则,或全部分享最低税则?(三)通过税可否听法国增加,抑不许增加?

刁公使云:此系关于纳税问题,可征求财政部及税务处意见。

王公使云:越南商约中所称通过税,系指中国货物假道越南,复运回中国者,在越南通过时所纳之过境税而言。故苟承认法国提高此种税额,则受其影响者,必仍为华人,本问题实系一种专门technique问题。

总长云:鄙人当日对法使亦曾声明,越南商约内所称应纳通过税之货物,系指中国货物假道越南,复运回中国者而言,并非假道越南径运别国者可比。法使当答称法国对于此种货物,所以征税之原因,亦无非在增加收入,稽查货额。总之,我若愿于上列三项之中,择其一二,则目的尚不难达到,若欲令法国听从我国全部主张,恐非易事。

钱事务主任云：根本问题在于我国对于划一关税之原则是否坚持。至最低税率一层，将来国定税则实施以后，我国仍抱定互惠主义，故对于法国一般货物，能否一概许以低税是一问题。

罗总长云：现在我国应抱政策，在于得寸则寸。总之，此事宜由主管机关财政部及税务处详细审核。鄙意以为边越关税尚系局部问题，惟华侨在越所受种种苛征酷敛，于我国侨商前途，至有关系，正宜乘此修约机会，要求取消。

王次长云：权利害之轻重，于上列三项之中，择其一二，若欲使法国听从我国全部要求，恐断难办到。

总长云：越南境内各项课税，其专为华侨而设者，自可乘修约机会，要求废止。惟华侨与越南本地人民同样缴纳之课税，乃系法国内政问题，我国无法干涉，至边越关税，当初订约者亦因其系局部关系，视之甚轻，殊不知此事一方面须顾及出产之销路，而一方面应保护我国边界之实业，亦颇重要。

罗总长云：税务处系主管机关，可请税务司先列一比较表。

钱事务主任云：今日已请税务处刘廷冕君详细研究。

总长云：可请财政部、税务处、农商部及本部通商司各派专员，开一会议，详加研究。

王次长云：请其比较利害，必须先有根据，始可说话。

总长云：可于星期六开专员会议，将所得结果提付下届本会会议讨论。（众无异议）

总长复云：法权问题，承罗总长、王总裁拟具办法三件，内容详备，甚为欣感，现拟逐条讨论。遂朗诵法权附件至第三条。又云今日时间急迫，暂时至此为止。

时已下午五时一刻，遂宣告散会。

条约研究会第十一次常会会议录

一九二七年一月三十一日下午三时半

列席人员：顾总长主席、罗总长、王次长、刁公使、王公使、钱事务主任。

总长云：上次与日本代表开修约会议时，日本方面要求我方提出条约草案。当经允许将最要问题各大纲先予提出。现由司拟具数条，惟鄙意尚觉太多，且形式有近条文，最好关系法权问题请罗总长拟一大纲，或请刁公使润饰词句。

罗总长云：鄙意应先以非正式形式，与日本相接洽，庶将来较有伸缩。

钱事务主任云：司中所拟各条，于中国均无不利之处，如觉太多，不妨删去几条。

罗总长云：鄙意仍由双方先行非正式接洽，较为妥当。

王次长云：此由于上次开会时日本坚决要求。

总长云：鄙意主张根据前次本会所决定之办法，将最重要原则可作为讨论修约之基础者，拟具大纲数则，先予提出，即：（一）关于法权之大纲；（二）关于航行之大纲；（三）关于游历及经营商务、工业权利之大纲；（四）关于警察及课税之大纲。至若货物出产地证明书、违禁品、保护商标等问题，不妨让日本方面提出。关于法权一部分，拟就后，可请罗总长再予审核。

下午四时三刻散会。

条约研究会第十二次常会会议录

一九二七年二月十日下午四时半

列席人员：顾总长主席、王副会长、王次长、戴公使、王公使、刁公使、钱事务主任。

总长云：今日有应为诸君报告者，即比国已允许通告国际法庭，收回保管权利之临时办法。二月三日比国关于此事，曾正式照会本部。适间比馆又电话通知比使拟于明日来部面谈，或者已有消息，亦未可知。又日本约问题，现在开会已经三次，日本方面每次均无负责说话，非要求解释，即要求草约全案。窥其意，或则存心延宕，因中国现在大局不定，对于积极进行一层，颇有顾虑；或则以我国要价太高，一时难于答复。前佐分利道出北京时，鄙人亦曾与之谈过，惟测佐分利之谈话，日本似非不愿让步者。

王总裁云：上次佐分利亦曾与鄙人谈及法权及关税两问题。关于关税问题，鄙人当答以对于此事甚少研究。法权问题，据佐分利意见，日本甚愿放弃，惟问中国对于内地杂居一节，究抱何种政策。当答以非将租界及租借地等完全交还，内地杂居恐谈不到。佐分利谓交还租界及铁路附属地易，惟租借地系因对俄发生，交还一时恐难实现，可否分层交还、分层杂居？当答以此种办法尚未研究，歉难答复。佐分利似深知无区域的杂居，一时不易办到，惟对于局部的内地杂居甚为注意。

钱事务主任云：据报载，日本人口去年增加九十四万人，现在预计每年约增加一百万人。日本素重多男，限制产育万难办到。将来结果，土地之生产有限，而人口之增加日多，生计上必致发生莫大危机。现在尚有一线光明，此一线光明即在于，与中国及印度相连好。此日本对于内地杂居一层，所以异常注意也。

总长云：鄙意现在有两种办法：（一）开议已经三次，日本均无确切表示，现拟再继续开议一二次，如日馆仍未接有本国训令，提出具体办法，则我可将会议暂时停止；（二）日本既以要求全部草案为延宕之手段，我不妨备一草案，提交日使，庶彼再无所借口。此种草案，部中早已拟就，惟现在情形略异，拟将收回租界一条，亦予加入。因比国已交还天津租界，而上海租界章程亦有所变动，则对日条约中，似可将该问题一并列入。草案交出后，即催日本从速答复。上列二种办法，在诸君意见中，究以何种办法较为得计？

钱事务主任云：阅东京各报，亦以中国此次并未提出租界问题，深引为异。

王公使云：全案提出亦是一种办法。

刁公使云：全案提出之后，日本应负答复责任。

王总裁云：就我国最有利一方面提出，然后再行徐徐讨论。惟日本目下之取延宕手段，其存心是否在于观望我国内部局面之变化？

钱事务主任云：提出之前，最好请诸公先予审核。

总长云：可加入租界一条。惟上列二种办法，诸君究以何种办法较为得计？

王总裁云：日本既取延宕手段，则提交全案与否，无甚关系。

因对于一问题既无确实答复，则对于全问题亦可无确实答复，最好现时暂不提出。微测外交团态度，似甚惧南方政府对于北京所定办法，不肯承认。

总长云：全案提出后，设到期仍无结果，则说话上我方占有优胜地位。

王次长云：设我不提出全案，可断定日本无负责答复。因彼方已表示设不能窥见全部，恐别有枝节发生也。

总长云：然则一方面仍与日本继续开会，一方面将草约备就，交本会研究后，再行提出。又昨日西班牙方面曾向本部要求中西条约草案，当经予以拒绝。因西班牙对于我方修改之原则既无确切表示，条文内容更谈不到。

时已下午五时一刻，遂宣告散会。

条约研究会第十三次常会会议录

一九二七年二月十七日下午四时半

　　列席人员：顾总长主席、王副会长、罗总长、王次长、刁公使、戴公使、王公使、钱事务主任。

　　总长云：比约事，昨日接驻和王公使来电，称法庭已准比国请求，将正月八日临时办法宣告失效，现部中拟与比使再继续开修约会议。惟闻罗总长曾对彼方口头表示，设比国撤消临时办法，则中国对于会审公堂案件，代为想法，此节是否果有其事？

　　王总裁云：当日对彼方不过表示，设比国取消临时办法，则于比国之提议，即去年十二月间上海特派员来电中所称，比国领事之主张，或由陪审官在办公室会商，或请他国陪审官代将未结各案继续审理判决一节，可予研究。

　　总长云：若然，则待彼方提及此事后，再定办法。

　　王总裁云：中比新约草案第四条第一段 les ressortissants de Hautes Partie contractants seront soumis pour les affaire criminelle et civiles a la jurisdiction … 一句中，鄙人以为可将 pour les affaire criminelle et civiles 数字删去，改作…soumis a la jurisdiction，以免对于管辖范围问题上，将来或致发生枝节。

　　总长云：关于司法条文，可请王总裁审核，最好能于下星期一以前送回,因鄙意欲于下星期一下午与比使继续开议也。现对于比约正在进行,王公使有何意见? 又日本约草案请诸君携回研究,以便于下次本会开会时提出讨论,刁公使对于该草案字句上如有修改之处,亦请签注意见。今先将中日修约第四次会议情形,为诸君约略报告。日本对于关税自主,主义上甚为赞同,惟第(一)层欲知我国国定税则之内容,第(二)层欲知国定税则之详情。当答以国定税则条例虽已公布,但税则尚未订定,因税则系与关税自主同时实行,为期尚有二载。此二载内经济情状,尚不乏重大变迁,现在预定之税则,届时恐不适用。至详细情形,更不便提出讨论;否,将仍不失以前协定税则之性质。日本希望我国早定国定税则,而对于第(二)层则以为中国设不将国定税则详情先行通知,日本方面因此必致处于不利之地位。良以日本现行税则,中国商人甚为了了,而日本商人对于中国国定税则,则目下无从探悉也。日本异常注意互惠协定,大约互惠税则,应较国定税则略低。查此节我国与彼方已有换文,恐不能不予承认,现拟各派专门委员交换意见。日本并要求最惠国待遇。当答以最惠国条文与互惠性质实不相容,因此该问题遂无结果。日本又欲知我国裁厘情形,惟尚不追问甚力。测其意,似深了解以目下我国国内之局势,此事进行自属困难。当日与日使谈判情形,约略如此。

总长又云:今日拟将英国提案七条逐条讨论。查第一关系司法问题。(遂朗诵英国提案第一条)鄙意治外法权一节,我国似应有一具体要求。

罗总长云:第一条之主旨,不外:(一)放弃英国陪审员观审权利;(二)要求案件由新法院受理,不受县知事管辖。但目下有一先决问题,即我国是否将条约中不平等待遇完全提出,抑只提出法权问题,与相讨论?

总长云:关于本事件有应为诸君报告者,即上月二十八日英使来部时,曾面称上述七条提案系英国不待修约即能履行之各端,至修约一层,英政府甚愿即予考虑。但因中国无代表全国之政府,如正式修约,难免南北同时进行,事实上殊多不便,又该提案并在汉口向南方代表提出。鄙意上载七条,乃系一种临时办法,至正式办法,仍须就修约着手。

王次长云:鄙意英国既愿抛弃一部分权利,我国即不妨径予承受,不必另生枝节。南方现正倡高调,北方是否须与一致进行?

罗总长云:现在北方所抱宗旨,到期各约,概予修改;不到期者,暂时不问。单提法权,办法似不彻底。

总长云:当日鄙人并询问英使,关税自主一节,提案中何以并未说及。英使答谓关税自主一事,本国上年十二月十八日说帖中,已正式声明。

罗总长云:修约是一问题,提案是又一问题。

王总裁云:英国提案,南方表面上表示不满。现在根本问题,在我国对于七条中所拟办法,是否准备承受?

王次长云:南方已表示不予承受,北方态度究竟如何? 如亦不愿承受,则即可不必研究。

罗总长云:现在南方系取废约行动,北方系取修约行动。

王总裁云:南方不过表面上不肯承受,日来报载汉口协定即将签字,是南方实际上亦未始完全不承受者。现在应行决定之点,为此种过渡办法,北方是否准备与之讨论;如不与讨论,则可请其径行提前修约,而对于七条办法,即无须研究。

总长云:目下最好是抱得寸则寸主义,南方对于英国提案,亦非不相对的予以容纳,不过先从收回租界着手耳。

罗总长云:应表示我国之希望在提前修约,但对于七条提案,相对的亦可与之商量。先决问题仍在此种馈遗,我方是否承认。

王次长云:鄙意我方应承受七条提案,并对英表示感谢。惟须同时向之声明,我国期望仍在于提前作根本上之解决。

总长云:就事实论,与修约亦无大差别,不过在南北未统一以前,欲避去修约之名已耳。

王总裁云:第一条可以承受,惟第二条似颇有研究价值。

罗总长云:英国国籍法与我国国籍法根本不同,第二条"合理"二字,是否有要求我国改变国籍法之用意?

王总裁云:查暹罗现行制度,凡遇有因国籍法问题所发生之冲突,由英国及暹罗各行派人会同解决。

总长云:关于英国提案第一条,我国可否径向之要求凡关于民事问题,不问英人系原告、被告,均须归中国新法庭受理,何如?

王总裁云:如原告欲提起诉讼,被告恐无强迫其必须向某法庭提出之权力。

罗总长云:提案第一条之用意有二,即:(一)不受县公署之审判;(二)与抛弃观审权是。但依据条约,不惟英国对我可派员观审,即我国对英亦可派员观陪。且英人案件既归新法庭审理,事实上即不能派员观审,因新法庭章程中无此项规定也。

总长云:英国既抛弃观审权,恐必要求我国亦抛弃观审权,此事我方似难予拒绝。

罗总长云:观审制度,始于《烟台条约》hearing 一字,即观审之意。又庚子以后,由观审渐变而为会审。

钱事务主任云:会审与观审完全不同。

罗总长云：可否加入会审公堂问题。

钱事务主任云：恐英方必谓会审公堂与观审性质不同。

总长云：不妨向其一提。

罗总长云：国籍法问题，我国系取属人属地两主义，若欲变更我国国籍法，万难承认。惟英国在华侨民尽可采用注册办法，以免发生冒籍诸情事。查目前有一华人系在安南生长，而在中国捐有官职者，后因故破产，中国方面谓彼系中国人，而法国方面谓彼系法国人，致生出种种争执。英提案第二条"合理"二字，将来恐不难发生枝节。

王公使云：现在各国尚有所谓 protégé 云者。

罗总长云：德国因征兵问题之关系，国籍法最为严厉；英美取属地主义，故较宽大。

总长云：若然，我方之主张，为现行法决不能改变，如发生法律上之冲突，不妨用仲裁制度解决。

罗总长云：可要求英人均须注册，其未注册者，遇有事故发生，不能享英人能享之待遇。又提案第三条所称诉讼法一节，查英国法律有所谓 summary procedure 者，我国法律较为复杂，故英人不愿遵守。至关于个人身分之法律，民国六七年时，我国亦曾颁有适用条例。

钱事务主任云：第三条 throughout China 二字，是否有南北统一之意义。

总长云：本条照英文条文解释，甚有研究价值，因不仅在于公布，且须已经实施于中国各地方者。考此种法令用诸英国法庭，必须经过 order in council 之程式。鄙意 throughout China 二字，多少挟有南北统一之意义。

罗总长云：恐未必然。盖大陆派关于 procedure 均用法典，由国会颁布；英国则往往用 court order。英人不过以我国政出多门，在法权报告书中已有所表示，今始求其一由中央政府颁布之法令已耳。

总长云：第四条关系捐税问题，大约除出入口税及子口税外，其余若印花税、所得税等等，是否全国人民一律缴纳？

钱事务主任云：又本条之"合法"二字，颇有研究。

王次长云：是否无国会通过者，即不能称为合法？

罗总长云：由中央政府颁布者，即可称为合法。

王次长云：尚有 throughout China 二字，限制甚为严厉。

刁公使云：可将该二字删去。

总长云：鄙意可加入地方税，然后将详情向英使再为一询。

罗总长云：提案第五条所指之刑法。现修改刑法，草拟业经完竣，已付排印，大约一月左右，即可提出阁议。

总长云：照该条条文，不但待公布之后，且须待施行于中国法院之时，故为期尚远。

罗总长云：现在既无国会，只须阁议通过，即可公布施行。民国元年之刑法，亦如此办理。

钱事务主任云：本条总云 throughout China 字样，但只说 codes in application，内中尚有问题。

总长云：现在适用之刑律，是否名为现行刑律？

罗总长云：然。

总长云：第六条系租界问题。当日曾经询问英使，上海租界究竟如何办法。彼答称上海系公共租界，不在此例。又英使注意将此事就地交涉。

钱事务主任云：所谓英租界云者，系只指天津、沙面、厦门、汉口、九江、镇江六租界而言。

总长云：据英使云，天津特别区市政管理不及汉口，故将来收回天津租界，磋商时恐不若收回汉口租界之易，且闻天津英国商人不赞成交回租界。

钱事务主任云：现在汉口特别区市政权几完全落入外人手中，至于天津当日杨以德收回俄、德各租界时，外人势力铲除殆尽，此英使所以谓天津特别区管理远不及汉口也。

王次长云：天津特别区似设有评议会。

钱事务主任云：只有空名，毫无实权。

总长云：提案第七条系声明，英国抛弃教士在内地购地权之原则，又中国信徒应守中国之法律，教士所立学校、医院须遵从中国施行于同类学校、医院之规则。但既得权，英人恐必要求我国予以承认，现在我国对于医院、学校等，是否有特别法令？

王总裁云：此层不甚明了。

钱事务主任云：内务部有取缔医士条例，此节可向主管机关一查。

总长云：诸君有无别种意见？关于国籍法问题，鄙意可照暹罗用仲裁办法。至法律一部分，拟就大体上向英使再为一询，由专门委员详细讨论。捐税事项，除进出口关税、子口税外，可加入地方税。

王总裁云：捐税一条内之 throughout China 二字，鄙意我方尽有充分理由，与之辩论。盖除中央各捐税外，又有省税、市民税，英人似不能不纳。

总长云：注册费是否包括在内？

王次长云：注册费、商标费亦是合法捐税。

王总裁云：捐税可分三种，一为国家的 national，二为各省的 provincial，三为地方的 local。此三种捐税，只须中国人民一律缴纳者，英人亦应缴纳。

王次长云：英国提出七条，是否只就七条内容与之讨论？抑七条以外，可另加入他种要求？如航权问题，提案中并未提及。

罗总长云：又如关税问题，英方谓去年十二月十八日说帖中已切实说明，但第一、二、三、四、五各条，法权报告书亦已有所记载，何以提案内又予提及？鄙意第一步我国应向彼要求提前修约；修约不成，则退一步，要求于此数条之外，加增几条；加增又不成，则又退一步，就七条内容略为损益。

总长云：将来手续上大约采用 agreement 形式。

王公使云：鄙意一条用一 agreement，庶不致有牵涉之病，较为 independent。

罗总长云：说明此系修约前过渡办法。

时已下午七时，遂宣告散会。

条约研究会第十四次常会会议录

一九二七年二月二十四日下午五时

列席人员：顾总长主席、王副会长、罗总长、戴公使、王公使、刁公使、钱事务主任。

总长云：今日先讨论比约案。

罗总长云：昨日比使曾来访，云比国既撤销临时办法，则关于日前所说之上海会审公堂案件，中国可承认准其照前办理。

王总裁云：关于此事，比方亦曾向鄙人请求履行口头约言。当经答以当日不过承认中国方面，对于比国日前要求，当予以相当考量 consider the possibility to accept 已耳，似不能以此事，作为撤销临时办法之条件。

罗总长云：平心而论，法律不溯既往，当日不过以比国对我提出诉讼，因政治问题之关系，所以我方有此种主张，现比既已声请撤消临时办法，是事似可予以通融。

总长云：收回会审公堂条文中，对于未收回以前发生案件，如何办理？

王总裁云：似仍照旧办理，因惯例法律不溯既往也。

罗总长云：比国对于此事之一再要求，亦不过一种颜面问题。盖比国对于其他各点，均已放弃也。

王总裁云：去年十二月间，上海特派员电报中所称之"办公室会商"。"会商"二字，范围似太属空泛。

总长云：当然，将来若予以承认，必于比领主张二种办法之中，择取其一，且将范围详为切定，即（一）审时比领不能出庭；（二）比领可到办公室会商；（三）判决辞比领不能签字；（四）商定后再行宣布。以上数端，即可作为二公意见，向比方非正式通知，并须声明尚未征求外交当局同意。

王总裁云：向之声明以上数端，或可办到。

总长云：今日拟将我国所拟中比约稿先行提出讨论。其第一条之 amity 一字，似应改作 friendship。又第二条第一节之 all liberties 数字似应改作 all rights, privileges。（众无异议）

王总裁云：第三条第四节 all immunities, rights, privileges and courtesies 句中之 courtesies 一字，诸君以为何如？

总长云：此字似可删去，将该句改为 all rights, privileges and immunities。（众无异议）

王总裁云：第四节之 to the local courts and tribunals 句中之 local 一字，似可删去，以免另生枝节。（众无异议）

总长云：又 so as to enhance and defend their rights 一句，亦可删去。

钱事务主任云：本条条文已向比使提出，似不宜改变太多。

刁公使云：只须意义已经明了，字句在缮写正式文件中 formal copy，不妨略为修改。

罗总长云：只须不改意义即可。

总长云：第六条之 established rules 二字，established 一字，似可删去。又 with respect to their lodgings warehouses and businesspremises all accessories 一句，亦可删去，将其改为 shall conform to the laws and regulations concerning police and taxation，何如？（众无异议）

王总裁云：license 是否包括在 taxation 一字内。查 license 系 permission to open shops with or without payment of fee 与普通 taxation 似有不同，因 license 有时只须缴纳一次，普通 taxes 不然。

钱事务主任云：查第二条第二节 or compliance with the laws & regulations ... to carry on commerce or industry，即含有应缴纳 license 之意。

钱事务主任又云：王总裁主张将第七条删去。（众无异议）

罗总长云：中国无 conscription，第八条于比国似无关系。

总长云：为保护我国在比侨民利益计，此条可任其存在。

罗总长云：既有此条规定，则在华比侨可免去 forced loan，而在比华侨可免去 military service，各得其便。

罗总长又云：第九条关于遗产问题。鄙意中国既无遗产税，又无登记办法，此条实际上等于具文。

总长云：鄙意将其略为改动，仿英奥条约第十九条办理，另加保存 with reservation。

罗总长云：第十条系保工办法，查我国殊少此种规章 labour legislation。

总长云：第十一条关系关税问题。

钱事务主任云：此条已经提出。

总长云：第十三条系关于出产地证明书问题。

钱事务主任云：比国既未要求订立互惠协定，删去本条亦无不可。

王总裁云：第十四条 against the nationals of the other contracting party 句中之 nationals 一字，似不大妥当，因其或能引出误会，不妨改为 to take all measures against transportation, possession or traffic of contrabands。

罗总长云：本条条文是否有所根据。

钱事务主任云：奥约亦复如此。

总长云：然则径予删除，而于第十二条尾末涂去 in these places，加入 including those concerning contrabands，何如？（众无异议）

王总裁云：第十五条第一节 freedom of commerce & navigation，navigation 一字是否指 inland navigation 而言？

钱事务主任云：非也，系指由中国往比国，及由比国来中国者而言，inland navigation 本条第二节已有规定。

总长云：本条第二节 and on the national waters 句之 on 字，恐系 to 字之误。

王总裁云：又 coasting trade 似可改作 coastal navigation。

总长云：然则改为 shall not apply to the coastal navigation or to the inland navigation of either of the high contracting parties, the same being ...何如？（众无异议）

总长又云：今日姑至此为止，拟于星期六日下午三点半再开会继续讨论，诸君以为如何？（众无异议）

时已下午五时三刻，遂宣告散会。

条约研究会第十五次常会会议录

一九二七年二月二十六日下午五时

列席人员：顾总长主席、王副会长、王次长、刁公使、戴公使、王公使、钱事务主任。

总长云：今日继续讨论中比条约草案。查第十五第三节系作何解释？

钱事务主任云：即谓如比国船只由外洋前来中国者，可先到上海，稍为停留，再到天津；其由中国前往外洋者亦同。

总长云：惟不能在上海装货，运赴天津。

钱事务主任云：然。

总长云：此节可以删去，待比国提出，作为一种让步条款。（众无异议）

总长云：第十六条第一节尾末 in force in the place where the ship has entered 一句，及同条第二节，似可删去。（众无异议）又第十七条尾间 of the territory at which the desertion take place，意义不大明了。

钱事务主任云：即谓本国人不在此例。

总长云：是否指如比国船上服役之华人，若在上海逃走，中国不能代为拘捕。

钱事务主任云：然。

总长云：则改为 this stipulation shall not apply to citizens or subjects of the state in whose territory the desertion take place，何如？（众无异议）

刁公使云：第十八条末一段，保留我国地方官对于比国船只一部分之管辖权，于我国似有利益。

王次长云：由 but 一字起，至末尾 ashore 一字止，于我国颇为有利。

王总裁云：此条系领土主权例外之相互利益，鄙意我方暂可不必提出，待比国提出后，再行研究。

总长云：比国商船来华者，甚属寥寥。

王公使云：中国船只前往南洋及南美者甚多，其前往比国者，亦似无所闻。

钱事务主任云：当日草案中所以载入此条，实有几分对付别国之意义，且系商约中普通条款。

总长云：我国关于商船有无特别法律？

王次长云：有。

总长云：然则将此条暂行删去，待比国提出。（众无异议）

总长云：第十九条关系船舶国籍法问题。

钱事务主任云：日前在墨西哥曾一度发生问题。

王公使云：近年时有船只悬挂中国国旗，但并未注册，船员十分之九均系华人，由香港出航，在南美洲各国运载华工，希图偷渡。

钱事务主任云：此条亦是商约中普通条款。

总长云：我国管理船舶之法律，其名为何？

王次长云：海上法。

总长云：司中有无存本？将来比国方面，恐必来探询内容。

钱事务主任云：司中并无存本，当向主管机关索取。

总长云：第十九条鄙意将其略为删减，除去 designs & models 二字。因我国工业尚在幼稚时代，万百均效仿他国，若对于商标等之保护过严，恐事实上于我国反为不利。

王总裁云：鄙意将全条删去，待彼方提出后，再行研究。盖各国情形不同，有许多条文，外观上甚为平等，而事实上乃大不然者。

总长云：我国所得于此条之利益，恐不逮比国远甚。

王总裁云：我国有商标法，但商标国际条约我国似未加入。

总长云：然则暂时不必提出，何如？（众无异议）

总长云：第二十一条系何所指？

钱事务主任云：即谓除本条所特为指出之各种情形以外，缔约两国，对于普通物品之进口、出口，不得予以禁止，如美国不能禁止中国茶、蛋等品之入口是也。

总长云：凡第三国人民及本国人民不能运入、运出者，此缔约国亦得禁止彼缔约国人民运入、运出。

钱事务主任云：然。

王次长云：换言之，不准茶进口可，但只不准中国茶进口则不可。

总长云：本条主旨为不能有所歧视 no discrimination，鄙意可将字句略微修改，重行草拟 recast，只提货物，不必提装货之船只，及运货者之国籍。（众无异议）

钱事务主任云：第二十二条第一节系指互惠协定之不适用，第二节系国际渔业问题，第三节关系商船奖励金问题。

总长云：鄙意将第一节改为 preferential treatment in the matter

of customs tariffs by virtue of reciprocity agreements with a third country,不必将理由揭出。(众无异议)第二节 fisheries on the same footing as national fisheries,意义不甚明了。

钱事务主任云：系之离领海甚近之渔业而言。

总长云：似系指海湾、海峡之渔业而言，如日本对于 Bering 海峡之渔业，及我国对于渤海湾之渔业是，鄙意可将此段删去，改为 in matters relating to fishery right。(众无异议)

总长又云：第三节 merchant vessels 二字，系不大恰当，因此段非专指船只而言，乃指航业公司而言，又航业外似可加入实业，鄙意将本节改为 bounties, immunities or exemptions granted or to the granted to national shipping or industries,何如？

王总裁云：National 一字，终欠妥当，因本字意义有二 the word national keeps 2 meanings,恐滋误会也。

总长云：然则将其改为 or to be granted by either of the H.C.P to its own shipping or industries,何如？(众无异议)

钱事务主任云：第二十三条第二句系指华会条约及《辛丑和约》等而言。

总长云：第一句 with respect to the factions not dealt with in the present treaty the 2 H.C.P agree to apply the principles of equality and reciprocity which … 句，鄙意将其改为 The H.C.P agree that any matter not expressly provided for in the present treaty shall be arranged,或 settled in accordance with …。(众无异议)

王总裁云：which form the basis of the present treaty 句，似欠切实。

总长云：此句是否含有 which shall form 意义？

钱事务主任云：平等及互相尊重领土主权为本约原则一层，绪言 preambular 内早已说明。

王总裁云：引言 preambular introduction 是否系 a part of treaty 条约之一部，与条约内各条款有同一规束之力，目下各公法家意见尚不一致。

刁公使云：绪言中所载者，大约半系表示愿望。

总长云：然则将其改为 upon which the present treaty is based 或 founded，庶异常明了。（众无异议）

总长云：第二句起首应改为 they fully agree。（众无异议）又 between China & Belgium which is not consistent with the provisions of this treaty shall cease to be effective henceforth，应改为 to which both China & Belgium one part, in consistent with the provisions of this treaty shall cease to the binding as between the H.C.P。因此节系指公约而言，非指中比二国间之条约也。（众无异议）

王总裁云：第二十四条之 in case of diverse interpretation 似可改为 divergent opinions。

总长云：然则改为 of any discrepancy in the texts or divergent interpretation，何如？（众无异议）又 shall be 下，应加 considered as。（众无异议）

总长云：第二十五条第一句 as soon as possible 未免太属空泛，多少总须有一期限，现拟于此句下加 and in any case within one year from the day in which the present treaty is signed，何如？（众无异议）

钱事务主任云：照惯例，亦有只须此国将已经批准通告彼国，条约即行开始有效。又我国若欲早日实行，不妨要求签字后，即发生效力。

总长云：第二种办法,恐难办到。

王总裁云：大约条约各国均须经国会批准,方可实行。

总长云：第二节 until the expiration of one year,可照普通习惯改为 six months。(众无异议)

钱事务主任云：然则互换亦可改为六个月,何如?

总长云：恐太匆促,因各国国会有一年开一次者。

刁公使云：Panama 国会两年方开会一次。

总长云：末句之 fixed 一字可改为 affixed。(众无异议)

总长云：比约下星期二大约可以提出。又此番修改约稿,誊正后,请钱司长交下,以便将字句详为审核。

王总裁云：现在尚有一事,应约略向诸君报告。即关于比侨司法上之待遇。当初比国方面要求条文,现鄙人约略拟有数条,最好由我方用宣言程式公布,如彼方不肯承认,则改用议定书 protocol,亦无不可。内中有应初步提出者,有应最后让步时提出者,均业经注明。其未经注明之条文,可于第二步时提出。

总长云：鄙人现将王总裁所拟之中国政府宣言书,诵读一遍。

(遂朗诵宣言书第一条及第二条)

总长又云：以上二条,上次开会时,均已经提出讨论。

总长复朗诵宣言书第三条,云：本条执行时,恐有困难。

王次长云：可将刑事犯一句删去,只就违警犯立论,待彼方要求时,再行讨论。(众无异议)

总长复朗诵宣言书第四条,云：本条毫无问题。

总长复朗诵宣言书第五条,云：本条不过一种暂时办法。

王总裁云：系仿日本前例草拟。

总长复朗诵宣言书第六条,云：关于民事逮捕、羁押之法令,将来法部必定有实行规则。

王总裁云：然。

总长复朗诵宣言书第七条。

王总裁云：比国对于一年期限,如不满意,可由我方再延长一年,以表示特别优待之旨意。

时已下午六时有半,遂宣告散会。

条约研究会第十六次常会会议录

一九二七年三月三日下午四时半

列席人员：顾总长主席、王副会长、王次长、罗总长（请假）、戴公使、王公使、刁公使、钱事务主任。

总长云：本日拟将二月二十一日鄙人关于英国提案问题，与英使第一次谈话情形，为诸君约略报告如下：（一）交还汉口租界一节，鄙人当日声明照惯例，凡地方所订无论何种契约，均须经中央承认，方能有效，现汉口租界协定，未经中央认可，是以中央对之，不能不有所保留。（二）出兵上海一节，中国政府业经接到英国政府答复，惟英国既未能将出兵理由充分证明，中国政府仍望英国政府将已派军队速予撤回，未派军队速予停止遣派。后双方论及修约问题，鄙人声明中国方面，希望英国将中英条约，通盘修改，不必旁生枝节，仅提七条。查目下中国人民对于修改条约所视为最关重要者，计有三点：（甲）关税自主，（乙）取消领事裁判权，（丙）收回内河航行权，甚愿将以上三点，与英使略为一谈。英使答称关税自主问题，去年十二月十八日英国说帖中，已有负责宣言。修约一事，现在时机未至，英国只能用单方宣言，抛弃权利。中国如坚欲提议修约，渠实无权讨论。因修约前提为应有一统一政府，否则北方所订条约，南方不予承认，事实上殊多困难。此层英使持之甚坚。鄙人谓现在姑将英国七条提案逐条约略讨论,然不能因是遂谓中国政府抛弃其他各种主张也。英使首肯。

总长又云:关于英国提案第一条,鄙人当日询问所谓新法院之云者 Modern law courts,是否专指审判厅而言。英使答谓专指审判厅而言,县公署等不在此例。鄙人又询问上海会审公堂,是否包括在第一条之内。英使答谓歉难明白表示,因会审公堂系含有国际性质也。鄙人又询问英国对于中英法庭互助一节,有何意见。Davidson 君答谓此系专门问题,法权委员会报告书中曾经提及。英使又声明关于本条有应请中国政府注意者,即:(一)英人在审判厅得聘用英籍律师;(二)英国既抛弃在中国法庭观审权利,中国亦应抛弃在英国法庭观审权利,方能显出相互精神。

总长又云:关于英国提案第二条,鄙人当日询问"合理"reasonable 二字,作何解释。英使答谓并无别种用意,不过指发生国籍冲突问题时,应有公平解决办法,忆日前中国与荷兰关于此事似曾订有协定,中英恐亦可仿照办理。

总长又云:关于英国提案第三条,鄙人当日询问"throughout China 在中国各地方"一句,作何解释。英使答谓此系事实问题,因目下北京所颁法律,事实上不能实行于南方也。鄙人又询问民法、商法,是否包括海上行船条例。英使答谓须先详为研究,现在歉难答复。

总长又云:关于英国提案第四条,鄙人当日询问英国公司及会社是否与英国人民同一看待。英使答谓尚待考虑。鄙人又询问地方税如市政税,是否包括在第四条意义之内。Davidson 答谓"正当合法"四字,当然已将市政税包括在内。鄙人又询问"throughout China 全国"二字,是否指合法税捐。英使答谓指合法及对于英人并无歧视者而言。

总长又云：关于英国提案第五条，鄙人当日询问该条措辞何以与第三条略有不同。英使答谓因该条所指之刑律，现在尚未公布，此不过英国方面对于将来一种之预约，良以无论如何，英国必须先知该刑律之内容也。

总长又云：关于英国提案第六条，鄙人当日声明本条中国方面最为重视。英使答谓此条可由双方驻在天津之地方官吏就近接洽。天津英侨对于交还租界一节，颇不赞同。又目下有须引中国注意者，即：（一）天津英界尚有市政债票若干，中国政府应予保障；（二）英国纳税者在市政上，亦须有相当代表之权。当答以此事可由专门委员，就地讨论。

总长又云：关于英国提案第七条，鄙人当日询问对于该条实行方法，可否请略为指示。英使答谓可由通令 circular 程式施行之。鄙人又谓该项问题，似可就地解决，英使深以为然。当日英使并要求将关于管理教士及各种学校之章程，检赐几种，以便研究，亦经鄙人慨予承认。最后决定先行组织两专门委员会，第一为收回法权专门委员会，研究因第一、二、三、五条所发生之问题；第二为收回租界专门委员会，研究因第六条所发生之问题。至第七、第四两条，待第二次交换意见后，再行决定。不过第七条最好我国先有一完备之法律，然后交涉时比较上易于说话。

王总裁云：可否将会审公厅（堂）问题，向彼方再为一提。

总长云：似无不可，且当日已曾向彼方提过，彼并未表示拒绝，惟不能确实答复已耳。即司法互助一层，英国亦未反对。鄙意此事可由专门委员讨论。至上海租界问题，英使于呈递七条提案之时，已声明上海系公共租界，不能由英国单独提议交还。

王总裁云：上海租界，英国纵不能单独交还，然会审公堂，英国尽可单独不再派员会审，一方面再请其设法疏通各国，同样抛弃权利。

总长云：下次不妨将此事再为一提，且日前英使因曾声明本问题尚待研究者也。惟关于第七条法律方面，英使当日要求材料，我方似不能不有相当准备。

王总裁云：可拟一草案，提付彼方。关于管理学校一部分，我国似已有定章。惟关于管理医院章程，目下恐尚付缺如耳。

总长云：医院系属于慈善事业，向归地方办理，恐各处情形均属不同。

王总裁云：英国提案中不过称"遵守中国实行于同类学校、医院之法律及规则"，初不问我国是否曾有此种法律规则及此种规则之内容为何。故，有，则英国自当遵守；若无，英国无从遵守也。

刁公使云：警察厅当有此种章程。

王总裁云：恐未必十分完备。好在提案中并不以法律内容作为附带条件，故我国开始公布此种法律之日期，即为英人开始遵守此种法律之日期，所必要者，只须与中国人民同等看待已耳。

王次长云：不妨向内务部卫生司一询，或有成案，亦未可知。

钱事务主任云：内务部对于医生似有取缔章程，至管理医院之条例，至今并无所闻。

王次长云：如无此种章程，可请其备一草案。好在此种条例，各国大致相同，只须略为修改已耳。

刁公使云：英外次在国会演说，谓天津租界情形与汉口不同。

王次长云：无非以汉口之原则，不适用于天津。

总长云：英国提案诸公有无他种意见？鄙意我国对于第七

条,事前应有相当准备;对于第四条,现拟由财部负责办理。又比国关于法权问题,日前曾递来非正式意见书一件,诸君谅均已阅过。鄙人今日尚有琐事,比国意见书可请王副会长先行提出讨论。此外另有应为诸君报告者,即比国方面曾声明专门委员权限,只能交换意见,彼此所拟办法均不负责。因最后如有结果,仍须报告正式大会通过也。

王总裁云:细阅比国意见书所载各节,对于我国视为最难承认者,均未列入。

王次长云:要价尚不甚高。

王总裁云:此种要求,尚属近情。

钱事务主任云:鄙意 personal status 一条所载各节,我国似难承认。

王总裁云:此条草拟时,系参酌土耳其与暹罗二国现行制度。

钱事务主任云:新近波兰亦曾提出类似条文,鄙人业经婉辞驳覆,盖譬如比国人民在中国发生离婚案件,回国处理,事实上既有种种困难,其结果必将仍委托于领事,而领事裁判权问题,无形中随之复活也。

王总裁云:不过该条条文之后尚附有... or to a Belgian court in Belgium, whose decisions will be accepted by the Chinese authorities 一句。

钱事务主任云:若可归本国法庭管辖,则每逢案件牵涉我国人民之时,我国人民必大受其累。

王总裁云:若与我国人民毫无关系时,自可任其回国办理。本条尚待研究,惟默测比国现在态度,似急欲订约者。

刁公使云:d 条内所称 competent experts advice, competent

experts 二字，是否指律师而言？

王总裁云：系指 medical expert 等等而言。惟鄙意 advice 一字，苟能改为 testimony 更属妥当。因照我国定章，遇有疑难问题，本可请示司法部征求专门家意见。c 条似亦可改作如此办理。

王公使云：比使曾声言须接到全案后，方能请示政府。现在各种提议，不过各人个人意见。

王总裁云：设比国对于现在提案之范围，不再予扩充，则其所要求者，尚不能目为十分过分。故对于范围问题未解决以前，我方决不应有所表示。又比国曾否提出内地杂居一节？

钱事务主任云：比国并未提及此节。

王总裁云：法权问题，将来困难尚不在司法本身，而在内地杂居及土地所有权二者。

王次长云：日本对于互惠协定、内地杂居及土地所有权三者，最为注意。推其意，无非欲以经济压迫我国也。

王总裁云：平心而论，比国提案与我方心理，距离尚不甚远。

时已下午六时半，遂宣告散会。

条约研究会第十七次常会会议录

一九二七年三月十日下午四时半

列席人员：顾总长、王副会长、罗总长、王公使、刁公使、钱事务主任。

总长云：今日拟将我国预备提交法使之《中法边界通商条约》草案提付讨论，诸君对于该草案大体上如有意见，务请先行尽量发表。至字句之修改，尚可留待后来从容斟酌。查此次我国所以提议订立新约，理由为旧约业已到期作废，今苟不于绪言 preamble 中将此层意见详予说明，将来恐多阻碍，故鄙人对于本草案绪言 preamble，意欲将其略为修改。就法律上论，照本草案绪言，现在草拟之程式似否含有新约未成立以前，旧约仍属有效之意义？

王总裁云：恐不能谓其完全无此种意义。

钱事务主任云：本草案第十八条载"本约签字后，立即实行"，此层彼方苟予承认，则我受影响尚不甚巨。

总长云：我方所持理由，既系十年期满，通知作废。鄙意可照比约草案办法 state facts of expiration in the preamble 于绪言中声明满期问题，而将第一条予以删去。（众无异议）

总长又云：第二条系关开埠及法国领事待遇问题。

钱事务主任云：此条系旧约中所固有。

刁公使云：若然，是该处之法国领事不将仍享有领事裁判权耶？

总长云：开埠问题，与领事裁判权问题，截然两事。刁公使之意见，是否欲要求法国放弃其在该区域内之领事裁判权耶？

罗总长云：鄙意本条与第十二条实有连带关系。

总长云：法国之取得领事裁判权，实根据于一八五八年《天津条约》。领事待遇一段，本草案内最好暂时不提。

刁公使云：旧约既已作废，我方即可不准法人再来该处通商。如彼方情愿继续通商，我方自可要求取消该处领事裁判权，以为交换条件。

钱事务主任云：法国之享受领事裁判权，实根据 Main Treaty 而来。

王总裁云：彼方既承认旧约延期，是反言之，延期一满，我方即可不再与通商。

罗总长云：此层事实上恐多阻碍，因滇、粤、桂三省人民假道越南前往国内其他各处，及国内其他各处人民假道越南前往滇、粤、桂三省者，每岁正不知凡几。若取积极办法，于我亦多不利。

总长云：法领权限，最好暂时不提。

罗总长云：将来对于一般法国领事取消其裁判权后，该处法国领事当然与通常领事一律待遇，故权限一层，似可暂时不必再提。

总长云：然则第二条只到 two countries 二字为止，以下均可删去。

罗总长云：第二条与第三条似可并为一条，对于第三条所载中国领事之待遇，亦不必特予标明照最优国办理。

刁公使云：最惠国领事谅必享有 extra concessions 特别让与权，与通常领事恐有不同。

王总裁云：事实上在法国未闻有此种待遇。

刁公使云：就鄙人个人之推测，英国在越南之领事，其所能享之权利、特权必较英国在法国本国之领事为多 more rights and favors than their consul in France。

罗总长云：此层不妨设法一查，必须先行证明事实之有无，然后方可决定应否加入。

刁公使云：加此一层，至少可多一保障。

总长云：据法使面称，中国人在越南所能享之权利，内中有为欧美人所不能享者，如土地所有权、渔业、内河航行等等，中国人均与越南人享同等待遇；而关于刑法 code 问题，因中国人与越南人俗尚相同，亦与越南人一律看待，至欧美人则与法国人一律看待。如欲规定中国领事权限时，此节似不能不予注意。鄙意法领权限本约内既然不提，则华领权限亦无须明文规定。

钱事务主任云：法领权限 Main Treaty 中已有规定。

王总裁云：若双方领事权限本约内均不予载明，则结果必成为平等待遇。

罗总长云：事实上中国在越南似并无领事。

钱事务主任云：中法旧约中本许我国在越南设立领馆，惟嗣后国势日非，此事迄未见诸实行。（钱事务主任遂朗诵一八八六年中法条约第二条）

罗总长云：鄙意将第二、第三两条予以合并，只载彼此得互派领事，不必另提他种问题。又第四条与上载两条亦有连带关系，上载两条对于领事权利既予标明，第四条似亦不能独付缺如，或者将

二、三、四三条合并为一，而于末段规定两国领事权限如此如此，未知诸君以为然否？

王总裁云：然则是否仍许该处法国领事得享有裁判之权？

罗总长云：该问题之关键，不在本条，而在第十二条。

总长云：本条约对于废除领事裁判权一层，似谈不到。因领事裁判权系根据普通商约而来，且法人视滇、粤、桂三省较我国其他各省为尤重，所以旧约中有路矿特权等等之规定。今乃欲使法人在该三省所享之权利，较在其他各省所能享者为尤轻，恐事实上不易办到。

王总裁云：鄙意不过欲借改订边界三省商约之时，以废除法人在边界三省之领事裁判权已耳。

总长云：果欲如此，亦必须先从改变一八五八年条约入手。

王总裁云：范围只限于三省，至能否达到目的，乃另一问题。

总长云：本问题颇有兴趣，鄙意先决问题，如法国拒绝我国要求，我国是否可令三省采闭关主义，与之断绝关系？

王总裁云：彼方曾否提及领事裁判权问题？

总长云：彼此均未提及。

钱事务主任云：本约注重边界商务，若与提及领事裁判权问题，法国恐不肯承认。

刁公使云：若对于领事裁判权一层，既无争执，则以上各条条文，无更改之必要。

罗总长云：我国侨民之在河内、海防、西贡等处者，已有六七十万人之多，若贸然与之断绝往来，恐与我并无若何利益。

刁公使云：目下正在改订新约有机可乘之时，最好不妨设法一试，将领事裁判权予以取消，庶可借此得国内一般舆论之好感。

钱事务主任云：彼方若发动内地杂居问题，我将何辞以对？

刁公使云：不妨许其在该三处杂居。

王总裁云：可答以法国若承认将各条约中不平等条款一律修改，则我对于内地杂居一层，亦准备予以考量 prepare to consider。总之，法国如涉及内地杂居，则我即提出修改中法全部条约，以为抵抗。

总长云：就事实论，我国南部边省与外界交通大半假道越南。我之所以与法国订立此种条约，目的不过有二：（一）为保护中国旅居越南人民之利益，（一）为免法人在越南抱闭关主义，致使滇、桂二省经济实业受莫大之影响。法人此次固有挟持而来，所以日前彼方不惮声言，如中国只求单方利益，两国无须另订新约，各行其是可耳。

罗总长云：我国南部边省不惟陆路上与外界之交通，须经过越南，即其出海，半亦取道海防，故法约情形，与比约迥不相同。就比约论，若比不服从我国要求，则比国所受之影响大，而法约适成一反比例也。

总长云：即使我国不与法国签订本约，然法国因一八五八年中法条约之关系，其领事在上载三省仍得享有裁判之权，而我国旅居越南侨民，反将因此先失其保护。鄙意二、三、四条可并为一条，只说派领，不提治外法权。

罗总长云：第十二条第三节，用意是否在于先行收回在华安南人之治外法权？

钱事务主任云：然。用意在于先从安南人着手，收回一部分治外法权。

罗总长云：此条法国谅可承认。

　　总长云：恐未必然。司中用意，是否提旅居中国全国之安南人而言？

　　钱事务主任云：然。

　　总长云：protégé 一字难定之界说何如？法国 protégé 在外，是否统称为 French nationals？

　　钱事务主任云：凡系 protectorate 保护国之人民，统称为 protégé，法属安南人在外并不称为 French citizens。

　　王总裁云：protégé 一字，有无一定标准？

　　罗总长云：（查法属 Indo-China 系包括 Cochinchine，Cambodge，Tonkin，Annam 等属。）①

　　王总裁云：protégé 一字，能否有较详确之解释 get more informations。

　　钱事务主任云：就通常言，凡法属越南人民统名为 French Protégé 法国保护人，不问其产生地，或系 Cochin chine，或系 Cambodge，或系其他各处，即中法旧约中有 Français，protégé Français 及 Étrangers établis au Tonkin 三种之区别。

　　罗总长云：本草案各条互相连锁，牵涉之处甚多，可否请钱司长将主要各点揭出，拟一大纲？庶全盘能一目了然。

　　总长云：我方对于订立新约，本来抱有三种主要目的：（一）取消路矿特权及类似势力范围之规定；（二）保护越南华侨；（三）取消减税办法。法权系不在本约范围之内，可请钱司长先行拟一撮要 outline，以备下次开会时，提付讨论，庶比较易有结果。

　　钱事务主任云：当时因本相互主义，故甲条序中国之权利，则

---

① 括号内文字在底本中被删掉。

乙条即序关于同一问题法国之权利。且每次开会时,法方面必一再询问何以中国只知要求自方权利,对于彼方所应得者,竟完全不提。故事实上,条文亦有不得不如此草拟者。

王总裁云:涉及旧约之处,愈少愈好。

钱事务主任云:当令司中备一大纲,将主要问题,先为揭出,另将详细条文,附属于每一主要问题之后。

时已下午六时有半,遂宣告散会。

条约研究会第十八次常会会议录

一九二七年三月十七日下午四时半

列席人员：顾总长主席、王副会长、罗总长、王次长、戴公使、王公使、钱事务主任。

总长云：关于中日修约问题，日本对于最惠国条款异常重视。但绳诸我国现状，苟容纳该项条款，必致流弊丛生，事实上不啻扩充不平等范围，故初时我方根本不予承认。经五次会议之久，日本仍坚持前议，不过允许该条款仅适用于通商行船事项。其所持理由为通商必须各国平等，否则通商困难。最近结果，上星期我方以只就原则讨论，意见不易接近，于是拟就具体办法数端。如日本对此数端肯予同意，则我对于彼之要求亦可予以相当考虑，即：（一）最惠国条款只限于关税事项；（二）应取双方相互主义；（三）凡此缔约国许与第三国之权利，如无附带条件者，彼缔约国亦得无条件享受之；（四）如有附带条件者，亦应有条件享受之；（五）所根据之条文，一经失效，即不能再行引用；（六）最惠国条款对于中国因现行条约所让与第三国税则上之权利，自一九二八年十二月三十一日以后，即行无效；（七）在该日期以前，中日两国所订之任何相互条约，暂时不予施行；（八）中国与第三国因边界商务而定之无论何种协约，最惠国条款不得引用。以上八端，上次会议时，曾约略提出讨论。日本对于第(二)、第(五)两端,表示可以容纳;对于第(一)端,以为应普及于通商行船事宜,不应仅限于税则;对于附带条件,以为宜区别税则及通商行船事宜,关于通商行船事宜,不妨附带条件;对于适用旧约应有期限,颇不赞成;对于第(七)端尚不十分反对;对于第(八)端亦主张予以类别,即范围极狭之村落通商章程,自可除外,惟普通边界商约,不能禁止日本依照最惠国条款予以援用。又日方极望我国有一具体草案,至最惠国条款不包括政治问题,日方表示可以容纳。

王总裁云:非谓最惠国条款仅得适用于税则耶?

总长云:此是我方主张,至日人则坚持凡关系通商事宜,均可适用最惠国条款。

王次长云:日本要求关于通商事宜,可附带条件适用最惠国条款;关于税则问题之适用最惠国条款,则不能附带何种条件。

总长云:我方始终主张最惠国条款与互惠协定,不能同时并行。

王总裁云:何以最惠国待遇草案第二节,必将时期定为一九二八年十二月三十一日耶?

钱事务主任云:良以互惠协定与国定税则有连带关系,有国定税则,然后有互惠协定。日人目光系注意于一九二八年以后,在一九二八年以前,协定税则尚未失效时期以内,彼固毫无顾虑也。

王总裁云:第一节之 on the same or equivalent condition 一句,似应详予说明。

总长云:日人亦以"同样条件"事实上困难甚多,此层本系我方提出。鄙意吾人现在应先将本案意义详为研究,至字句之修改,尚系次要问题。

王总裁云：equivalent condition 二字，将来终必生出许多争辩。

总长云：加此一句，亦可多一保障。平心而论，现在我国应抱政策，在于得寸则寸。彼第三国因附条件取得之权利，苟日本能无条件享受之，则日本之获利未免过大。目下条文虽如此规定，事实上总有通融余地。据学术家者言，交换利益似不必仅限于在税则范围以内，即别种权利，亦无不可。

钱事务主任云：所最困难者，苟最惠国条款得适用于旧约，则日本得继续享其现有之利益，为日本尚长，于我殊为不利。查以前日本与各国改约，亦规定五年以后即切实施行。

王总裁云：比国曾否提出最惠国条款？

总长云：比国并未详细说明，惟西班牙复文，一方面承认平等相互主义，而一方面亦要求最惠国条款。

王总裁云：日本与他国曾否订有 reciprocity treaty？

钱事务主任云：以前日本与英、德、法、意四国曾订有互惠协定，旋日德互惠协定因战事无效，日英互惠协定因期满失效，目下日本与订有互惠协定者仅法、意两国。不过互惠物品，寥寥可数。因物品过多，必成为一种变相之协定税则也。

王总裁云：我国与日本如能不订立互惠协定，自属甚为得计。否则，互惠品目，亦不宜过多。

总长云：对于本案有无别种疑问？

王总裁云：急遽之间，殊难思索。

总长云：明天拟与日本继续开议，惟提出条文一层，一时尚谈不到，务请诸君细为研究，将来文字上恳王副会长费神修改。

总长又云：关于英国提案第一、二、三、五各条，现在本部金科长与法部郑天锡君拟有训条七款。（总长细诵训条）鄙意一、二、四、七四款，文字上似应略为修改；至第五、第六两款，末段之规定年限，事实上恐反多不便。

钱事务主任云：当日之规定年限，目的不过在于引诱英人，使其放弃治外法权已耳。

总长云：规定年限，恐反多一层束缚。否则，可随时修改。因以后大局如何，现在甚难预料也。

罗总长云：诚恐弄巧成拙。

总长云：关于追债问题，通常华人拖欠外人者，债主追索必甚为严厉；而外人拖欠华人者，债权往往于无形中归于消灭，似可乘此时机，订一确定办法。

罗总长云：现在一切既归新法庭管辖，自有一定手续，此层似可无庸过虑。与以前外人向华人追债，大半由领事照会县知事办理者，情形迥然不同也。

总长云：英国并非真正将领事裁判权予以取消，彼不过抛弃其一部分之 auxiliary judicial rights 司法附属权已耳。

总长又云：现在拟继续讨论部拟之中法条约草案。鄙意绪言暂时不必提及，旧案第一条遵照上次会议议决办法，业经司中删去，将旧案第二条第一段作为第一条，并将旧案第三、四两条加以修正，作为二条，惟第二条末段所载"必要时，两缔约国经双方同意，得于两国其他各大城市加派领事"一层，事实上恐我国不能加派领事，而反与法人一种加派领事之借口，将来定多枝节。

钱事务主任云：好在条文内尚有"经彼方同意"一句，予以限制。

总长云：鄙意此段暂时不必提出，待上段规定各节，见诸事实后，再行斟酌办理。当知越南设领问题，先后交涉，经数十年，迄未成功。我之不主张加派，乃所以限制彼之加派也。又法国最后所提草案中，是否有此种规定？

钱事务主任云：法国根本上即反对我国在越南设领，与暹罗之反对我国派使，正复相同。

罗总长云：暹罗之反对我国派使，原因由于该处华侨为数过多，发生国籍问题。而法国之反对在越南设领，大半因收税问题，因越南政府对于我国侨民所课之租税，异常苛刻。如人头税，每人重者须数百元，而轻者亦须十数元也。

总长云：然则第二条第二节暂缓提出。（众无异议）惟第三条是否应予加入，鄙意亦有问题。查第三条实与第四条平行，因第四条规定华人在越南之权利，故第三条对于法人在边省之待遇，亦不得不约略说明。

罗总长云：第四条所称之 houses and acquire land, create buildings … establish schools and organise chambers of commerce，事实上华人在越南早已享有此种权利。

钱事务主任云：设立学校一层，现在法人即不肯承认。

罗总长云：但事实上华人在越南早已设有会馆、学校。

钱事务主任云：若不于条约内订明，则一旦法国欲下令禁止，即可自由行动。此上次提及此案时，彼方所以反对也。

罗总长朗诵草案第四条。

钱事务主任云：法方对于华侨得在越南置产一层，表示认可，惟不愿载在条约，主张另用议定书规定。

总长云：究竟华侨之希望在于享受欧美人待遇乎？抑在于享受土人待遇乎？司中曾否接有报告？

钱事务主任云：华侨希望对于土地所有权、投标、内河航行及渔业四者,仍保存其既得权,与土人同一待遇;至于其他各点,则希望与欧美人一样看待。华侨所最感苦痛者,为税额过重,且法当局时常任意逮捕。

总长云:鄙意第三条暂时不必提出。盖依照第三条条文,反使法人关于领事裁判权问题多一保障也。(众无异议)

罗总长云:第三条之 so long as the Treaty of Tientsin of June 27, 1858 shall remain in force 一句似欠稳当,自以删去为妙。

总长云:第四条仍予保存,因我国与越南之关系并无普通条约 main treaty 规定,惟本条第一节之 ill treatment 二字似可改作 discriminatory treatment, 又第二节之 restrictive ... 可改作 all restrictive, such as 可改作 including, shall be abolished 可改作 shall forth with be abolished, 而将 as form as the present treaty become effective 一句径予删去。(众无异议)

王总裁云:不妨将我国侨民在越南之既得权,亦于本条内约略序明。

总长云:然则于 charges imposed ... 句上再加 furthermore they shall continue to enjoy the same rights, privileges, exemptions and immunities, which have heretofore been accorded to & enjoyed by them 一句,何如?(众无异议)

时已下午六时半,遂宣告散会。

条约研究会第十九次常会会议录

一九二七年三月二十四日下午四时半

列席人员：顾总长主席、罗总长、刁公使、戴公使、王公使、钱事务主任。

总长云：关于英国提案，有应为诸君报告者，即最近英方又重行声明，只承认与中国谈判七条范围以内之各项问题。其用意在于限制讨论范围，与我方根本修约之宗旨，显不相符。不过英既自动抛弃一部分权利，在我亦正可乘机收回。故鄙人当日答复，谓两国对于本国所派委员，单方自与训令，俾行动较为自由。此点英使首肯，但仍声明英国委员对于七条范围以外之事件，概难讨论。又日本最惠国条款问题，星期二日方已提出具体草案，大致分为二节：（一）关于通商、行船、实业、出产四项最惠国之待遇；（二）关于入口税最惠国之待遇，范围较广于我国提案。鄙意可请各专门委员先行逐条签注。

钱事务主任云：然。

总长云：日本提案对于通商、行船、实业、出产四项，亦要求无条件的享受最惠国待遇。此层关系重大，最有研究价值。

刁公使云：依照日本提案，是各国以附条件取得之利益，日本均得无条件享受之，未免太属不平。

总长云：双方数次辩论，即在此点。查通商条约大半均有最惠国条款，目下所应研究者，我国对于通商、行船二项，是否仍坚持许以有条件的最惠国待遇。

罗总长云：鄙意除政治范围以外，关于商务问题，似可酌予通融。

刁公使云：例如英国在日本目下得享有土地所有权，照最惠国待遇，我国将来在日本亦可享同样权利。

总长云：此系各国国内法律问题。

罗总长云：较为恰当。

总长云：例如中外合资办矿一事，本为我国法律所许可，不过须在一定条款、章程之下。鄙意对于日本提案甲项，至少须附有限制，否则甲国以交换条件所得之利益，乙国竟得无条件享受之，殊不足以昭公允。

王公使云：Unconditionally 一字，于我国甚为不利，似应改为 conditionally。

总长云：应主张改为在同样或相等条件之下。他若工业一项，不妨先行函询农商部意见。

钱事务主任云："出产 production"二字，列入最惠国条款，为普通商约中所罕见。我国对于工业、出产二项，似不能任其加入。且"出产"二字，意义含混，恐含有农产意义。

总长云：事实上，现在英美烟公司往往在内地供给乡民资本，令其种植烟叶，收成后由该公司尽先购用。日人在奉天、山东一带，亦有类似举动，供给乡人资本，种植甜菜，以备制糖。

钱事务主任云：日本提案于通商、航船、工业、出产四项之外，又加入各个事项 each individual matter 数字，用意至深且密。

罗总长云：此亦不过日本方面之要价已耳。

总长云：大体通商一层，须办到有条件的最惠国待遇。至关税问题，将来二国订互惠协定时，尚有斟酌出入之余地。

钱事务主任云：最关重要者，为日本仍欲使我国承认"认人不认货"之主义。此种办法，实为国际通例之所无。现在我国与德、奥等国，虽订有新约，然新约中关于关税之规定，迄无法施行者，原因实由于此。

总长云：日本提案措词异常周密，诸公对于该问题如有意见，务请尽量发表，或用公函，或用 note 记录，均无不可，俾得收集思广益之效。又法约案，日前部中曾特派苏君子美，前往边省实地调查，现苏君已公毕回部。拟请其将所得结果约略报告。

苏君云：鄙人此次奉命赴广西、云南两省，调查中法边境商务情形。除广西政府因在广东势力范围之下，值此广东盛唱外交统一之时，不肯正式表示意见外，云南外交当轴对于部拟约稿异常满意，惟关于护照问题略为修改，而另加入取缔购置军火一条。修正约稿，业经邮寄来京，部中想已收到。查越南关税税率共分三种：（一）为本国税率；（二）为普通税率；（三）为最低税率；此外又有特别税率。中国货物普通纳税甚低，因大半关系越南土著日用必需之品，如丝织物、奠神纸等等，势不得不予减税也。药材一项为中国输入越南商品之大宗，每岁约值 vingt millions de francs 二千万佛郎。不过目下法国药商，正在设法要求禁止，惟以土著反对甚力，故二年以内，暂时尚不至见诸实行。法国对于越南华侨，取缔甚严，如通行证一项，华侨之自河内至海防者，亦不能免。每证收费约二元左右，且发给时，多方留难，华侨殊感苦痛。又如人头税，初时中国人与安南人所纳税额相同，惟自一九二五年新法令颁布以后,华人所纳人头税可增至千元之多。于是,中国人与安南人负担之轻重,乃判若霄壤。测法当轴之用意,在于禁止中国人之入境。盖现在法当轴所抱目的,为提高安南人之程度,以抵抗华人,故华侨前途命运,正不堪设想也。至关于司法事项,名义上华人虽得于适用于欧美人之法律及适用于安南人之法律,二者之间自由选择。然事实上,华人在法庭发言之权甚少。且一九一三年大理院判决辞中,竟谓按照法国法律,凡适用于殖民地之条约,须在殖民地公布,中法边界通商旧约未在越南公布,不能发生效力云云。故华人一经犯罪,不问罪之轻重,即遭驱逐。又护照问题,西人领照概不纳费,华人领照依照条约规定,本不纳费,然现今则须纳照费六元。他若营业税 droit de patente,有确定税 droit fixe、比例税 droit proportionnel 之区别,华人所纳比例税等于房租十五分之一,而安南人所纳者,则仅等于三十分之一。诸如此类,不平等之待遇,不一而足,职是之故,华侨商业遂日就凋零矣。

总长云:人头税究以何者为标准?

苏君云:人头税有确定税 droit fixe、递进税 droit graduel 二种。确定税分三级缴纳,第一级十元,第二级八元,第三级三元五角。递进税则应纳地税及营业税,总数百分之六十。其在数区纳地税或营业税者,则应在数区纳递进税。虽每区所征之数,不得超过千元,而一人既可缴纳数次,故其数额实可达至数千。

总长云:华侨得自由选择法律一节,究竟有何根据?

苏君云:照旧约,华人与西人一律待遇,然事实上实大相反背。依据旧约,通过税系按值一百抽二,然现在华侨则照入口税百分之二十缴纳。对于此节华侨甚愿遵照旧约办理,盖若按值抽纳,价值之决定,权操于我;按入口税抽纳,入口税之高低,权操诸彼也。又法当轴对于华侨所立各学校购置书籍一事,常故意刁难。在中国发行之定期杂刊,往往不准输入。河流问题,罗棱河据云南当轴称地段荒僻,并无船只航行,在商务上之价值甚微;高平河、松吉江均有中国民船,往来贸易,似可将其列入约文之内,于我颇为有利。

罗总长云:据鄙人之所知,华侨在越南所以纳税甚高者,由于法人之故意苛征酷敛,固得十分之六七,然由于华侨之自取,亦得十分之三四。盖华侨每每以纳税愈多,愈觉荣耀也。查越南我国侨民,初去时半系无业贫民,其在该处多年不归,娶妻落户者,不知凡几,情形正与暹罗之华侨适相仿佛。目下西贡一带,工厂大半在华侨手中。

总长云:越南华侨究有若干?

苏君云:在 Cochinchine 者约有二十二万人,在 Tonkin 者约有三万八千人,在 Cambodge 者约有十四万人,在 Annam 者约有八千人,在 Laos 者约有二千人,共约四十万零八千人。

罗总长云:在我国国籍法未实行以前,其变成安南人者,尚不知凡几。

总长云:据法使云,中国人在越南享有种种特权,如内河航行权。

苏君云:依照向来习惯,中国人在越南并得从事渔业。至开垦权,现在日本亦已取得。鄙意最好还在于从速设领,盖无领事,则无从谈及保护问题也。

总长云:诚然,诚然。苏君调查甚为周密,殊堪嘉许。

苏君云:尚有详细报告,待缮就后,再呈钧阅。

下午六时半散会。

条约研究会第二十次常会会议录

一九二七年四月一日下午四时半

列席人员：顾总长主席、罗总长、王次长、戴公使、刁公使、钱事务主任。

总长云：今日继续讨论我国所拟中法草案。自第五条起，因上次已讨论至第四条也。鄙意末段五十里内得不请照一层，似可删去。

钱事务主任云：末段五十里内得不请照一层，乃抄袭旧约。依照旧约，法人前来边省，其护照应由边省中国官员发给；华人前赴越南，其护照应由越南法国官员发给。今即订明两国得互相派遣领事，故新约中改为法人前来边省，其护照应由法国官员发给，中国领事签证；华人前赴越南，其护照应由中国官员发给，法国领事签证。

罗总长云：闻香港法领事有包办护照之举，凡以贩卖人口为业者，均趋之若鹜。为预防此种流弊，第二节之 In the absence of the Chinese authorities, the passports shall be obtained directly from the French authorities 一句，似应斟酌。不过若径行删去，则无中国官员之地点，又往往无法领照。

王公使云：据云，事实上驻香港各国领〔事〕发给包办者之护照,其效力往往反较在国内取得中国官厅所发正式护照为尤大,入境时可免去种种刁难。

总长云:然则将第二节改为... passports issued by the Chinese authorities and countersigned by a French consul,下文即不再提,何如?

罗总长云:若然,则第一节亦应改为... issued by the French authorities and countersigned by a Chinese consul。

钱事务主任云:本条加入 In the absence ...一句,乃为最后议定书第四节之张本。而最后议定书第四节之规定,乃所以限制香港法国领事,使不得高抬照费也。

总长云:华侨之取道香港,前赴越南者,为数是否甚夥?

罗总长云:为数实属不少。凡以贩卖人口为业者,均先派人赴广东内地游说乡农,动以种种利益,而以香港为最后集中之地点。磋商条件、签订合同、设法放洋,均在该处。

总长云:然则为便利华侨由香港出洋起见,只可将第二节最后一句改为 in places where no Chinese authorities or consul are present passports may be attained directly from the French authorities。may be 较 shall be 稍为活动。

罗总长云:结果恐仍复相同。盖贩卖人口之船只均由香港起掟,或往海防,或往西贡。

总长云:若然,广州当轴何以不设法就地取缔?

罗总长云:在广东出发时,半系分散而来,一至香港,然后集合成群,故无从禁止。

总长云:本条末一句作何解释?

钱事务主任云:系限制法侨,如离去通商地点五十里以外,必须请照。上次法国提案,系要求以八十里为度。

总长云:第六条关系关税问题,将旧约所载减税一层,完全删去,而以相互主义作为原则。

钱事务主任云:法国对于进口货要求减税,惟对于出口货则不希望减税办法,究竟出口税是否应予提及?

总长云:普通商约均不提出口税。目下由越南运来中国之货物,是否无出口税?

苏子美君云:亦有出口税,不过税额甚轻耳。

钱事务主任云:法国提案系指明越南或法国货物,而我国提案则仅言货物。如此规定,于我方似颇有利,因我国商人尚可贩运别国货物也。

总长云:我国提案是否取认人不认货主义?

钱事务主任云:然。我国提案系取认人不认货主义。

总长云:现我国与别国新订商约,均取认货主义,认货限制较严。

钱事务主任云:诚然。我国新订商约,普通均取认货主义。惟本草案所以独采认人主义者,因借此我国商人并可贩运别国货物也。

总长云:大概我国商人由边关运往越南之货物,强半系滇、桂土货,认货于我方似较便利。

钱事务主任云:如取认货主义,则本条应重行改正。

罗总长云:认货于我方较为便利。

总长云:为保护我国商业起见,鄙意亦复如此,且与我国近来订约主旨较相符合。

钱事务主任云:法国提案亦主张采用认货主义。又本国待遇

national treatment 问题,最近据苏君云,我国运往越南各种货物,如爆竹、药材、奠神纸等类,均为彼本地之所无,无从与本币货物相比例,法国对之将来不难任意定税。此等货物,既为彼本国之所无,即提高税额,与彼本国商业上亦无妨碍。或者,我可于约内订明中国货物输入越南,照越南最低税率纳税;法国货物输入中国南方边省,亦照中国最低税率纳税,何如?

罗总长云:越南土货出口甚少。大约比较的尚以米为大宗,然其输入中国,大半取道香港。

总长云:彼此适用最低税率一层,似曾与法使谈过。

钱事务主任云:法使只允许几种指定货物,适用最低税率;对于一般货物,均适用最低税率一层,并未承认。

总长云:最妥在采用认货主义,以保存我国关权,诸君有无别种意见?

王次长云:鄙见亦主张认货,于我较为便利。

总长云:若然,则本条条文,应再为改正。(众无异议)

总长又云:第七条似兼采认人及认货二主义。

钱事务主任云:本条亦只采认人主义,不过仅就我国商人运货而言,于我方颇为有利。

总长云:第二段含有限制性质,暂予删去,待彼方提出。(众无异议)

钱事务主任云:通过税一项,法国提案规定值百抽一,我国提案则规定凡一切假道货物,均不纳税。又旧约仅就由中国某一口岸经过越南运往中国彼一口岸者而言,其经过越南运往别国者,不在此例。现加入来自外国或运往外国一节,范围较广。

总长云:诸君如无别种意见,可讨论第八条。法国提案是否亦有同样规定？

钱事务主任云：法国提案并无同样规定，盖法人蓄意在于禁止我国货物之入境。现加入此条，庶可与法国该项政策以一种之限制。

总长云：若然，则自 exception 一字以下，均可删去。

王次长云：彼方之禁止我国货物，正以本条所列各项原因，作为借口。

总长云：诸君如无别种意见，可讨论第九条。

钱事务主任云：第九条系指行李免税而言。惟法使以旧约载有货物免税清单 free list，现免税清单，既予取销，本条亦应包括在内。

苏子美君云：现在法国海关对于华侨行李课税异常严苛，旧约所载行李免税一层，事实上直可称为始终未见实行。

总长云：我国对于个人行李，系如何办法？

钱事务主任云：似不纳税。

总长云："行李"二字，太无确定限制。

钱事务主任云：大约以属于 personal effect 个人用品者为度。

总长云：可详查普通条约，有无此种规定。

钱事务主任云：然。

总长云：第十条系指司法权而言。

罗总长云：第二节 so long as a change has not taken place in the judicial condition of French citizens in China, they shall …云云，可不必提。盖提与不提，事实上结果正复相同。

钱事务主任云：日前刁公使亦主张删去，不过第二节最后 while in cases where the defendant is a citizen of a power which does not have treaty relation ...一句,与观审问题有关。

总长云:鄙意亦以不提为是,可省许多枝节。

罗总长云:第三节侨居中国之法属印度支那人,应受中国法庭支配。彼方谅亦不肯承认。

钱事务主任云:法国在暹罗放弃领事裁判权,亦先从安南人入手。

总长云:第二、第三两节可予删去。第一节至 most favored nation 为止,以下亦予删去。

钱事务主任云:最惠国待遇一层,已见第四款,或留第一节,去二、三两节,何如?

总长云:亦好。惟第一节 shall receive,似可改作 shall be accorded。(众无异议)

总长又云:第十一款所载各节,中法现行条约中,是否亦有同样规定?

钱事务主任云:然。旧约中亦有同样规定,惟法国草案并未提及。地方当轴对于此节有无意见?

苏子美君云:并无意见。

钱事务主任云:第十一款第二、三、四各节,完全抄袭旧约。惟第一节旧约尚有"逃入法国保护人寓所或商船"诸字样,现我国既拟收回法国保护人治外法权,故将上载一句予以删去。

总长云:照普通习惯,凡罪犯逃匿外人住宅或船只中者,除租界各外人住宅外,如得有宅主或船中(长)之临时许可,中国官员似本可入内搜捕。

罗总长云:然。此事与引渡问题,本无关系。

总长云:然则留第一、三、四三节,第二节暂时不提如何?

罗总长云：第二节自可删去。因除船只稍为不同外，外人住宅，如有正当理由，本可入内搜查。

钱事务主任云：商船亦可入内搜查，兵船不然。

罗总长云：Vessels 一字，意义甚为含混。

总长云：又第三节用 regular procedure of the laws，第四节用 regular process of the laws。此等字句意义相同，最好改为一律，免去疑问。又 Both parties shall carefully avoid all concealment of connivance 一句，系包括第三、第四两节而言，似应另行抄缮。（众无异议）

总长云：第十二条现行条约中是否有同样规定？

钱事务主任云：现行条约中亦有类似之规定，惟只提法国及越南船只，不提中国船只，故鄙人深疑此条必利于法国。但据苏君所云，罗棱河地处荒僻，与商业上并无关系，松吉江、高平江则只有中国民船往来贸易。加入此条，又似与中国并无妨碍者。

总长云：加入此条，事实上是否不致发生问题？鄙意还以暂时删去为是。（众无异议）

总长又云：第十三款措辞甚为明了，无庸修改。（众无异议）第十四款关系有效时间问题，照通常习惯，现在社会经济状况，转变甚速，为适应此种转变起见，商约有效时间，似不宜过长。

钱事务主任云：然则定为三年，何如？

总长云：三年未免过短。

钱事务主任云：期满后双方若并不通知废弃，尚可延长 des tacite reconduction。

总长云：五年何如？惟此外尚有一层，应予加入。即声明现约一经订立，当在印度支那公布。因闻旧约并未在印度支那公布也。

钱事务主任云：此层拟载入换文中。

总长云：第十五条并无问题。

罗总长云：何以必以英文为准？旧约中是否如此规定？

钱事务主任云：旧约中并无此种规定。

总长云：盖取以第三国文字为准之意义。

钱事务主任云：第十六条规定签字后即予实行，但此层恐难办到。

总长云：旧约如何办理？

钱事务主任云：旧约载明须经批准。

总长云：普通条约均须批准，不过可将批准时期，予以切定。

钱事务主任云：最后议定书系关系护照、签证问题。

总长云：似已与法使谈过。

钱事务主任云：最后议定书中只前三节已经与法使谈过。

总长云：本草约规定各节，与现行条约两相比较，已进步多多矣。

钱事务主任云：关于应在印度支那公布一层，或用换文，或用议定书规定，何如？

总长云：可径将其加入正约第十六款，改为 the present treaty shall enter into force on the date of exchange of ratification and shall be officially promulgated in the French Indo-China on the same day。

钱事务主任云：互换时期，依照中比草约以一年为最高期限，何如？

总长云：此系边界局部条约，以一年为互换最高期限，似属太久。

钱事务主任云：然则改为六个月如何？

总长云：亦无不可。

总长又云：此外有无别项问题提付讨论？

钱事务主任云：减税展限系至本月七日为止，嗣后究应如何办理？

罗总长云：事实上恐仍须展限。

总长云：当此修约进行颇有进步之时，似不应遽然予以停止，此层谅法使必将提出。

下午七时散会。

条约研究会第二十一次常会会议录

一九二七年四月十四日下午五时

列席人员：顾总长主席、罗总长、王次长、戴公使、王公使、刘公使、钱事务主任。

总长云：关于中法修约问题，本月五日曾与法使开第七次会议。法使云，本国政府训令，谅因上海邮局罢工，二日前始行接到，兹特向中国政府提出云云。查法政府此次提案，其最可注意者，为内中各项规定，均系法国片面利益，除第一条承认废弃旧约外，对于我国所视为修约中最关重要之问题，均主张先予延搁，于六个月内，重行讨论。此种办法，与双方历次谈话情形，距离未免太远。当经答以法国草案，部中尚待研究，容后再覆；惟修约时期，现已届满，拟再行延长一个月，以便进行，法使首肯。据鄙人意见，法国此次草案，我国对之有两种办法，一为承受草案，就草案范围以内，与相讨论；一为不承受草案，另由我方拟就详细对案。上列二种办法，诸君以何者较为得计？

钱事务主任云：法国此次草案，对于引渡、航行、侨民待遇各节，概付缺如，内中只提关税问题，而又加以种种之条件。一则称："自印度支那输入中国境内之物产，较来自他处之物产，在中国他处边界所享之待遇，不宜受任何直接或间接及任何形式或名称之歧视。"再则称："一俟中国国定税则实行规定普通税则、最低税则税率不同之时，对于印度支那出产及来自印度支那之货物，应立即准予适用最低税则税率，并不要求何种补偿。"

总长云：最感困难者，为彼方实有所挟制而无恐。盖我若拒绝订约，于彼方毫无损失，反是我国侨民即首受影响。戴公使对于此事，有何卓见？

戴公使云：鄙见不妨将我国对案亦予提出。

总长云：诚然。我方似可拟一书面复文，说明法国此次提案，内容与双方历次谈话情形，距离太远，希望仍本历次谈话之精神，进行修约；同时并将我国对案提出。

王公使云：第一步先提出我方对案，看彼方如何应付；然后或退一步，根据彼方此次提案，再与讨论。

王次长云：法国此次提案，只为一面着想，实无讨论余地。

总长云：罗总长有何卓见？

罗总长云：鄙意亦复如此。法国此次提案，实无讨论余地。

总长云：若然，可照上述意见，先行备一覆文。

罗总长云：现我方对于边关减税办法，已一再延期，法人之目的已达。究竟彼方此次提案是否出诸诚意，尚属疑问。

戴公使云：法国此次提案，专就本国片面利益着想。

总长云：查中法旧约，亦载有华侨待遇之规定，不过该约在印度支那并未实行。今法国草案只承认废弃旧约，而对于华侨待遇一层，毫未提及。是在旧约既废、新约未成时期以内，华侨不将完全失其保障耶？

戴公使云：鄙意设领一节，亦系新约中主要问题。否则订约后，无人司保护之职守，亦非良策。

罗总长云：法国草案对于我所视为重要之各节，如保护侨民诸问题，丝毫不提，只云废弃旧约。窥其意，不过一种敷衍政策已耳。

王次长云：我国不妨将我方对案，亦予提出。至法国此次草案，并无磋商余地。

钱事务主任云：此次法国提案，即与该国第一次提案相比较，亦觉距离甚远。

总长云：足使法人直接受其影响者，惟有减税办法。

钱事务主任云：彼方希望维持减税办法。

总长云：法使曾表示我若迫之过急，本约既系地方性质，彼将转而与南方开谈判。鄙意此次法国所以忽然改变态度，唐继尧之失败，当系一重要原因。

罗总长云：不妨将我方希望，亦予提出。

总长云：西班牙修约问题，自上月三十日我国照会发出后，该国复文现已转到，业经由司译成英文，措词异常婉转，惟用意甚深。

罗总长云：恐亦不外采取敷衍政策。观来照开首数段，一则曰只能修改税则及商务条款，再则曰约内并无废弃明文，其用意似不愿修改全约者。惟最后数段则又称："… has no inconvenience to commence as soon as possible the negotiation of a new convention with a view to the establishment, when the circumstances permit, of a treaty based upon the principle of equality and mutual respect for sovereignty … His Majesty's Gov. is disposed to abandon the extraterritorial right of the privileges …" 似又非坚决拒绝修改合约者。想其意系亦在于观望大局究竟如何发展，然后徐定方针耳。

刘公使云：来照虽不拒绝开议，惟须有条件的开议。换言之，即须先行承认彼方主张，如修改范围只限于税则及商务条款，不牵涉约内关系社会、政治、外交问题，各种之规定如最惠国条文仍应存在，如应待情形许可之时，凡此种种，均为彼方所提条件，我方应先予承认。查中西旧约，原名友谊通商条约 traité d' amitié et de commerce，内中除少数条文关系税则外，其余半系规定各项手续问题，与通商性质直接上、间接上多少有若干关系，究竟若者为社会条款，若者为政治条款，若者为外交条款，标准似不易定。条文本无明定，西班牙来照分为数项条款，未免舞（武）断。

罗总长云：对于此层，西班牙来照措词亦甚空泛。

总长云：西班牙来照，大约以日本复文作为根据，略加修改。鄙意一方面可促其开议，一方面将我国看法再为说明。

刘公使云：第一步对于该国复文，应先驳复。至所提条件，万难承认。

罗总长云：一方面驳复该国来照，一方面表示如再坚持，到期后我即径行废约，仿照此次对比前例。

王公使云：西班牙在华利益，较比尤微。

刘公使云：西班牙好大自尊，对"颜面"问题，最为重视。

总长云：若然，我方可以下列三种意见作为根据，备一复文，即：（一）不承认条件；（二）请速开议；（三）到期后保留自由处置之权，何如？

罗总长云：观来照所载 But this is not so and we only want to find an agreement conform to the progresses realized in the economic, social and international realm in the benefit of our 2 countries ……是彼早已自留转圜余地矣。

刘公使云：恐不过一种观望态度之表证已耳。

钱事务主任云：观来照载 His Majesty's Gov. has no inconvenience to commence as soon as possible the negotiation of a new convention … 可知西班牙并不反对开议。中西旧约，转瞬即将满期，鄙意急宜设法请其定期开议。否则再经二十余日，有效时期满后，究将如何处置？

总长云：对西班牙修约与对日本修约，情形正相仿佛。当日我致日本照会中亦称全约修改。

刘公使云：中西条约根本系友谊通商条约，若欲区别通商条款与政治条款、外交条款，试问究以何者为标准，定其范围？似应笼统认为商约，于我方较见利益。

总长云：即就领事裁判权论，亦可称为通商条款之一种。因当日约内有关系商人负债之规定，然后乃牵入裁判权之规定。目前日本亦主张只可修改税则及商务条款，我即根据此种理由驳复。

刘公使云：我不妨根据上述理由，予以反驳。

总长云：诚然。此外又有应为诸公报告者，即日本约六个月修约期限，至本月二十日即将满期，现新约正在磋商。日政府之真意，吾人虽不得知，然观其对于修约之进行，异常积极，似非毫无诚意者。

罗总长云：声明将修约时期，再予延长若干个月，何如？

总长云：不提旧约有效问题，只称将修约时期再予延长，亦是一种办法。鄙意一方面声明延长，一方面声明仍保留第一次照会中所载条件。

总长又云：惟日本若询及旧约问题，将何辞以对？

罗总长云：我可保留自由行动之权 freedom of action。

总长云：然则延长三个月乎？抑六个月乎？

罗总长云：可先延长三个月。

王次长云：若日本谓六个月内新约既未能告成，则依照条文规定，旧约再行十年，将如之何？

罗总长云：谅日本不致有如此主张。因现在各国真正之态度，无非在于先行观望我国大局之发展已耳。

钱事务主任云：即令日本不主张再行十年，但新约未成立以前，旧约仍然有效一层，彼方恐必予坚持。

王次长云：新约成立，旧约始可取消一层，日本早已声明在案。

下午六时半散会。

条约研究会第二十二次常会会议录

一九二七年四月二十二日下午四时半

列席人员：顾总长、罗总长、王次长、戴公使、王公使、刘公使、钱事务主任，张参事亦列席。

总长云：关于收回比国租界问题，自双方派员交换意见后，日前比方提出节略，上次本会开会时，曾经抄送诸位研究，并请王公使拨冗签注，可否请王公使将节略内容，约略报告？

王公使云：查天津比国租界，系根据一九〇二年天津中比租界章程而设；而一九〇二年天津中比租界章程，又根据一八六五年中比通商条约第十二款而来。此次比国节略，内中最为重要之点，为我国是否承认比国银公司取得比国租界地亩所有权。此点一有相当解决，以外各端均属枝叶问题，不难迎刃而解。

总长云：事实上有多数租界，每岁缴纳租金，此实为外人并未取得租界土地所有权之明证。

王公使云：目下不外三种办法：（一）完全承认比国银公司对于比国租界地亩土地所有权；（二）完全不承认比国银公司对于比国租界地亩土地所有权；（三）变相承认比国银公司对于比国租界地亩土地所有权，换言之，即承认永租权；再不然，备价将地亩设法赎回，亦是一种办法。

总长云：从前收回德、奥租界时，对于外人私有地亩，究竟如何办理？

钱事务主任云：似仍听其继续，惟司法部主张一律改为永租权。

总长云：关于此事，日前因接收威海卫问题，曾与英使谈过，凡英人在威海卫地亩，一律改为租借，租期三十年，期满得以续租。

王公使云：德、奥租界系因我国战胜后收回，与此次收回比国租界，情形稍有不同。

总长云：倘德、奥人民在旧日德、奥租界所有地亩，我仍许其享土地所有权，则对于比国人民更无问题。又青岛收回后，私有地亩如何办理？

钱事务主任云：亦准其以同一条件，续租三十年。

王公使云：只须地亩所有权问题，一经解决，余均系陪衬，不成问题。

罗总长云：德、奥租界与比国租界情形略为不同，且收回时，尚有许多手续不甚完备之处。比国此次因修约关系，乃至发生收回租界问题；又因收回租界问题，乃牵涉土地所有权问题。现在所应讨论者，并不在于租界之性质及其以前之历史，乃在于我国近来之修约，既以平等相互原则相标榜，则收回租界之后，是否许外人享有土地所有权？如不许外人享有土地所有权，究应如何应付？关于此事，日前法界同人在法权会议委员会中，亦曾一度详为讨论，下次本会开会时，鄙人不妨将法界讨论后所得结果之报告，携来一份，以备参考。

总长云：甚善！甚善！惟鄙意本问题应分为二层，顷间罗总长所云者，乃系外人在中国国内能否享土地所有权问题，此系全部问题;而现在吾人所欲讨论者,乃系因比国交还租界发生比国租界以内私人土地所有权问题,此系局部问题。目下研究之重点,在于对此局部问题,究应如何应付。就鄙意论,比国得享土地所有权之主张,目前难承认;否,我国与各国所订条约,半有最惠国条款,将来恐引起莫大纠纷。

罗总长云:鄙意现在应先定一原则,庶将来英、日等国交还租界时,均可照此办理。青岛本属德国租借地,后为日本所得,我系向日本收回,情形与天津比国租界,亦有不同。

总长云:因外人享有土地所有权一层,在我国并无先例,所以收回青岛时,亦规定准其赁租三十年。就原则论,承租人不能将轶出所得权范围以外之权利转让他人。

王公使云:当日手续上,根本即不大完备;现在可以证明外人对于租界地亩,并无土地所有权者,唯有每年继续缴纳租金一事已耳。

总长云:当初租让时,中国业主曾否将旧契交出?

钱事务主任云:当初将地契一并移交比国。

总长云:比国政府能否将所有权转让他人?

王公使云:比国租界章程内,实载有一经交款,即可自由处置之规定。

王次长云:总之,吾人断不能承认比国对于租界地亩享有土地所有权。吾人对于青岛及威海卫,亦如此办理。

罗总长云:比国之要求土地所有权,实由于抛弃领事裁判权而来,故与对付青岛及威海卫情形,似略有不同。

总长云:因放弃领事裁判权,要求内地杂居,是一问题;因退还租界,要求保存租界内私人土地所有权,是又一问题。两问题系截然两事。

罗总长云：此次比国退回天津租界，与英国退回租界，情形又是不同。英国系出诸自动，比国系修约关系。鄙意应将"外人在中国能否置产"之大原则，先行解决，此七百余亩之比国租界，乃其小焉者耳。

王公使云：如能设法赎回，则根本上即不致牵动土地所有权问题。鄙意赎回一层，比国或肯承认，因比界地亩，现在半属荒芜。

总长云：本问题应分两步研究。第一步研究小范围之土地所有权问题，即天津比国租界地亩所有权问题；至大范围之土地所有权问题，不妨待罗总长将法权会议委员会报告书送来后，再由会中油印分送，从长讨论。或者，日本方面亦将提出同样要求也。鄙意关于天津比国租界地亩问题，我方应抱定认为租借性质，且有青岛及威海卫之先例可援。

张参事云：天津比国租界系 concession，青岛及威海卫系 leased territory，性质似颇有区别。

罗总长云：此事系随比国放弃领事裁判权而来。

总长云：否，比国曾声明交还天津租界乃为表示对华好意起见，与放弃领事裁判权毫无关系。查一九〇二年中比天津租界章程，开端即载有 louer à perpétuité 字样，"永租"与"所有权"似有区别。

张参事云：不过学理上稍有区别已耳。既云永租，即可永不归还。

王次长云：权利之转移，只能以所有之权利为限。换言之，凡系永租者，其转移于第三者，亦只以永租权为限。

总长云：本问题我方抱定只承认租借权。否则先例一开，后患无穷。

王公使云：除土地所有权外，比较重要之点，为债务问题。

总长云：凡因兴办地方公益所举债务，我方只可承认。

张参事云：然则将以何种方法，予以承认？

总长云：照原条件继续办理。好在比国节略中已载有预算，并非毫无根据者。

王公使云：诚然，诚然。

总长云：观比国节略，每年支出不敷之处，亦甚为几微。收回后，或可将各种租税，略微增加，以资抵补。此事可请张参事与内务部从速接洽进行。

张参事云：然则对于比租界外人私有财产，我方只可承认其有租借之权。

总长云：不妨先行刺探各方意见。查一九○二年中比租界章程，实载有永租权字样，即使法律上或尚有辩论之处，我可引用威海卫及青岛先例，承认以三十年为租借期限。

下午六时一刻散会。

条约研究会第二十三次常会会议录

一九二七年四月二十九日下午五时半

列席人员：顾总长主席、罗总长、戴公使、王公使、刘公使、刁公使。

总长云：本日应付讨论者：第一为外国人土地所有权问题；第二为最惠国条款。外国人土地所有权问题，草案由司法部提出，但此事关系极为重要，必须先经一番精密之研究。故现在拟首行讨论第二问题，且第二问题与第一问题，间接上亦不无若干关系也。查最惠国条款，本系各国商约中通常应有之条文，其范围大者及于通商、航船各款，小者限于税则。我国以前与各国所订条约，除明文规定各国得享种种特殊权利外，尚予以无限制的片面最惠国待遇，结果凡许予此国之利益，立即自动的及于其他订约各国。现在各国中，间有一二，表示只须新约内列入最惠国条文，则修约者对于旧约修改可，即废弃亦无不可；订约者对于约内其他各款，均不再为重视。中日修约会议，关于本问题已讨论至十余次。初时，我方根本不予承认。继因日方坚持甚力，乃稍为让步，要求附带条件，彼仍不赞同。其所提草案且主张最惠国待遇，除关税外，应同时及于通商、航行、出产及其他各个事项，以为无最惠国条文，则国际商务平等之原则，不能贯彻，就税则论，中国对于日本货物，即可任意加税,毫无保障,日本货物比较别国货物,将因此陷于一种不利之地位。其所言似具有一部分理由,势难完全拒绝;加以就国际习惯上言,欧洲各国商约中,大半载有此种条文。美国以前主张有条件的最惠国办法,然近十五年来,鉴于事实上种种之困难,亦渐变态度,趋向无条件之一途。我国对德、对奥,实际上尚且许其享协定关税之权利,今设完全拒绝日本要求,是使日本货物所受之待遇,反不及于德、奥,更觉难以措辞。但国内一般舆论,金以斯种条文有关国权,反对甚力。要知现在之最惠国条款,乃双方相互性质,反言之,日本亦许我以同等之权利,而此种权利,实为鼓励我国出口货物起见,势所必需。近者,据各商会报告,我国运往朝鲜之麻及运往日本之丝,日本均课以重税,甚至值百抽百,至使侨民在日、韩之商务前途大为可虑。假令当日二国间订有最惠国条款,则目下何至发生此种情形。故今日特将本问题提付讨论,先行决定原则上可否承认;如可承认,然后再行研究范围上、适用上应附有何种限制。至鄙人顷间所谓最惠国条款与土地所有权问题,间接亦不无若干关系者,良以依照旧约条文,凡许予此国之权利,应无条件的及于其他有约各国,故此国在中国一旦得有土地所有权,则其他有约各国,亦将利益均沾也。

罗总长云:关于税则方面,日本最惠国条款之要求恐不能不予承认。且事实上日本亦必坚持甚力,绝不放弃。因以前各国对华商务,以英国为第一,现则日本几有超过英国之势。

刘公使云:吾人宜从事实上着想。现在我国在外商业,毫无保障,若最惠国条款果系相互性质,则我虽许人以一种权利,人亦将还我以一种权利。查 Serbia 与中国商务上并无重要关系,前年 Serbia 与中国议约,系由鄙人办理,彼尚要求最惠国条款,何况日本之与我国。

总长云：日本曾谓该国之要求最惠国条款，事实上不过欲与别国享同等之待遇。

刘公使云：其实我之所以不能受最惠国条款应有之利益者，亦只可归咎于本国商业力量之不振，但能责己，不能责人。

总长云：日本又曾谓倘令该国使中国运往日本之货物，比较别国运往日本之货物，处于一种不利之地位，中国将作何感想？

刘公使云：目下应预计我国出口货物究有若干。如有最惠国条款，则国货在外，亦可得一保障。

总长云：旧约中之最惠国条款，均系片面性质。

刘公使云：就西班牙论，对于我国货物，即随意加税，无法抗议。今若有一最惠国条文，即可使之多一束缚。

总长云：有条件的最惠国条款，实施上颇为困难。美国行之不久，现亦废止。至欧洲大陆，早已采用无条件之办法。我之对日，首则拒绝磋商最惠国问题，继则取完全附条件主义，但此二重防线，先后均经打破。现在我方主张，即拟遵照本日提付讨论之条文，关于关税问题，以已许与未许之权利，作区别有条件与无条件之标准，但是否能操胜算，实不敢必。

罗总长云：… the Imperial Gov. of Japan … agree not to enjoy or claim to enjoy any concessions as regards customs, duties under existing treaties … upon and after the enforcement of the said National Tariff Law 一层恐办不到。

总长云：日本货物之来华，比中国货物之运日，多出巨半，关税问题，日本必争之甚力。故以已许与未许之权利，作区别有条件与无条件之标准，能否办到，尚无把握。

罗总长云：若能办到将最惠国条款范围只限于关税，已属不易。

总长云：顷间刘公使所言"只可责己，不能责人"二语，甚为恰当。盖我既要求平等相互，日本之提议加入最惠国条款，与平等相互之原则，并不背驰也。

王公使云：在我国商务未发达以前，实无法收相互之利益。

总长云：此不过就目下情状而言，但数年之后，又安知局面不完全改变，最惠国条款大有利于我国耶？

刘公使云：若欲根本打破最惠国之原则，定难达厥目的。现在只可先种一因，以为后来收果之张本已耳。

总长云：若主张有条件最惠国条文，我固可以制人，但人亦可以制我，同受限制，于我亦无利益。

罗总长云：若能使范围只限于税则一项，已属不易。盖我国既无法以强制日本，又无法令各有约国同时废约，乃欲在有约各国未抛弃旧约内种种权利之以前，使日本独处于一种不利之地位，事实上决难办到。

总长云：此不过我国一种之希望已耳。彼日本提案，其范围之辽阔，正不止倍蓰已也。

罗总长云：若能仅限于关税一项，即无条件似亦无不可。

总长云：关于本问题，诸位意见既大略相同，以后即照此进行。

刘公使云：事实上既无办法，只可如此。

总长云：只须抱定此种方针，以相互的最惠国条款，交换修约，则修改旧日不平等条约中最后一约之日，即不平等待遇完全取消之时。诸君意见既大略相同，以后即照此进行。又土地所有权问题，关系异常重要，务请先为研究，下次再行讨论。鄙意同时宜征求各边省当轴意见，如新疆，如云南，事前均应与之接洽。

罗总长云：此不过一种草案，取自定法律之形式，其第一条系对日本而言；第五条系对俄国而言，且边境因军事关系，自不能准外人购地置产，危及边防；第六条系预防外人经济之压迫。

总长云：本问题较为重要，务请诸君先行研究，俾于下次开会时详为讨论。

下午六时三刻散会。

条约研究会第二十四次常会会议录

一九二七年五月六日下午五时

列席人员：顾总长主席、王次长、戴公使、王公使、刘公使、刁公使。

总长云：本日拟讨论上次司法部所拟之外人土地法草案。查此案关系重要，现在我国可否全国开放，事实上颇有研究价值。

刘公使云：各国是否拟以取得土地所有权，作为一种放弃别种权利之交换条件？

总长云：依据本草案条文，是除第五条所规定者外，其余各处一律开放。鄙意将来可否再予限制，只就特殊地点而言，如通商口岸、铁路区域及其他交通便利之处。按遵照现行条约，即通商口岸，外人亦无土地所有权，惟租界事实上情形略有不同。

刁公使云：教会在内地似可购置地亩。

总长云：亦只以用教会名义购者为限。

刘公使云：日本许予外人土地所有权，为时似亦不久。

王公使云：用分期办法，如先租界，次商埠，次铁路沿线，最后内地，何如？

总长云：分期开放亦是一种办法，若立时全国开放，恐多困难。

王公使云：我国作事,往往一放之后,即无法收回,兼以经济能力甚为薄弱。

总长云：我国人民不惟经济能力甚为薄弱,即组织能力亦复如此。

刁公使云：草案第五条载"在以命令指定之边界或国防地带,外国人民不得有土地所有权",鄙人以为不妨反而言之,外人只能在以命令指定之数个地点有土地所有权,何如?

总长云：分期开放,如先从通商口岸入手,亦是一种办法。

刘公使云：如说通商口岸,则对于若者系通商口岸,应予切定。就奉天论,所谓通商地点,本只限于城外,然现在日人则谓并及城内,福州亦然。此事不但商务上受厥影响,且与国防问题,亦有关系。

王公使云：外表上虽说开放,然实际上仍有限制。

戴公使云：例如澳门,外人目光中所视澳门 the port 者,其范围甚为广阔。

总长云：分期办法较为妥当,如第一期开放通商口岸,第二期开放铁路区域,第三期开放沿海地点,第四期开放内地。鄙意可请王公使拟一说帖,待下次罗总长莅会时,再行讨论。又此项法令,绳以现行之最惠国条款,如甲国抛弃领事裁判权,享有土地所有权,乙国未抛弃土地所有权(领事裁判权),惟据现行之最惠国条款,来相要求,能否拒绝?

戴公使云：照现行条约解释,似不能拒绝。

总长云：照现行条约,最惠国条款均载有无条件及立即诸字样,故此事又牵及实行时期问题。鄙意总须待收回治外法权一节,确有把握后,方能允许;否则甲国一旦取得此种权利,乙国挟现行之最惠国条款,来相要求,我恐无辞以对。因无论如何,法令不能改变条约也。

刘公使云:假令不载条约,而以国内法令规定,在某种条件下之外国人民,始可享受土地所有权,则能否限制外人一律均占。

总长云:如虚有法令,事实上无人享受此种法令所赋之权利,自不至发生均沾问题;惟一经有人享受,均沾问题立即发生。

刘公使云:在日本,土地所有权亦由法令规定,并不载在条约之内。盖法令修改,较为便利也。

总长云:日本之予外人以土地所有权,系在取消治外法权之后。

王次长云:日本之予外人以土地所有权,为期并不甚远,似在最近几个月内,始由天皇批准。

总长云:我国情形与日本迥然不同,若我国之许外人土地所有权,系在各国完全取消治外法权之后,则我自有法取缔。

王次长云:如以法令规定,亦有困难。

刁公使云:条约中之最惠国条款,范围似不能及于以法令规定赋予之权利。

总长云:日本之予外人以土地所有权,系在各国取销治外法权之后,与中国情形迥然不同。事实上,我苟果能以日本之条件为条件,即他国之与日本以土地所有权者,日本亦予以土地所有权,他国之不予日本以土地所有权者,日本亦不予以土地所有权,则更无纠葛之可虑。

刘公使云:我若用二种办法加以限制,即凡许中国人在该国有土地所有权,而该国在中国又肯抛弃治外法权者,我始许其在中国有土地所有权,何如?

总长云：此种办法恐仍不能限制未抛弃领事裁判权之各国，挟其最惠国条款，来相要求。

刁公使云：鄙意 legislative right 与 treaty right 似有不同。

总长云：最初时之许某国以某种利益，或者含有交换意义，如许法国以中越边界减税办法，乃交换保护我国越南侨民，但后来日本之取得中韩边界减税待遇，即根据最惠国条款，并无别种条件。今者，我苟许抛弃领事裁判权各国以土地所有权，其未抛弃领事裁判权各国，用最惠国条款来相要求，能否不予承认，是一问题。

刘公使云：现在日本对于最惠国条款，究竟如何主张？

总长云：日本仍援引中外通例及国际公法原则，坚持关于通商、航船各事项，必须有最惠国条文。故鄙意即令抛弃领事裁判权之各国，可以承认其在内地得有土地所有权，然实行时期亦不能不详为考量，应先有一犹豫期间。在此期间以内，先行刺探未抛弃领事裁判权之各国，对于抛弃领事裁判权一事，究有何种意见。换言之，不能承认以抛弃领事裁判权，作为取得土地所有权一种之交换条件是也。

王公使云：鄙意最惠国条款，亦须分层解释，即：（一）关税事项可无条件的允许；（二）其他各种权利可有条件的允许；（三）而土地所有权，更须附有一种严格的条件，方可允许。

总长云：关于本案，现在有两种问题：第一为范围问题，即何处可以开放，何处不可开放；第二为均沾为题，设均沾问题不克解决，而轻许外人在中国得有土地所有权，则前途殊不堪设想。

戴公使云：用一法令，规定凡一国之许中国人民在该国得享土地所有权者，中国亦许其人民在中国得享土地所有权，何如？

王次长云：本草案第一条，即含有此种意义。

总长云：将仍不免引起现约最惠国条款解释问题。

刁公使云：若照现约最惠国条文解释，则对于未抛弃领事裁判权各国之要求均沾，定难拒绝。

总长云：可虑之点，即在于此。故最好对于抛弃领事裁判权之各国，原则上虽许其享有土地所有权，然对于实行该项原则之时期，先为拖延；在此时期以内，设法与未抛弃领事裁判权之各国，先行交换抛弃领事裁判权一事之意见，必须待有结果，然后可以实行。又比国现已抛弃领事裁判权，故即许以土地所有权，亦无甚问题发生，惟日本情形颇有不同。

刘公使云：鄙意可先定出一种法令，暂时悬而不行。

总长云：关于本案范围问题，可请王公使拟一节略。至实行时期，最好暂时从缓。

王次长云：譬如对于日本，必须待其取消治外法权，交还租界及租借地段之后，方可许其享有土地所有权。现在南满铁路沿线一带，即铁路区域内，已不啻完全等于日本之领土。

总长云：南起旅大，北至长春，凡铁路附属地以内之交通权，亦几完全握于日人手中。

王次长云：即此之故，所以我国大连海关，对于征税一事，迄无法办理。且日人以利害关系，甚至不许我国再筑铁道，与南满铁路平行。

总长云：本案详细情形，可待下次罗总长莅会时，再为讨论。又内地杂居问题，实际上与土地所有权问题，实有连带关系，大致相同。至中比诉讼案，本年一月廿二日，我国曾照会比使询问比国政府用意是否在于中止诉讼之全部。同月二十八日，比使来一复照，谓比国已请求法庭停止诉讼。此项停止之请求，其形式系延长期限,以便中国提出抗辩,盖延长期限为停止诉讼之唯一办法,如至四月底,磋商尚在进行,则比国当再请展限云云。现司中意见,以第一次展限之期为五月廿五日,转瞬即至,究应如何对付,拟提请本会讨论。惟鄙意以一月二十八日比使照会措辞已异常明晰,只须新约尚在进行,则请求延长之责全在比国。夫既若此,我目前似可不必提及,待法庭如有举动时,然后再与交涉,未知诸君以为然否?

刁公使云:关于本案,我国以前所抱宗旨,非不承认法庭有处理之权耶?

总长云:诚然。惟司中意见为对于比国是否应有表示。鄙意即此层亦可不必,因一月二十八日比国照会措辞异常明晰,(总长朗诵照会内 si à la fin du mois d'avril …及 afin d'année la suspension …二句)此事责任全在比国。

王公使云:可任比国向国际法庭自行办理。

总长云:诚然。我对于法庭及比国两方,暂时均可不必有所表示。查我方所提草案,比国迄未答复,可见条约尚在进行,则请求展限之责全在比国。(众无异议)

下午七时散会。

条约研究会第二十五次常会会议录

一九二七年五月十三日下午五时

列席人员：顾总长主席、罗总长、王次长、戴公使、王公使、刘公使、刁公使、钱事务主任。

总长云：本日议事日程为中日商约草案及外人土地所有权问题，现拟先行讨论中日商约草案。查中日双方关于修约一事，开会已达十余次之多，日本对于最惠国条款坚持甚力，最近复要求我方提出草案。现草案业已由司备就，不日即可提出，大致与提付比国者约略相同。

钱事务主任云：日本草约与比国草约原则上不同之点，为我对于比国系许以本国待遇，而日本则要求最惠国待遇。如许日本以最惠国待遇，是否应再许以本国待遇，是亦不可不加研究者也。

总长云：本草案第一条系通好问题，第二条系派领问题，均照各国通例草拟。第三条第一节系保护缔约国人民生命财产问题，第二节系缔约国人民经商、游历、居住问题。惟鄙意第一节 in respect of 数字似应改作 with regard to 较为妥当。第二节当日以日本拒绝华工，故于 of country 之下加 enter 一字，但此恐仍不能阻止日本禁止我国工人之入日。查新近英德条约关于侨民待遇之规定，措辞似较周密，现拟引用该条以代替本条第二节，不过该条

exercise of ... professions 一段,是否不致引起外人在华充当律师问题? 因律师亦系 professions 之一,无领事裁判权国人民既可充当律师,则有领事裁判权国人民恐亦得援最惠国条款,提出要求。未知我国对于外人之充当律师者,是否有一定章程?

钱事务主任云:司法部曾订有《无领事裁判权国国籍律师章程》,其用意无非在于鼓励各国抛弃领事法权。

罗总长云:我国律师法系取源于日本。其实准许外人充当律师,本属无妨,因外人之欲充当律师者,必须遵守我国律师法,且须通晓我国法令及语言,条件甚多也。

总长云:诸君对于顷间鄙人拟将其引用于本草案之英德条约第六条,有何意见?

刁公使云:英德条约第六次措辞似较明确。

总长云:诚然。措辞较我国草案第三条第二节似觉明了,惟 shall be entitled to enter 下,可加入 travel,庶更为完备。诸君如无意见,拟即采用该条。

钱事务主任云:英德条约内系载明最惠国待遇 as the subjects or citizens of the most favored foreign country,我若照抄原文,深恐引起日本误会,以为我国对于最惠国待遇一节已予默认。鄙意最好将"最惠国"三字删去,另用一种名词,意同而字不同者,以免后来另生枝节。

总长云:好在条文内对于有条件、无条件二层,并未提及。

钱事务主任云:最好避去"最惠国"字样,或改用 any other nation 似无不可。

总长云:any other nation 与"最惠国"并无区别。

刁公使云:巴拿玛议订华侨进口律时,草案内亦有"最惠国"

字样，当日该国总统并未反对，后经提出阁议，将"最惠国"数字改为 any other nation。鄙意避去此等字样，以免后来容或发生争执，亦无不可。

罗总长云：最要之点，还在于先行决定原则，即我国对于日本，是否许以最惠国待遇。any other nation 与 most favored nation，事实上仍不见有何种歧异。

钱事务主任云：现在中日双方关于最惠国问题，尚未十分议妥。故鄙意主张将其改为与第三国人民同等待遇，且照第三国人民待遇，与照最惠国人民待遇，内中亦稍有不同之点。

刁公使云：若约内既载有"最惠国"字样，则将来发生争辩时，日本即可依据欧洲各国之通例，采取广义之解释，认为无条件的最惠国待遇。弱国无外交，鄙意还以谨慎为是。

王次长云：现在暂用 any other nation 字样，待日本要求最惠国待遇时，然后再行改回 most favored nation，以作一种让步之条件，何如？

刘公使云：避去"最惠国"字样亦好。

总长云：现在关键所在为有条件与无条件问题，至最惠国待遇之原则，我方已予承认，且英德条约第六条所载 observe the conditions …一段，即系有条件之意义。惟依照原文句汇 observe the conditions 只能束缚 entry and residence，现拟将其略为倒置，改作 so long as they satisfy and observe the conditions and regulation applicable to the entry, travel and residence of all foreigners and to the conduct by them of trades, professions and industries, the nationals of the two High Contracting Parties shall be entitled to enter, travel and reside in the territory of the other to enjoy in respect of the exercise of their trades, professions or industries the same rights as the nations of the most favored foreign country,庶经商、游历等亦须遵守条件,以免误会。

罗总长云:照英德条约条文,对于入口、居留系有条件的,一经准其入口、居留,则对于经商、营业系无条件的。我国政策,是否对于入口及入口以后之经商、营业,均须附有条件?

王次长云:事实上我国对于来者不拒,惟一经入口,则有种种之限制。

总长云:为防止日本单独禁止华工起见,故条文中所以用applicable to all foreigners 诸字样。

王次长云:日本对于禁止华工一层,尽可不必单定法律。盖事实上,华工在日,实无法生存也。

王公使云:日本对于华工往往不许登岸,径予送回。

罗总长云:此系国内法问题,如英国有禁止 undesirable 之法律。

总长云:鄙人现因事须暂时缺席,请诸君先行继续讨论。(总长离席)

总长(复出席)又云:关于第十二条所称本国待遇一层,鄙意拟将其删去,换言之,删去 Provided …一段。又 The above provision 一段,拟照一九一一年日英条约第二十一条第一句之措辞,另列一条,作为本约第十三条。此事想钱司长已经说明,诸君有无别种意见?(众无异议)

总长又云:本草案第十三条系关于禁止及限制进出口货问题,第十四条系关于船只国籍问题,第十五条系关于船只遭险问题,第十六条系关于水兵逃亡引渡问题,大致均与比约草案相仿佛。

钱事务主任云：第十七条，对比草案内多 preferential treatment in the matter of customs, tariffs by virtue of reciprocity agreements with a third party 一段，因日本曾要求互惠协定，故对日草案，特将此段删去。

总长云：我与日本是否订立互惠协定，现在尚未决定，本段不妨仍予加入，照比约作为第一节，而将本条第一节改作第二节，第二节改作第三节。

罗总长云：似可暂予加入，待日本提出质问时再定办法。

总长云：鄙意亦复如此。（众无异议）又第十八条同比草案第十八款，惟对比草案多 they further agree that any stipulation ...一段，鄙意以此段牵涉太大，故于本草案内特予删去。（众无异议）又第十九条系文字问题，第二十条系年限问题，均仿照比约。

钱事务主任云：关于互换期间，比约至迟以签字后一年以内为度，此则改为六个月，因中国与日本距离较近也。

总长云：有效时期，本约并未载明，留待日后由双方再行酌定，但此事日方主张，恐必情愿愈长愈妙。又第十条系关系关税事项，我以本问题现正在讨论，故草案内并未列入，惟将来提付日本时，可注明 Art. X(concerning customs tariff-text under discussion)较为省目。（众无异议）

总长又云：关于外国人土地法草案，上次本会开会时，同人曾一度交换意见，兹特请罗总长再为报告。

罗总长云：关于本草案经过情形，有应为诸君报告者如下：查我国现既要求各国抛弃治外法权，则各国将来必要求我国许予土地所有权，无待疑义；我国对于此种要求，自难拒绝。惟假令载在条约,定引起最惠国待遇问题,故当日同人等拟取一种国内法令之程式,承认外人购地之原则,此本草案所以订立之大概情形也。本草案第一条系含有一种限制性质,如"除其所属国在中国享有政治的或经济的不对等权利者外"一句,目的半在搪塞日本;如"但其所属国对中国人民或法人不许享有土地所有权者不在此例"一句,目的半在限制美国。第二条规定以命令指定,其办法仿照日本之用天皇敕令。第三条、第四条系手续问题。第五条名为巩固国防,而实乃防止俄国之移民政策及阴谋。第六条、第七条所以避受各国经济之压迫。第八条亦含有限制性质。第九条系规定让与问题。第十条系规定罚锾问题。第十一条系指第五至第七、第九及第十各条于所有权以外之土地上权利亦予准用。第十二条关于施行日期问题。至上次会议时,诸君所称之分期办法,初时鄙人亦曾想及,惟深恐我若分期办理,则各国对于治外法权亦将分期抛弃,故不如原则上承认外人购地之权,而于事实上再予以种种限制,较为得当。

王公使云:内地杂居问题,应先解决。盖必先杂居,然后乃能发生土地所有权问题也。

罗总长云:诚然。第一步为杂居问题,第二部为租界问题,第三步乃始及土地所有权问题。

钱事务主任云:最好关于杂居问题,亦拟一法令草案,多设条件,使事实上外人无法享受。

罗总长云:外人进口时即可予以限制,如护照,如identification,如 registration,如 license,均系限制方法。关于杂居问题,法界同人亦正在研究。

王公使云:各国教会在内地,事实上已有购地之权。

总长云：此次英国提案，乃独抛弃教会在内地购地之权。鄙意土地所有权问题，还请王公使担任研究。至杂居问题，待法权委员会研究一有结果后，望罗总长将报告检赐一份，以便提出本会讨论，总以从速为妙。（众无异议）

下午六时半散会。

条约研究会第二十六次常会会议录

一九二七年五月二十一日下午五时

列席人员：顾总长主席、罗总长、王次长、戴公使、王公使、刁公使、钱事务主任。

总长云：本日议事日程为内河及沿岸航行问题。查修约中关权、法权、航权三者最关重要，关权及法权本身均已讨论具有端倪，即与法权互有关系之土地所有权，上次开会时亦曾约略谈及。惟内地杂居一案，当日因罗总长称，法权会议目下正在研究，故本会决定待该会议研究得有结果，缮具报告后，然后以该项报告作为依据，再行商榷，因此至今迄未谈及。今日拟将航权问题，先为讨论。查国际通例，内河及沿岸航行，原系本国船只独享之权利，惟我国因条约关系，将此种权利断送于外人手中，已数十年。苟能设法收回，自属快事。交通部日前曾拟有说帖意见，司中业经装印成册，诸君谅已阅过。该说帖内容异常周详，且援引日本收回航权先例，措辞亦甚有根据。其第一条系声明主义，不过遵照各国通用之原则。（总长朗诵说帖第一条）诸君对之有何卓见？

王公使云：我国若严予限制，日本恐断难同意。现第三条第二节既有展限规定，该国或肯就范，亦未可知。

罗总长云：就事实上论，即令日本承认我国要求，三年之后，该国船舶在我国沿岸及内河航行者一律停驶，然以目下我国本国航业之不振，深恐经济上将因此反受莫大之打击。

总长云：第一条不过声明主义，尚可赞同；惟第二、第三两条，恐不无研究之处。

钱事务主任云：第二条亦系一种普通规定。

总长云：就我国论，外国船只，固可由广东装载货、客，驶至上海，在同一航期内，再由上海装载货、客，驶至天津；然就别国论，外国船只，恐不能于驶入一国此一口岸之后，再行折入彼一口岸，上货、卸货。

钱事务主任云：例如美国船只，开往法国，似可先至 Marseille，后至 Bordeaux，然后再行驶回本国。

总长云：恐未必然。据鄙人个人所得经验，英国船只之驶往美国者，或只可驶入纽约，或只可驶入金山，即须折回英国。总之，在同一航期之内，不能驶入一国一个以上之口岸。惟其所以如此，原因是否系因法律禁止，抑仅关于营业不甚发达之故，鄙人不甚明了。

钱事务主任云：诚然，诚然。英国船只固不能由纽约装货运至金山，然其由英国所装货物，固可先在纽约卸去一部，再在金山卸去一部；反言之，亦可先由金山装载一部运往英国之货物，再至纽约装运另一部运往英国之货物。此系国际通例，日本与各国所订条约，大半均有该项规定。

总长云：或者该船在纽约及在金山所卸之货物，均系来自英国之货物，即其在纽约及金山所装之货物，亦均系运往英国之货物，仍系一种国际贸易性质，并非国内贸易也。

罗总长云：鄙意沿岸航行及内河航行二者，不能相提并论。

惟不知当时我国何以将此种权利，竟行让与外人。

钱事务主任云：当时系因各国要求，我国乃命总税务司厘定《内河行轮章程》，咨行各省。后一九○三年中日改订商约时，日本将该项章程，列入条约之后，作为附件。

罗总长云：三年之后，我国本国航业之发达，能否供给我国运输上之需求，尚属疑问。本问题一方面牵涉主权问题，一方面牵涉经济问题，不能不详为考虑。

刁公使云：我若果能禁止外轮航行，则中国航业公司即可乘机而起。

王次长云：是时外轮或将悬挂中国国旗，改入中国国籍。

罗总长云：目下我国沿岸航行，如广东、福建、上海、天津航线；内河航行，如长江、珠江航线，无一不握于外人手中。以前尚有招商局船只与相抗衡，然近则招商局因种种关系，几已一落千丈。

总长云：鄙意可分别内河航行与沿岸航行二者。

戴公使云：诚然。若合二为一，范围未免太广。

罗总长云：譬如广东匪风甚炽，外轮较为安全，故我国本国航业之不振，治安问题亦系其中一绝大原因。

总长云：第三条可分别内河及沿岸二层，先行收回内河航权，至沿岸航权，因我国能力现在异常薄弱，只可将收回期限酌予延长。又日本收回航权时，是否以十二年为期？

钱事务主任云：日英条约系规定，在该约有效期间，许英人在日本仍得继续享有沿岸贸易之权。查该约有效时期为十二年，故不啻十二年内，仍许英人得继续享有此项权利也。

王公使云：若能将期限略为延长，日本或可赞同。

罗总长云：若只就收回内河航权论，二三年内容或可以办到。

王公使云：自铁路筑成以后，凡铁路到达地点，内河航业已远逊从前。

总长云：第一须分别内河航权与沿江及沿海航权；第二须分别收回期限，即对于内河航权应早日收回，对于沿江及沿海航权，时间不妨稍长。

刁公使云：鄙意对于日本，初时不妨声明我国决定于极短时间将航权一律收回，待日本不肯承认时，然后再为分别，以示退让。

王次长云：此事与政局至有关系，若政局不定，则虽定一极短时间，事实上仍将无法收回。

总长云：第三条第二节关于展限问题，应予删去。第一节应分别内河航权及沿江、沿海航权。

钱事务主任云：第三条"仍照本约订立时之现状"一句，系指现有船舶而言，故非经一番详细调查，无从查考。即交通部对于各国在华航业现状，亦不甚明了。

总长云：此皆因各国船只并不在交通部注册之故。又我国在允许日本继续享有内河及沿岸航权时期以内，可要求日本承认我国船舶在该国亦得享同样权利，以符相互之原则。

钱事务主任云：然则本条应重行单拟。

总长云：然。

钱事务主任云：第四条中日新约草案内已经列入。

总长云：关于第三条，现尚有一点，似可加入。查各国小轮，以前在内河行驶，往往毁坏堤岸，草案内可载明凡轮船在内河行驶者，应照章缴纳税捐。

王公使云：诚然，诚然。

总长云：说帖内下载各端，均系细目问题，可由司中详细研究。

钱事务主任云：查《内河行轮章程》，以前本由我国自行公布，一九〇三年中日改订商约时，日本乃将其列入商约之后，作为附件。

总长云：可依照上载意见，由司中另拟一草案，以便议到本问题时，有所根据。

钱事务主任云：以后我国拟将其作为一种自行公布之章程。

王公使云：我国对于德国船只，现在如何办理？

钱事务主任云：照交通部意见，本拟不许其享有在我国沿岸航行之权。

总长云：对于俄国船只，似无明文规定。

钱事务主任云：事实上俄国船只仍继续享有此种权利。

总长云：下星期六为端阳佳节，鄙意如无紧急问题，可暂行停会一次。（众无异议）

下午六时半散会。

条约研究会第二十七次常会会议录

一九二七年六月十日下午五时

列席人员：顾总长主席、罗总长、王次长、戴公使、王公使、刁公使、钱事务主任。

总长云：本日议事日程为内河及沿岸航行问题暨中墨修约问题。查内河及沿岸航行问题，交部所拟草案，上次已经提付讨论。现司中将交部草案，根据上次讨论结果，加以必要之修改，另拟草案一条，计共三节。第一节系声明原则。第二节即所谓甲国船只在同一航期内，得在乙国境内数个口岸，分部卸货，或分部装货。此二节大约无甚问题。第三节又分二段，第一段为内河航行，第二段为长江及沿岸航行。（总长朗诵第三节第一段）鄙意第一段末尾之"一年为期"一句，不如改作"于上述期内"，将其列入"依照前项办理"数字之后。因我国往往延期，如此规定，则日本在我国内河航行之权利，苟延长一日，我国在日本内河航行之权利，亦得随之延长一日也。第一段既已修改，则第二段末尾之"三年以内"一句，亦应同样改正，方为恰当，诸君以为如何？

王公使云：诚然，诚然。

总长云：我国境内河流，其有外轮航行、贸易者，恐不仅长江。

钱事务主任云：尚有广东之珠江。

罗总长云：及天津之白河。又松花江未知有无外轮航驶。

钱事务主任云：似并无外轮航驶。

总长云：现在有一困难问题，即长江沿岸商埠甚多，苟于极短时期之内，将航权收回，将来货物出入，定感不便。

钱事务主任云：届时可由中国船只代负转运之责。

总长云：苟只提长江，必致引起误会，以为对于其他河流，并无限制。鄙意不妨将第一段"中国内河航行"改为"中国境内江河航行"，而将第二段"中国沿岸及长江航行"一句之"及长江"数字删去，改为沿岸航行，何如？（众无异议）

总长又云：钱塘江是否有外轮航驶？

王公使云：钱塘江内并无外轮航驶。

总长云：珠江情形是否与白河相类似？

罗总长云：珠江水深，可航巨舰，外轮往来较白河尤多。

总长云：第一段内既有"但须遵守中国现行或将来关于航行所订定之法律、命令，并照章缴纳各项钞课税捐"数句，第二段内似可加入同样规定，方为恰当。（众无异议）

总长又云：本日应行讨论之第二问题，为中墨修约案，兹请钱司长将经过情形，约略报告。

钱事务主任云：中墨修约问题，发动于民国九年。当时墨政府因欲禁止华工，拟将一八九九年旧约予以废止，经与迭次交涉，于十年九月由驻墨王公使与订中墨协定换文，自行限制华工入墨，并声明现约效力，展至正式修约之日为止。旋由部拟定新约草案，函送王公使提交墨外部。十二年七月，准驻墨使馆函送墨外部答案到部。当以内中各项规定，多有为我实难同意之处，乃复由部拟定修正约稿，函送驻墨岳公使，于十五年九月十四日向墨外部提出。同月三十日，准墨外部照开，中墨商约换文无法律效力，为解决此项特殊状况起见，依照原约第十九条正式声明废止该约，换文随之取消，通告应于一年后发生效力等因。旋又准岳公使函送三月五日墨外部答复我国提案照会前来，内中对于该国答案所载各点，仍多力予维持，如禁工办法，不但将其照旧列入正约之内，而且加以种种严厉之条件，含有歧视华侨之意义。依照中墨协定，"在墨西哥禁止外国工人入境期内，两缔约国各禁止其本国工人入他缔约国境内"，而此则改为"缔约两国鉴于各本国经济之状况，协定此国在必要时，得禁止彼国居于劳动阶级之人民入境"。依照中墨协定，"携有资本在墨金五百元以上者，不在限制之例"，而此则改为"必须挟有墨金一千元以上，并应在驻在国政府指定之局所放寄，历六个月"。依照中墨协定，"凡专为受雇从事手工及并无资本、仅恃臂力之收入为生者，应以工论"，而此则改为"此国人民入彼国境内，专为受雇，不问暂时或永久性质，及小本营业之商家、实业家，均以工论"。依照中墨协定，"两缔约国人民业经准入他一缔约国境内，暂时离去者，须领有护照，有效期间定为二年"，而此则改为"移民凭照一年为期，一次有效"。他如第七条之加入"指使"字样；第八条之采用 immigration schedule 二字；第十三条之声明对于侨民因内乱所受损失，政府不负赔偿；第四条之规定"此国所定无论何种税则，不能视为妨害彼国利益"；第十五条改作"死者遗产均照所在地法律办理"。凡此种种，在我皆断难承认。现墨既主张中墨现约及十年协定，至本年九月三十日均应失效，是为期距今不过三月。设遵照墨国提案，与订新约，侨民必至大哗；否，若欲令该国从我主张，往返磋商，费时必久，一至期满，新约尚未成立，旧约已归废弃，侨众必将更失保护。故今日所当讨论者，为我国对墨,是否应与订约。换言之,订约与不订约,孰利孰弊?

王公使云:查中墨临时办法,订于民国十年。是时鄙人持节彼邦,躬逢其会,旋奉命向墨政府提出新约草案。十二年间,准墨政府函送答复草案前来,内中各项规定,与我国希望距离甚远。详细情形,顷间钱司长已经报告,鄙人不复赘述。当时以墨国政争甚力,中枢主持乏人,且中墨协定甫经订定,我国侨民保障俱在,故对于订立新约,进行并未十分积极。现在情形已经大变,墨西哥政府业已渐就巩固,而中墨条约及十年协定,墨外部又宣告废止,故缔结新约,似急不容缓,甚为明显。盖以前可以观望,而现在则业处于不能再行观望之地位也。窃以订立中墨新约,其应行注意者,约有数端,即:(一)对于未去之侨民,应如何商订入境条款;(二)对于在墨之侨民,应如何设法保护;(三)对于侨民损失悬案已议结未偿及尚未议结者,应如何结束。以上三点,当中墨二国开始订约会商之时,我国即抱定将其作为磋议新约之宗旨,至今迄未改变。而以第二点,即对于在墨侨民应如何保护一层,尤关重要。良以未去之侨民,墨既禁止入境,事实上不能再去。惟在墨之侨民受种种之苦痛,保护一事,为政府者,实责无旁贷。而保护之方,无非设法令其与各国侨民得享同等之待遇。设此种目的果能达到,自属甚善。如新约不能达到此项目的,其成立恐不能不因之迟延也。他若关税问题,鄙意以为比较的无大轻重。我国运往墨国之商品,为数甚属寥寥。我侨民之旅墨业商者,亦无非售运别国之货物。即入墨商人至少须携有资本墨金一千元之规定而论,此种限制,就鄙人之所知,尚不能目为十分严酷。所最为严酷者,应存放于政府指定机关,历六个月之一句耳。盖不若此,则此一千元得随时活动,先后可供给无数侨民入墨之需用。以前情形,即复如此。目下外间对于中央之不任墨国单独废约,颇有微言,以为我正可乘此时机,订立新约,无论如何,其结果定能胜于旧约。该项论调,实不明内中真相者。

总长云:我国之不任墨废约,与各国之不任我废约,适成一正比例。

王公使云:移民办法,最好与商约分别办理。盖我今日若任墨西哥,将移民条款,载入正约之内,则日后南美其他各国与我订约时,必将群起效尤。现在华人事实上既不能赴墨,莫若先订商约,移民条款暂行缓订。

钱事务主任云:墨国恐未必肯予承认。

王公使云:墨政府亦深知现在我国所最为注意者,为保护既已前往之侨民。鄙意对于关税一层,似可略为放松,一方面训令使馆从速进行缔结新约,一方面在侨民中亦不能不有相当之宣传,将内中真相,予以揭出。

总长云:若旧约有效时间已经终了,而新约尚未成立,侨民恐不免陷于危险地位。故鄙意在相当程度之下,还以速订新约为是。

王公使云:如无条约保障,则墨之对付华侨必有种种奇例,故订立新约,实急不容缓,而目光尤宜注重于保护在墨之侨民。

总长云:还以从速订立新约为是。对于未去者自动的阻其前去;而对于欲去者,所加种种之限制,亦须略为冠冕。昔日本之与美国即订有 Gentlemen Agreement,自行限制工人赴美。

钱事务主任云:现美国已通过新法令,将该协定予以取消,虽经日驻使竭力争辩,但终归无效。

总长云:将来订立新约时,须注重保护已往诸侨民,不宜令其受歧视之待遇,或要求一种最惠国待遇亦可。

王公使云：恐墨政府不肯承认。又墨案第四条"aliens 外人"二字，意义甚为含混。其系指一般外人而言耶？抑仅指华人而言耶？

钱事务主任云：可于"aliens 外人"二字之上，加"一般"二字all，以防流弊。

王公使云：墨国在华商务、侨民甚为寥寥，故关税及领事裁判权二者，尚属次要问题。

钱事务主任云：关于年限一层，我国主张必须新约成立，旧约始可废弃，理由似欠充足。惟侨民遗产，依照墨案，无论动产与不动产均应照所在地法律办理，此事似难承认。

王公使云：损失赔偿问题，目光应注重于清理旧时悬案，似可另案交涉，不必列为条款。

罗总长云：革命损失赔偿一层，为图便利以后我国对于各国起见，中国之新约内是否应予加入，似尚待考虑，且国际间并无此种先例，惟以前未清之案，自然不在此例。

总长云：然则可根据本日讨论情形，速电岳公使设法进行。

钱事务主任云：然。

下午六时半散会。

条约研究会第二十八次常会会议录

一九二七年七月十九日下午六时

列席人员：顾会长主席、王总长、罗总长、吴次长、戴公使、王公使、刘公使、刁公使、钱事务主任。

顾会长云：关于中法修约一案，本年四月五日法国曾第二次提出草案，外部以此种草案，断难承认，当于四月廿三日提出对案一件。现法国对于该项对案，未能满意，特于本月四日来文说明。今日王总长欲研究法国来文，究应如何答复，司中曾拟有节略，诸君谅已看过。

钱事务主任云：现有一事应略为报告，即中法修约期间，算至本月六日，又已届满，当日部中曾询问法馆是否接有训令，法馆称业已接有政府训令，中国如欲再行延期，法国亦可承认，惟须表示让步，否则法国不惮决裂 notre avantage c'est la rupture。

顾会长云：法国既已预备决裂，我国是否亦应取一种毅然决然之态度，以为应付？

王总长云：今日所应讨论者，为我国对于法国是否亦应取一种毅然决然之态度？抑或将其来文，先行据理驳复？

顾会长云：二者之间，孰利孰弊，应详为审核。

王公使云：我若与法国取同一毅然决然之态度，则侨民、货物将两受影响。至于法国,至多不过不能继续享有减税权利。盖此事彼实有恃无恐,而我则毫无对付之方也。

王总长云:我若取毅然决然之态度,则在印度支那之侨民、货物将两失其保障。法国对于我国旅居印度支那之侨民及运往该处之货物,将更订立种种苛刻之条件。

王公使云:鄙意还以继续磋商,较为得计。如或决裂,在我实弊多利少。

顾会长云:法国实有恃而无恐。盖法国不难在印度支那对于我国取一种闭关之政策,任意取缔我国侨民、货物,我国将立即受累无穷也。

罗总长云:即使中央取毅然决然之态度,然滇边是否能一致行动,尚属疑问,事实上法国不难与我以种种不便利之处。此事诚如王公使所言,还以继续磋议,较为善策。

王总长云:云南对于废止减税制度,实极端赞成。

罗总长云:惟废约后,若法国政府取一种之态度,云南与印度支那经济上关系最为复杂,所受影响,自必独多,将来迫于利害,能否与中央一致行动,实难逆料。

钱事务主任云:若严格就法律上立论,我国对于中越商约自去年八月七日起,即已宣告失效,现在不过在展限期间已耳。

罗总长云:惟法国复照,似只承认修改。

王总长云:鄙意除继续磋议外,似别无他法。

顾会长云:现在法国反不愿再行延期。

罗总长云:诚如王公使所云,彼实有恃无恐。

王总长云:现在华侨中颇有盛唱高调,不顾事实者,余恐一旦设果废约,法国将欢迎之不暇,而彼辈定首受其影响。

罗总长云：中法条约我国所处地位，正与中比条约比国所处地位，成一正比例。去年比国态度初时非不异常强硬，然卒因本国侨民利害关系，终归屈服。盖不仅系理论问题，且当兼顾事实也。

顾会长云：诸位对于此事，尚有别项意见发表否？

王总长云：此事大致只可将法国来文，先予按理逐条驳复。又中日修约一案，我国以第一次展限期间，业已届满，曾于本月二十日备具节略，再予展限三个月。顷日代办来部，对于此事表示赞同。鄙人当即声明，中国政府极愿从速再行开议。日代办称，如中国能尊重日本以前主张，开议一节，日本未始不可承认。当答以现在中国外交当轴虽已易人，然关于修约一事，所守之方针，迄未少变，广义的无条件最惠国条款实难承认。且我国现与修约之各国，不只日本，部中曾特设条约研究会，凡修约问题，均取决于该会，并非外交当轴一人之主张。最后日代办论及我国以前提出列入会议录内之条款，以为 tariff rates 二字范围未免太狭，如能改作 matters，日本可赞同继续开议。当答以 rates 一字范围固属太狭，然 matters 一字范围似近于过广。

顾会长云：Matters 一字范围，诚如王总长所言未免太广，或则改为 matters relating to custom duties，何如？否则取一折中办法，将日方之 matters 一字与我方之 tariff rates 二字，一并保存，作为 on matters relating to the tariff rates，亦无不可。

王总长云：日方以为如关税行政各事项，绝非 rates 一字所能予以包括。

顾会长云：或用 customs tariff 二字亦可。

王总长云：又日斯巴尼亚修约问题，日使曾声明希望我国对于最惠国条款有所表示。当经答以此事歉难照办，现在中国正与开修约会议者,不只日斯巴尼亚一国,中国若于议约之前,先行允许日斯巴尼亚以最惠国条款,则其他各国均将提出同样要求,中国势难拒绝,又何修约之足云;且该问题性质异常复杂,例如日本,中国与日本开会已十有九次,主要问题,无非最惠国条款,但至今迄未解决,所以外交部对于此事异常慎重,总之中国政府对于日斯巴尼亚绝无歧视之用意 discrimination,此层尽可放心。日使个人似已谅解,认为满意。最近接宋代办来电,云日政府对于我国本月十四日照会,正在考量。

顾会长云:我国所接日斯巴尼亚政府来文,就较近者言,是否以五月廿八日照会最为详密?

钱事务主任云:然。惟七月一日日斯巴尼亚驻京使馆亦有一节略递至本部,内容无非要求我国对于最惠国条款先有表示。

戴公使云:对日废约,我国实处于有利地位。

王公使云:我国在日斯巴尼亚侨民不知究有若干?

刘公使云:至多不过百余人左右。

戴公使云:且强半系道过该国,并非常川居留之人。

钱事务主任云:日斯巴尼亚方面曾探询:(一)至本年八月十日,我国是否毅然废约? (二)本年八月十日以后,该国在中国侨民犯罪者是否仍交领事审理? (三)上海会审公堂是否能顺从中央命令? 当经答以:(一)关于废约一节,日斯巴尼亚如肯开议,尽有从长讨论余地;(二)关于侨民审理一节,完全系乎中日现约是否继续有效;(三)关于上海会审公堂一节,上海会审公堂虽不在中央管辖范围,然目下南北对外方针,暗相吻合,中央所定办法,上海谅必遵从。日方称当电本国请示。又收回治外法权问题,日使谓该国务正商人,必不反对,所可虑者,现在上海有多数日侨专赖开设戏院谋生者,彼辈对于此事,定不赞同。

刘公使云:废约时期,我国主张八月十日,日国主张十一月十日,此中大有问题。

顾会长云:我国主张八月十日,业已退让三个月。

刘公使云:日来文对于此点曾否提及?

钱事务主任云:五月廿八日,日来文中曾称此事无关重要,我方即认此为日赞同我国主张之表证。

罗总长云:废约有法律问题,有利害问题。对日废约,于我并不见有若何不利之处。

顾会长云:日斯巴尼亚若允许于八月十日以前开议,则我方不妨表示承认,以双方同意之形式,与订临时办法。

罗总长云:鄙意亦复如此。

顾会长云:对日临时办法,内容可与对比临时办法,大略相同,惟事前可先行征求该国同意,不用单方面宣布之手续,庶面子上较为好看。

刘公使云:日斯巴尼亚最注意颜面问题,我国此番用意,可先向其略为表露。

王总长云:日使谓渠曾将中奥条约邮寄回国,日政府认中奥条约中各项规定,尚有不十分平等者,该国以后若与中国订约,则约内条款,当较中奥条约更为平等。

刘公使云:可否再去一照会,说明利弊。

王总长云:日使谓彼个人已完全谅解,竭力主张开议。

刘公使云:鄙意可再去一照会,以便日使向本国政府说话时,较有依据。

顾会长云:照会中可微露修改不平等条约,系我国根本方针,如至八月十日尚未开议,则我国将有相当表示。

钱事务主任云:日使对于修约一事,异常乐观,以为只须该国政府承认开议,则二个月后,新约即可告厥成功。

王公使云:日政府对于最惠国条款,恐必先看日本究取何种方针。

刘公使云:似可告以新约拟照中比新约草案办理。

顾会长云:不妨约略表示如至八月十日两国尚未开议,则我国当有相当表示。又今日应行讨论者,尚有和约问题。

钱事务主任云:一八六四年中日条约系规定各以本国文字为准,该约依照中文约文,应于本年五月十日期满;依照日文约文,应于本年十一月十日期满。双方主张,各有相当理由。事实上,就我国方面论,究应认五月十日为现约届满时期?抑应认十一月十日为现约届满时期?抑或我国日前所提折衷办法,认八月十日为现约届满时期?

王总长云:我国日前之承认以八月十日为现约届满时期,已退让三个月。

罗总长云:倘若不允许于八月十日以前开议,则我国自可严格的根据法律说话,依照中文约文解释,以五月十日为现约届满时期。

顾会长云:可约略流露我国之所以退让三个月者,不过完全一种对日好意之表示。

钱事务主任云:废弃和兰领约问题,发生已久。当该约五年届满之时,和属侨民团体即群起请愿,要求修改。本部鉴侨民之苦痛,于民国九年照会和使,提议改约,并主张废止换文。十年二月准和使复文,拒绝本部提议,而表示废约则听我自便之意。

其实和兰领约本身非不平等,内中条文与彼时和国与各国所定领约,大致相同,惟换文规定关于国籍问题,从其法律解释,于我颇为不利,因此侨民反对甚力。现在取消领约,似非难能,但领约取消之后,和国法律依然存在,而我国在该处所设领馆,反失其根据,于侨民并无何种利益。鄙意欲先行修改商约,声明同时并行属地,另于商约内加入设领条款,则领约庶可取消,而不失我保侨之道。惟据六月十五日李登辉致顾总长函,似以和兰属地中国领事之存在与否,与保护和兰属地中国侨民毫无关系,其用意似亦侧重于先行废弃领约。现在南方已将该约宣告失效,今日本会所应讨论者,为是否应先改商约,后废领约;抑径废领约,不问商约。

顾会长云:领约本身非不平等,惟病在换文。

王总长云:侨民所希望者系平等待遇,但取消领约,仍不能达此目的。

顾会长云:根本问题仍在商约,领约取消,而商约依然存在,则问题仍难解决。

罗总长云:李登辉谓 the principal cause lies in the dual law exiting in the present judicial system which places the Chinese + other Orientals not enjoying equivalent treaty privileges on the same footing of inferiority as the Occidental subject race,可见与领约无关。

顾会长云:李登辉既称无对等条约之东方民族,可见病源仍在商约。

钱事务主任云:查中和订立领约之议,始于前清末叶。光绪廿七年,吕海寰曾奏请设领,和政府初则坚拒,继则延宕。至陆子钦公使使和之时,和国始允俟其属地民籍法通过国会之后,再行开议；又以我国承认关于国籍问题从其法律解决，作为条件，方肯签约。可见当日和国之承认订立中和领约，并非出诸本愿。

王总长云：现在我国所抱方针，系在于修改不平等条约。中和商约苟一旦不予修改，即废弃领约，于我侨民仍无若何巨大利益。先单独废止领约，和兰政府实无任欢迎。

顾会长云：可提议将领约换文先予取消，如彼不承认，再行提议修改商约。新约中应采用平等相互主义，则领约不废自废。

王总长云：无论如何，总应有所表示，否则华侨及各言论机关将群起责言。

王公使云：现在所自命为华侨代表者，是否系真正和属各大侨商之代表，恐尚属疑问。

王总长云：晤见各代表时，可将上述情形详为说明。

罗总长云：中和商约中既有"各国税则届重修年份，和国亦一体办理"一句，我若欲与和国修改商约，即可根据此句说话。

顾会长云：修改商约一层，和国恐不致十分反对。犹忆二三月前，和方曾表示若在修约期间，我国允许该国得享广泛的最惠国待遇，则该国可自动的提议修改。

吴次长云：鄙人迭次晤见驻京和使时，彼以屡以和国情愿与中国修改一切条约 la revision de tout le traités 为言。

钱事务主任云：关于对日修约中法权问题，日本似欲以取得内地杂居，为放弃法权之交换条件。我方以若欲谈及内地杂居一节，必须日本现行放弃租界、附属地及租借地。日本以租借地系另一问题，若提及租借地未免牵涉太广。

顾会长云：法权讨论会对于内地杂居问题，非曾拟有说帖耳？

钱事务主任云：法权讨论会曾拟有说帖一件，但据云仍系草案,非最后定稿。

顾会长云：不妨俟以后开会时,提付研究。

下午七时半散会。

条约研究会第二十九次常会会议录

一九二七年八月五日下午六时

列席人员：王总长主席、吴次长、戴公使、王公使、刁公使、钱事务主任。

王总长云：今日顾总理、罗总长均因事声明缺席，刘公使恐亦不能莅会。兹有应行报告者，即关于中国、日斯巴尼亚修约一案。日前日使来部，面交节略一件，内容共分三端：（一）中国政府只能将现约中关于税则及通商各款宣告废止；（二）日斯巴尼亚政府情愿按照该国屡次照会所提原则，进行修约，惟以中国现状，新约只可取过渡性质，先在现时平静及不久即可复归平静各地方与夫新式法庭能行使职务各地方，次第施行；（三）日斯巴尼亚所处地位不仅不能较劣于现时与中国正在磋订新约之各国，且不能较劣于以后修约及以后再磋定现约之各国，换言之，即应享有最惠国待遇。日使声明希望照以上三点，作为修约基础 basis，并称该国政府决定于八月十日以前与中国开始修约会议，届时极愿中国政府提出新约草案，俾得从长讨论。当经答以节略容研究后，再行答复，至从速提出新约草案一层，本部或可照办。又现约失效时期，照约内中文条文推算，原系本年五月十日，惟嗣后我国为表示对日友谊起见，曾延长三个月，改为八月十日，日使对之迄无明晰表示。

现司中对于日国节略,拟有对案,其第一条系对日国节略第一条而言,惟日国节略第一条主张只可废止现约税则及通商各款,而此则将该约全部宣布失效;第二条系声明此缔约国人民在彼缔约国境内,关于航行、关税事项,不得享受歧异待遇;第三条系规定两国外交及领事官员,至中日新约成立日止,适用最惠国待遇,新约须于现约期满后六个月内订定;第四条系载明临时办法经双方同意,得予延长。鄙意第三条六个月时间未免过长,可改为三个月。此事关系异常重大,诸君有何卓见?

刁公使云:第四条似可删去,临时另订办法。

钱事务主任云:本条用意无非对日格外表示好意,俾易于就范,好在载明须经两国双方同意,方得延长,内中尽有伸缩余地,盖届时我国不妨拒绝同意也。

王总长云:日使个人意见,对于成立新约一层,似甚急急。惟观该国政府历来所持态度,恐未必然。

王公使云:第三条所载之六个月时间,似觉稍长,可改作三个月。至第四条无非对日表示一种特别之保证 assurance。

吴次长云:日使既有急急订成新约之心,在我自可乘此时机而利用之。

王总长云:就以往经验而言,一最惠国条款问题,日政府不惮往返磋商,历若干时日而不倦,即其最近所提节略第三条中,尚变相的将该问题再行反复声辩,观此,诚恐新约进行,断难十分顺利,一如噶使目下所预料。即令噶使热心并不少懈,然该国政府一经接到我国草案之后,态度定必改变,良以日政府对于最惠国条款,最为重视。鄙人日前不过向噶使声明,中国政府不能使日国人民较他国人民受歧异之待遇,谅噶使嗣后定将此言变本加厉,报告政府,故其政府遂承认在八月十日以前,与我国开始订约会议也。

王公使云:观噶使之态度,目的不过以新约业经开议,并订有过渡办法,则彼一部分之责任已尽,成功与否另一问题。

吴次长云:对案第三条六个月时间太长,可改三个月。又第四条目的无非在于顾全日国之颜面。

王总长云:对案第一条无问题。

钱事务主任云:对案第二条关于航行及关税事项,现约中系取片面形式,此则改为双方性质。第三条亦复如此。

王总长云:八号开幕时,拟先提出临时办法,其全部草案,缓日再提。

王公使云:设新约果能如噶使所言,日国政府对于我国提议毅然承诺,则其必能促进两国邦交,定非浅鲜,当然为全国所欢迎。

王总长云:证诸以往情形,该国政府态度恐未必然。观其节略第三条,不仅主张该国所处地位不能较劣于现时与中国正在商订新约之各国,且不能较劣于以后修约及以后再确定现约之各国,则其所抱政策已可窥见一斑。换言之,该国对于广义的及无条件的最惠国条款,仍未肯轻予放弃也。

钱事务主任云: on the actual ones confined 此层用意至深且远。

吴次长云:对案第三条 leur sera applicable jusqu'à l'entrée en vigueur du nouveau traité 一句亦微有流弊,可改为 valable jusqu'à la conclusion du nouveau traité qui est fixer a tree date。

王总长云:可将字句稍为改动。又新约草案第二十条所以另行载明开始有效日期,并不遵照通常惯例,规定自互换后开始有效者,亦所以防日政府对于互换批准一层,无期延长也。

吴次长云：此事事前应严守秘密。

王总长云：然则对案第三条中文"实行"二字，可改为"成立"二字，法文亦应同样改正。

钱事务主任云：可将 l'entrée en vigueur 改为 jusqu'à la conclusion。

王总长云：又司中已拟有中日新约草案一件。

钱事务主任云：中日草案系完全按照中比草案草拟，因以前顾总长主张我国对修约各国所提草案，除对方有特别情形者外，最好能大致相同。良以此种草案，一经提出，关系各国间必有一番接洽，苟不若此，恐反与以彼辈以有隙可乘也。

王总长云：最好请王公使、戴公使、刁公使将该草案先行详细研究，以便下次顾总理莅会时，再予提出讨论。（众无异议）

王总长又云：关于中国、日本修约中之关税事项，日本已承认我国修改字样，换言之，即承认改为 on matters relating to custom tariff。惟对于开议一节，堀代使表示芳泽仍欲自当其冲，不过中国若希望日内开一度会议，则渠亦可代理出席云云。现在芳泽不久即将回京，嗣后应首先提出与日方相讨论者，究系何项问题？

钱事务主任云：以前顾总长以为我方亦应提出一种问题，务使日本政府难于答复。不过目下我若提法权问题，则日本必牵涉内地杂居问题，以为抵制。

王总长云：观田中近来所取政策，异常强硬。我若提起法权问题，则内地杂居及开埠各问题必随之而来，鄙意还以暂时不必深入为是。

王公使云：此次芳泽归来，必有相当意见发表。

王总长云：芳泽之不径行北上，先赴南方，名为解决加税问题，然内幕恐不止此。

钱事务主任云：先提航行问题，何如？

王总长云：日本外交异常周密，应付甚为困难，况对华外交尤为彼国当轴所注意。自田中内阁成立以后，日要人来华者不知凡几，名为游历，其孰信之。

钱事务主任云：法权问题，郑天锡与日本委员已开过三次会议。

王总长云：鄙人犹忆王副会长曾云，以我国现在工商业之不发达，所谓平等条约云者，其结果之不利于我国，恐反较不平等条约为尤甚，此言诚然。

王公使云：日本与墨西哥所订条约非不双方对等，然结果日本独收其利。

王总长云：鄙人日前曾对日代使表示，最惠国条款之存在，殆为世界各国间商约之通例，今中国与各国议定新约，恐亦难免，我国旧约因此项条款，受损匪鲜，固属事实，然此非最惠国条款本身之害，乃因其解释及范围适用等，漫无限制所致。若就我国现情而论，关税上互惠协定之弊害，恐甚于最惠国条款，国人不察，力诋最惠而赞成互惠，是惑于"互惠"之"互"字，而昧于最惠国条款之适用也。总之，日本外交手腕周密，实不易于应付，此事惟有待芳泽来时再谈可耳。

七时散会。

条约研究会第三十次常会会议录

一九二七年八月十二日下午六时

列席人员：顾会长主席、王总长、罗总长、吴次长、戴公使、王公使、钱事务主任。

顾会长云：最近日斯巴尼亚修约经过情形，可否请王总长约略报告？

王总长云：中国、日斯巴尼亚修约会议，已于本月八日正式开幕。鄙人当将我国所拟临时办法提出。日使接阅之后，声明依照该国政府意见，中日现约第二十三条只规定商务条款可以废止。至废止日期双方看法不同，中国方面主张以五月十日为满期，日国方面主张以十一月十日为满期，最后中国方面提出折中办法，以八月十日为满期。现日国政府希望中国政府承认日国主张，勿于此时用明令展长时期，迄至十一月十日，新约如尚未成立，然后再行约定，或将现约予以延长，或采取一种临时办法。例如中国政府届时不妨以总统命令，将现约有效时期展限三个月，如此，庶有六个月之期间，可以磋商新约。当经鄙人答以中国政府之承认以八月十日为现约期满日期，实系动于一种调和之精神，对于日政府已表示让步。兹中国政府为再表证其对日友谊起见，允许自八月十日起，将现约再予延期三个月，并拟不日提出新草案，以便双方从长讨论。日使赞同。

顾会长云：新约草案上次本会开会时，曾否已经提出讨论？

王总长云：并未提出讨论，惟内中除第二十条外，其余各款，与我国对比国所提草案，大致相同。

顾会长云：若然，现在可将新约草案，先行提付审核。（众无异议）

顾会长云：第一条措辞甚为得体，是否与中比新约草案第一条相同？

钱事务主任云：然。

顾会长云：此条谅诸君并无异议。（众无异议）又第二条系规定通使、设领问题，措辞亦与中比新约草案第二条，大致相同。

钱事务主任云：然。

顾会长云：此条比诸现约中之规定，已大有进步，如领事证书无论何时均可收回，如经营商业人民只得任为名誉领事官员，均为现约中之所无，诸君对之谅亦无何种异议。（众无异议）又第三条系法权问题，较为重要，曾经过法权讨论会详细之研究。

罗总长云：此条亦与中比新约草案所载者，大致相同。

钱事务主任云：然。

顾会长云：第四条规定护照签证办法，此系各国通例。第五条规定保护两国人民财产、生命问题，惟第二节"惟以他国人民所能游历、居留及经营工商业之处为限"一句，微带有限制性质。

王总长云：又当日日使提议，为免去将来解释上发生争执起见，嗣后重要文件，均以第三国文字草拟，即以该第三国文字为凭，鄙人当表赞同。

罗总长云：新约内既经声明，以完全平等原则为订约之主旨，而本条乃忽规定"惟以他国人民所能游历、居留及经营工商业之处为限",是事实上不啻等于规定"日国国境对于中国人民应全部开放,中国国境对于日国人民只能局部开放"。此种片面条文,日国政府恐未必肯予承认。

顾会长云:中国—日本新约草案中,是否亦如此规定?

钱事务主任云:然。盖我国目前事实上既不能开放内地,只可如此办法。

罗总长云:第六条"准许居留及经营工商业各地方"一句,亦含有限制之意义。

顾会长云:诚然,诚然。又第七条所载各项规定,亦系各国通例,其所指捐派,系言与兵役有关之捐派,与普通纳税不同。

王公使云:系指代替服役之捐派。

顾会长云:在南美各国,往往发生上载各项情事。

罗总长云:第八条系指工人待遇而言,但目下日斯巴尼亚国内恐并无我国工人,我国国内恐亦无日斯巴尼亚工人,此条事实上等于赘文。

顾会长云:中比新约草案中,是否有同样之规定?

钱事务主任云:然。

王总长云:鄙意不妨任其加入,以备万一。

顾会长云:日斯巴尼亚属地境内容有我国工人散处其间,此条似可任其存在。(众无异议)

顾会长又云:第九条系关于遗产管理问题,即领事得代表继承人管理财物、解决遗产。查华侨在古巴及小吕宋一带者,往往因处置遗产,发生问题,故本条用意甚为完善,诸位对之谅无异议。又第十系关税问题,措辞与中比新约草案中,大致相同,盖所以尊重各国关税自主之原则。第十一条系取缔私运问题。第十二条系航行问题。第十二条又分二节,第一节指国际航行,第二节指沿岸及内河航行。

罗总长云:日斯巴尼亚在中国似并无航业可言。

钱事务主任云:日斯巴尼亚领事往往出卖国籍证书,难保无他国公司、船只改用日国国籍者。

顾会长云:第十三条系指禁令问题,查各国对于华货往往借辞取缔,今加入本条,庶可使我国货物运往各国者,不致受歧异待遇。对日本草案中,是否亦有同样规定?

钱事务主任云:然。本草案除第二十条外,其余各条均参照中比、中日两草约草拟。

王总长云:本草案其余各条,均照中比、中日草案草拟。该二草案以前业经本会通过。

顾会长云:第十四条指船舶国籍问题,第十五条指救护船舶遇险问题,第十六条指船员逃亡问题,诸君对之谅无异议。(众无异议)

顾会长又云:第十七条指本约之例外,系取法于日本与各国所订条约条文。

钱事务主任云:然。

顾会长云:第十八条中我国政府之希望,不但在于取消中日现行商约内不平等之条款,且愿间接取消中日其他各约内不平等之条款,期望甚高。

王总长云:第十九条规定以英文为准,庶日后解释上不致发生与此次同样之争执。又第二十条与对比、对日(日本)两草案内之规定,微有出入,盖所以使日斯巴尼亚政府对于新约之实施,无法延宕也。

顾会长云：本条规定新约不必俟互换批准后方可施行。

钱事务主任云：本条系仿照一九二三年十一月十五日，义大利与日斯巴尼亚所订商约第十五条草拟，庶使日使无可反对。

顾会长云：用意甚为美备。

王总长云：日使异常乐观，现部中拟派王参事念劬与彼方随时交换意见。王参事与日使本有相当友谊，交涉自较易于着手。据日使云，中日会议不欲仿照比国办法，大事铺张，如设立分委员会等等，盖渠一人实有代表日政府之全权，正可由渠一人会商一切。惟鄙意日使所谓全权云者，谅亦有一定范围。因日使曾称约稿须邮寄回国，经该国经济调查会之签注及外部各重要人员之审核。若然，则所谓全权云者，非毫无限制，想仅指并不再设专门委员而言。目下事实上只可待日方复文到后，再筹应付。

王公使云：日政府一方面恐尚须静观其他各国对于修约一事，究取何种态度。

罗总长云：诚然。日政府恐正在静观各国对于此事之空气如何。

王总长云：鄙人当日为迎合日使之乐观态度起见，曾宣言中国政府承认自本年八月十日起，将现约有效时期再行延长三个月，希望在此期间以内，新约定能告厥成功。

顾会长云：关于比约一案，自本年三月间，我国提出草案之后，比国至今是否尚无表示？

王总长云：以后此事进行恐亦异常棘手。忆日前比国会开会时，各议员因该国外交当轴在北京商订新约，曾提出诘问。比外相答以比国在华利益，陇海铁路首屈一指，陇海铁路既尚在北方手中,则比国自不能置北京政府而不顾。近数月来,我国情形业经大变,陇海线已完全归入南方范围。比外相若仍继续与北方交涉,恐无以自圆其说。

钱事务主任云：现拟设法向比方一催,看其如何答复。

王总长云：中日修约问题,只可待日方对于我国草案详细审核答复过部后,再筹应付。

顾会长云：日方似渴望新约早日成立。

王总长云：日使谈话中对于此事固异常乐观,但细观本月二日日使所交节略,及本月八日开会时日使所持态度,前途尚异常渺茫。例如本月二日日使所交节略,其第三节不惟范围上包括甚广,且措辞亦异常斟酌。

罗总长云：即第二节亦含有一种限制之意义。

钱事务主任云：本月三日,我国答复节略中,曾称"日国节略所开各节,容开会时再行讨论",是目下我方尽有余暇,详筹应付。

罗总长云：日国节略第三节虽未明白规定最惠国条款,然实际上对于最惠国条款之精神,包括无余。

王总长云：日国来文用意至深且远,我国对之是否应有具体表示,抑应暂置不复？

顾会长云：若毫无表示,恐致发生误会,鄙意可于投送新约草案时,具一说帖,将我国主张约略再为说明。查日国节略第一节关系修改范围问题 scope；第二节关系实行范围问题；第三节关系最惠待遇问题,含有延长现约之意味。又临时办法,开会时曾否提出？

王总长云：临时办法开会时已经提出,现双方协定自本年八月十日起,将现约再行延长三个月。

钱事务主任云：又日节略第二节指定，新约只能先施行于中国境内之一部。此种主张，我国是否可以承认？

罗总长云：第二节… but the actual state of China does not permit the application of the said principles. Consequently …显含有一种局部施行之意味。

顾会长云：诚然，诚然。

罗总长云：我国自应要求新约一经订立，在中国全境一律有效。若日国坚不承认，惟有将现约径予废弃。

王总长云：现在拟分三步办法：第一步承认自八月十日起，将现约延长三个月，在此延长期间以内，设法促成新约；如新约不能告成，则第二步拟提出临时办法；临时办法又不能得彼方赞同，则〔第〕三步惟有宣告废约。

罗总长云：届时可再提一较为具体的临时办法，如彼方不予赞同，只可径行废约。

顾会长云：投送约稿时，不妨备文将我国主张，再为约略说明，并声明本约稿之草拟，实根据上述之精神，借以间接表示对于彼国节略内所载各节，歉难承认。又王总长开幕致词，从国际进步上立论，措词甚为得当。

王总长云：中日修约问题内最惠国条款之声明，现日方对于我国修正案即将 tariff matters 改为 matters relating to custom tariff 已表赞同，并承认如中国方面希望日内开一度形式上之会议，则堀代使亦可代理出席，惟正真谈判，仍应俟芳泽回京自当其冲。现张代办燕南甫自彼邦归来，可否请将该国最近情状，略为报告？

张代办云：中日修约一案自在北京开议以后，日报纸及当轴各要人对之均不肯轻易表示意见。惟第（一）最惠国条款，日方持之甚坚，以为日本与其他各国所订新约，莫不载有该项条文。殊不知最惠国条款之范围，在我国不止及于商务事项，而且包括法权等等，与他国情形迥不相同。第（二）互惠协定，日本亦颇为注意，惟以我国实业之幼稚，今欲与日本订立此项协定，实际上实毫无利益之可言。最近我国商人要求将丝绸列入互惠物品之列，但丝绸为奢侈货物，实为世界各国所公认，恐难得日本之许可。又现在宣传一时之东方会议，发动实由于政友会与宪政会政见之不同，而其最要目的，则在于研究实行日本对满蒙之政策。日本之在满蒙，拟采东印度公司办法，但用分权制度，以关东厅为行政中心，以南满铁路为经济中心，故满铁社长山本乃系政友会之干事，而副社长松冈亦为田中首相最亲信之人物。再取消治外法权一节，日本拟先从满洲入手，要求以内地杂居为交换条件。至交通问题，则吉长铁路最为该国所注意。

顾会长云：芳泽归来后，必有表示。

王总长云：日前芳泽本拟由沪赴汉，现已抛弃此种计划，折回大连。闻拟于本月十四日，在该处召集外务省政务次官森恪及驻奉领事吉田等，开一重要会议。将来芳泽回京之后，关于修约一案，我方究应提出何种问题？若提出法权，则日本必要求内地杂居以为交换条件，我方对之应取何种态度？诸君有何卓见？

顾会长云：将来继续开会时，我方究应提出何种问题，与相讨论？又关于最惠国条款之声明一条，此次旧事重提，是否由日方发动？

王总长云：日前堀代使来部，云关于此事，已奉有回训，并探问鄙人对于会议之意见。当经答以本国对于修约方针，并非外交当轴个人之意见；现在外交当轴虽已易人，但本国向来所抱政策，迄未少变。

顾会长云：现在有两种办法，一为先提出重要问题，如提出法权问题，看彼方取何种态度，换言之，以提案刺探彼方对于此事之意见；二为提出不甚重要问题，若彼方急于成立新约，则彼方将提出重要问题。

罗总长云：日本法律半重形式而轻精神，与我国相同之处，正复不少。故一提及法权问题，在日本谅不难于承认，而我反将自感困难。

王总长云：东方会议之结果，对满蒙取急进主义，对修约不过与我虚与委蛇。据各方面所传消息，日本之希望我国取消治外法权，反异常急迫，盖借此可取得内地杂居。顷间罗总长所云，甚为恰当。鄙人深恐此次芳泽归京后，其所急急者并不在于修约也。

罗总长云：日本与满蒙问题有切肤关系，而满蒙问题与内地杂居问题又互相连锁，扬子江流域现在究竟尚在英美势力范围之下。

王总长云：又法约第三次展限期间，不久即将届满，以后应付亦殊为棘手。因法国表示如我方不愿现约继续有效，尽可将其取消也。

罗总长云：谅此次芳泽归来，必先提出满蒙问题。

张代办云：日本曾宣言先行放弃东三省治外法权，以为后来者之标榜。鄙意我国一旦开放内地，则可惧者不在于欧美，而在于日本。因日本将利用此种机会，以实行其在中国殖民之计画也。

钱事务主任云：日本阴谋百出，例如该国之在北京本不能设立警署，然事实上乃大不然。不惟日本侨民之在北京者，应向东交民巷公使馆所立警察机关报名登记，即日妇之转嫁华人者，亦应同样办理。

吴次长云：奉天城内日本且公然立有警岗。

张代办云：日本对于满蒙问题，急谋解决。

罗总长云：日本对于修约问题，恐并不十分注意，因目下日本所最切切于心者，为取得东三省既得权一事。至长江流域，英美已着先鞭，该国定难与相争竞。况中日商约既载有最惠国条款，英美在长江流域所得之利益，日本自可援例要求也。

顾会长云：芳泽回京，双方继续开议时，该国必有表示。法权问题，关系太属重要，似宜另觅一次要问题，先与讨论。

王总长云：且看芳泽回京后发表何种意见，然后再徐图应付。

顾会长云：诚然，诚然。

下午七时三刻散会。

条约研究会第三十一次常会会议录

一九二七年八月二十六日下午六时

　　列席人员：王总长、沈总长、姚总长、戴公使、王公使、钱事务主任。

　　王总长云：顾会长业已出京，今日恐难莅会。现在拟请诸公讨论者，第一为中法修约问题。关于该问题经过情形，沈总长、姚总长初次到会，内中或有不甚接洽之处，请钱司长先为约略报告。

　　钱事务主任云：查一八八六年中法《越南通商章程》、一八八七年《续议商务专条》及一八九五年《商务专条附章》，照其约内之规定，至一九二六年八月七日，即民国十五年八月七日，为本届十年期满，可以修改之时。我国政府先期于同年二月四日照会法使，声明旧约一俟期满，即应失效，中国政府极愿根据平等相互原则，从速开始会商，缔结新约。初时，法使借口时间过促，且中国时局不定，提议将旧约再行延期一年。当经我严予驳复，并于八月三日呈准将各该约及附属来往照会，自期满日起，一律停止效力。同月六日，复接法使馆节略，内称依照约内条文，只可修改；中国若单独废弃，则将来两国间如或发生事变，中国应自负责任。我又再行据理驳复，并援引一八五八年及一八八五年中法条约，两国人民彼此侨居身家财产，应得安全保护之规定，深望法国政府不致有妨害二国睦谊及正式协定之举动；惟为表示对法友谊起见，声明中国已自动训令边关官吏，将减税办法自各该约终了之日起，再行延长两月。旋迭经磋议，双方始议定一九二七年一月四日，为两国举行商订新约第一次谈判之日期，并协定自开始谈判日起算，新约须于三个月内，予以完成；在会商订立新约期间，关于边关征税办法，事实上暂予维持现状。当由法使提出新约草案一件，内中关于减税办法、路矿特权仍保存旧约精神，凡我国所最为注意之点，若设领，若华侨待遇，若免除人头税、通行证，减轻护照费等，悉付缺如。本部以该项草案，与我国希望相距太远，当将我国主张修改各点，于迭次会议席上，逐一提出，详细说明。

沈总长云：减税云者，是否指陆路通商减税办法而言？

钱事务主任云：然。

钱事务主任又云：本年四月五日，法使又交来第二次草案一件，较第一次草案，更为变本加厉。不但关于边关税则各项之规定，意在保持减税权利及要求将来最惠待遇，与我国意见，悬殊过甚，而且将设领及华侨待遇、华货入越过境等项，一概付诸在六个月后，再事讨论。该项草案，本部认为断难容纳，当于四月廿三日去文声明，并将我国约稿提出。七月四日，准法使来文，以我国草案内中各项规定，多系中国片面利益，与平等原则，显相反背，深望中国政府再予审核。当经本部复行备具节略，将我国主张各点，重为说明。八月十八日，又准法使馆来文，对于我国八月五日节略内所载理由，仍认为不能满意。现本部拟再予驳复，业由司拟就节略一件，兹特将该节略草案，提付讨论。

沈总长云：法国自交来八月十八日节略之后，曾否尚有他项来文？

钱事务主任云：并无他项来文。

王总长云：九月六日为本次展限日期届满之时，距今只有十日，转瞬即至。

钱事务主任云：至修约期间，至本年四月六日本已届满，惟为促成新约起见，双方协定展期一个月。五月六日第一次展期已经届满，法使复请求再行展期二个月。本部以我国草案，甫于四月廿三日提出，法国对之自必有一番之研究，展期一节，事实上不能不予承认，当即去文允许。七月六日，第二次展期又已届满，双方复协定再行展期两个月，至九月六日为止。

王总长云：现在法国态度颇为强硬，曾表示如我方不愿现约继续有效，尽可将其取消。盖彼以我国在印度支那侨民甚多，万不肯出此一举，实有恃而无恐也。

沈总长云：若新约尚未成立，先将旧约予以取消，以后既无条约保障，法国对于我国侨民可自由取缔，于我殊多不利。

王总长云：诚然，诚然。所以我方只可取延宕政策。

沈总长云：八月十八日法国来文，除对于关税问题不愿让步外，内容无非谓我国草约只欲全自己利益？

王总长云：法国谓我国新约草案内容，只欲全自方利益。殊不知此次新约，系局部条约，专对印度支那而言，故关于我国在印度支那侨民所能享之待遇，载之独详。至法侨在华应有权利，自有中法普通商约，予以规定。彼中法普通商约，目下固仍依然有效也。

钱事务主任云：法人在华利益已有保障，无须于专对印度支那之新约中，再予提及。

王总长云：现约内各项规定，其足以为我国侨民保障之处者，比较的实复不少。今若于新约未成立前,径予废弃,则我国侨民将益失其依赖,于我殊为不利。故我方只能暂时延宕,断不可出毅然决然之态度。上次提议展限时,其主动且在我,而不在彼。惟不知目下印度支那我国侨民,究有若干?

钱事务主任云:约四十万。

王总长云:内中属于劳动阶级者,实居多数。

钱事务主任云:最近该处尚发生热烈的排华风潮。

姚总长云:在何处发生?

钱事务主任云:在海防发生。

沈总长云:七月四日法国来文,谓我国草案第三、第四两条,予我国以商业上莫大之利益。但细观其内容,大半亦系普通应有之规定,并无若何特殊之所在。法国来文又谓我国草案殊不平等,不能作为讨论新约之根据。

王总长云:以现在我国所处之地位,应付殊感困难。

戴公使云:取消现约,适所以害己利人。

沈总长云:我方不妨再行备文,表示我国视今年四月间本部所提新约草案,内中并无若何不甚平等之条款。

钱事务主任云:本月五日本部致法馆节略中,已说明中国对案,表面上所以似有片面性质者,无非因印度支那华侨将来之地位,悉视乎新约内容之若何;至法国在华侨民之利益、权利,若协定税则,若领事裁判权,则已有现行有效之其他各约,予以规定。

沈总长云:此次我国节略送出之后,若至九月六日法国仍无答复,究应如何办理? 此层不可不预先筹划。

王总长云:诸君有何卓见?

姚总长云:唯有再事拖延。

王总长云：诚恐舍此之外，别无他法。故此次我国节略之发与不发，与修约之进行，事实上并无若何巨大影响。

姚总长云：法国一面恐尚在静看我国政局之变化若何。

沈总长云：本届期满之后，在法国方面恐不致再行提出展限要求。

王总长云：即上次展限要求，亦由我方主动。

沈总长云：本问题颇觉难于应付。

戴公使云：废约与法国并无若何不利之处。

姚总长云：彼既愿取消现约，绝不肯再行提出展限要求。

钱事务主任云：上次修约期间届满之时，法使即谓已经奉到本国政府训令，谓法国利在决裂 notre avantage c'est la rupture，盖彼实有恃而无恐，在我所可赖以抵制者，不过取消边关减税办法，至多仅能使法人每年受数万元之损失已耳。

沈总长云：若然，即令将此次所拟节略送出，恐亦仍然毫无办法。如至九月六日，彼方尚未确实答复，我再要求展限，于我国颜面上似颇有关系。

钱事务主任云：现在距九月六日，为期不远，我不妨再迟几日，始将节略送去。庶至九月六日，可借口为使法国公使得有相当时期，将该节略寄回巴黎请训起见，我方拟再请将修约期间延长若干个月，如此比较的尚系一种办法。

王总长云：只可稍迟几日，再将节略送去，以为我国第四次要求展限时留一说话余地。

沈总长云：此事只有取延宕态度。鄙意上载节略，即使送出，与修约之进行，事实上恐仍无裨益，不过使本问题不致处于一种完全停顿之状态已耳。

王总长云：今日应行讨论之第二问题，为中比修约问题。查本年三月十一日，本部曾将我国所拟新约草案提交比使。旋比使面称，业于同月十六日邮寄回国请训，一俟接到训令，再行开议。惟上载草案之提出，于今已五月有余，比国方面迄无具体答复。此种延宕手段，我方对之似宜有所表示。忆昔比国会开会时，各议员因该国外交当轴在北京商订新约，曾提出诘问。比外相答以比国在华利益陇海铁路手（首）屈一指，陇海铁路既在北方势力范围之下，则比国自不能置北方而不顾云云。现在陇海铁路一部分复入北方手中，或者我国对比表示之机会已至。兹由司拟具节略一件，诸君有何卓见？

沈总长云：自应备文催询。鄙意最难应付者，尚推法约。

王总长云：比约案备文一催，当无问题。

沈总长云：诚然，诚然。惟法约即使再予展期，恐亦仍无进步。

钱事务主任云：法约自去年八月七日期满之后，一再展限，于今已一年有余。

王总长云：忆去年法国方面最初不过只要求延长一年，我方坚不承认，现展（辗）转延期，反已出一年以上，而前途如何，尚毫无把握。

沈总长云：对法应付殊觉困难。

王总长云：比约一案，诸君如无异议，当即照前拟办法进行。（众无异议）

王总长又云：今日应行讨论之第三问题，为外国人入境及居留问题。查此事法权讨论会已拟有草案一件，惟今日所应讨论者，并非该草案之内容，乃系我国对于外人入境、居留，修约时原则上应采用何种政策,如应采用宽大的政策,抑应采用非宽大的政策,换言之,应采用无限制主义的任外人入境、居留政策,抑采用有限制主义的任外人入境、居留政策。鄙意在租界、租借地、铁路附属地未完全取消以前,即令外人放弃治外法权,我国对之似亦不便采用无限制主义的任其入境、居留之政策。

沈总长云:总宜有所限制。以前所以有租界制度,亦本一种限制之意义。

姚总长云:无限制的内地杂居,实为我国经济状况所不许。予外人以无限制的内地杂居,以为取消治外法权之代价,实非计之得者也。

王总长云:舆论不明真相,殊不知以我国现在会社之状况,工商业之幼稚,一旦开放内地,将来经济上必致受无穷压制。

姚总长云:就日本论,其所最注重者,首在东三省。

沈总长云:东三省虽未开放杂居,然事实上恐遍地均系日人。

王总长云:其实不然,一方面因当轴无形中取缔甚严,一方面因日人一经租得房屋,即借口种种理由,盘据不去,此种举动,当地业主颇不欢迎,故日人在内地不易觅得住所。

沈总长云:鄙意可取逐步试办政策,看地方人民程度若何,经济状况若何,法院及警察之组织若何,以为后先开放之标准。若贸然全部开放,结果将不堪设想。

王总长云:西班牙亦要求我国全境开放,以为废弃旧约、改订新约之条件。

姚总长云:西班牙与日本情形不同,若肯抛弃一切政治及经济特权,则予以内地杂居,似无不可。

钱事务主任云:若一经承认西班牙得享内地杂居之权利,则其他各国,必挟其现约中之最惠国条款,来相要求,我国将无法拒绝。

姚总长云:可用种种条件予以限制。

王总长云:困难之点,为旧约中之最惠国条款,均系无条件的最惠国条款。

王公使云:在现约中所载最惠条款未能完全消灭之前,我国实无操纵余地。

姚总长云:本草案能否实行、何日实行,尚属问题,现在不过虚悬一种之标准已耳。

沈总长云:各国若肯取消法权,我国不妨先许其局部杂居。

王总长云:外貌上我国对于西班牙似可许其内地杂居,然事实上因最惠国条款之牵连,乃大不然。

下午七时一刻散会。

条约研究会第三十二次常会会议录

一九二七年九月二日下午五时

  列席人员：王总长主席、沈总长、罗总长、戴公使、王公使、钱事务主任。

  王总长云：本日拟先行讨论中西修约问题。查该案我国自草案交出之后，曾由本部王参事与西使往返接洽，先后已有三次。第一次，西使会晤王参事时，要求我国全境开放。第二次，亦曾提出五项疑问。第三次，又提出四项疑问。西使意愿先行非正式交换意见，待略有端倪，然后由彼将我国约稿逐条签注，寄回请训，谓不若此，深恐对案来时，双方意见距离太远，辗转磋商，殊费时日。西使与王参事三次谈话记录，诸君想已看过，其要求开放全国一节，在我自断难承认，因此端一开，其他有约各国，将群起援例，影响非少可比。

  王公使云：西使所提各项疑问，与其他各国关于修约问题对我所提之疑问，正复大同小异。

  王总长云：日前西使所谓乐观云者，事实上竟复如是。现司中对彼所提各项疑问，已缮就答复，兹拟逐条提出讨论。（总长遂朗诵八月廿四日西班牙提出五项意见拟复第一条，即"……"）

  罗总长云：西使所提意见第一条，事实上即指内地杂居而言。

沈总长云：在领事裁判权取消之后，西班牙人在内地如有诉讼事件，自应受我国法庭管辖。

罗总长云：诉讼问题，应归我国法庭管辖，自属浅而易见，并不难于答复。其难于答复者，为西班牙人欲在内地游历、居留及经营工商业事务，究应如何处置？

沈总长云：事实上我国在西侨民与西国在华侨民，为数均不甚多。

罗总长云：此系事实问题。

王公使云：犹忆中比修约开第一次会议时，比国对于"平等相互"四字，亦曾请我方详予解释。

罗总长云：本问题司中所拟答复，用意含蓄太深，极为得体。

沈总长云：只须西班牙承认放弃法权，则一切均可磋商。

罗总长云：忆中奥、中德两条约中，亦规定此缔约国人民在彼缔约国境内，虽得享有游历、居留及经营工商业之权利，但只得以他国人民所能游历、居留及经营工商业之处为限。在德、奥乃系战败之国，情形与西班牙自略为不同。

王总长云：此日前西使所以有中德、中奥两约尚不十分平等，将来中西订约，内容当较德、奥两约尤为平等之言也。

罗总长云：目下对于根本政策，应先予决定，即我国内地能否准许外人购地杂居。至如何取缔，乃系另一问题。

王总长云：本条司中所拟答复，尚属得体。

王公使云：换言之，乃规定以他国人民所能游历、居住及经营工商业之处为限。

王总长云：目前只可如此。（总长复朗诵八月廿四日西班牙提出五条意见拟复第二条，即"……"）

王总长云：西使所提意见第二条，仍维持其八月二日节略第二点之主张，换言之，撤销治外法权一事，应分区办理。

钱事务主任云：即局部取消，先在现时平静及即可复归平静各地方与夫新式法院能照常行使职务各地方，次第施行；其在不平静各地方，则仍暂予维持旧状。

罗总长云：此条司中所拟答复，甚为得体。

沈总长云："由前之法"及"由后之法"两句，系何所指？

钱事务主任云："由前之法"系指"每次临时商定办法，另订多数附约"；"由后之法"系指"采用一定标准"。

罗总长云：第三条不成问题，信教自由实为世界各国所公认。

钱事务主任云：惟教士购地问题，颇有研究。闻现在各国教士在绥远购地者，为数甚多，内中亦有西班牙教士在。

沈总长云：第三条最后一段，即"西班牙教士在华传教者，能享何种权利，例如购置地产、兴办学校、设立医院之类"一节，颇堪研究。

王总长云：诚然，诚然。

罗总长云：如西班牙在我国取得土地所有权之后，则本条即不发生问题。

钱事务主任云：八月三十一日西使谈话中，即明白表示，将来新约内关于传教问题，应分为三部分：（甲）信仰自由；（乙）土地所有权；（丙）设立教会学校权。

王总长云：诸君对于本问题有何卓见？

罗总长云：亦只可空泛的予以驳复，司拟稿甚为妥当。

王总长朗诵八月廿四日西班牙提出五条意见拟复第四条，即"……"。

钱事务主任云：我国草案内所谓国际条约云者，系指与平等相互原则不符之国际条约而言，如《辛丑和约》及华会条约等等皆是。例如华会条约一经取消，则发生于华会条约之一切义务，皆可随之取消。关税会议、法权会议，西国均不能再派员列席。本问题不便明答，然亦不能不答，故只可轻描淡写，约略说明。

王总长云：鄙意本问题最好用口头答复。

钱事务主任云：全部问题，均拟请王参事以口头答复。

罗总长云：第五条即口头答复亦可不必。

王总长云：答复时措词可略为含混，只须说明中国关于修约问题所采用之原则，对于各国莫不相同。

沈总长云：诚然，诚然。

罗总长云：鄙意似可无须答复。盖我国对于日本所提草案，内容是否与对西班牙所提者相同，在我初无转告该国之义务也。

王总长云：日前王参事对日使已经说过，第五层与本题无关，中国对日所提草案与对西所提草案，大纲上谅必完全相同。故本问题不予答复，亦无不可。

沈总长云：关于西使所提五项意见，大体只可如此答复。

王总长云：嗣本月卅一日，西使对王参事又提出四项意见。其第一项意见为，外交部可根据大元帅就职日在外交大楼之宣言，向关系各国声明自某年某月某日起，凡中国与任何一国所订平等条约之中所载之各项权利，以平等主义及互相尊重主权为根据者，不得因有旧存之最惠条款，要求援用。如此，则关于平等待遇上之种种困难，皆可迎刃而解。

沈总长云：此事恐难办到。

钱事务主任云：诚如此，势必使我国先与其他各国发生交涉，而彼反立于其后。

王总长云：（甲）与（乙）所订条约，效力断不能及（丙）。今欲使中国与西班牙所订条约，效力得及于第三国，恐系事实上所难能。

钱事务主任云：测西班牙之用意，似欲借此抵制我国，使先与第三国发生交涉。

王总长云：此种意见，断难容纳，浅而易见，似无研究价值。

罗总长云：在我对其他各国断难启口。

沈总长云：本问题似可无容再行讨论。

王总长云：又司中对于西使第二项意见所拟之答复，理由亦颇充足。

钱事务主任云：西使无非鉴于此次中比修约一案，我国坚不愿与比国共同赴诉法庭，故欲于新约内加入本条，以防万一。

沈总长云：国际联合会似亦有仲裁规章。

钱事务主任云：所以司拟答复中，谓中西两国皆曾签字于国际永久法庭之议定书及和解国际纷争之海牙公约，遇有条约解释等问题，尽可依照该议定书及公约办理。

王总长云：为使西国易于就范起见，司答复中并载明西使倘坚持前议，则中国可允俟商约成立之后，另订一公断专约。

沈总长云：我国以前与其他各国，亦曾订有公断专约，如中美二国即订有类此之约章。

钱事务主任云：一九〇九年我国与巴西亦订有公断专约。

沈总长云：可向西使说明商约内无须载明仲裁条款，如西国必欲规定该项办法，则不妨仿照中国与其他各国间之先例，另订专约。

王总长云：八月三十一日西使所提第三项意见，系指信教自由及教士购产、办学问题，此事关系较为重要。

沈总长云：中国向主信教自由，且载在宪法，此层不成问题。

王总长云：诚然，诚然。惟教士在内地能否购地、办学，此事颇有研究。

沈总长云：旧约中对于本问题是否无明文规定？

钱事务主任云：中西旧约中并无明文规定，故今日若于新约之内，反予加入，似多未便。

王公使云：诚然，诚然。

王总长云：司中所拟答复，理由甚为正当。目下我国正在收回教育权之时，对于此种要求实难承认。又西使所提第四项意见，系关于公文中应用文字问题，鄙意此事似亦无研究价值。

沈总长云：忆德国自俾士麦专政以后，国运隆盛，是时该国对外文牍，均以德文缮写，惟英法之答复德国，仍各用其本国文字。至我国驻德使署与德外部往来文件，以前或用法文，或用德文，随驻使之嗜好而互异，初无一定标准。良以中国文字，欧人知者绝鲜，事实上不得不然也。

罗总长云：向来外交文字，均用法文。

沈总长云：此盖根据 Vienna 条约而来，故我国对西文件，如谓必须配用洋文，亦似宜配用法文。

王总长云：可照司拟条文答复。

沈总长云：司拟条文甚为妥当。

王总长云：再中墨修约问题，去年九月间准墨外部来文，声明现约及其展限换文，应于今年九月三十日起停止有效。最近本部接驻墨岳使来电，以新约目前既不能急遽成立，只可设法将现约自本年九月三十日起再行延期。该项办法，是否可行？诸君有何卓见？

王公使云：除延期外，似别无他法。

王总长云：关于修约一事，墨国对我国所处地位，正与我国对日、比、西三国所处地位，适成一正比例。

王公使云：我国在墨侨民，为数甚多，故关于修约一事，只可取迁就态度，不便过于强硬。

沈总长云：盖事实上实有不能不予展限者。

王公使云：近来墨国对于其他各国所订通商条约，虽均先后声明废止，然迄今尚无一国成议，各国驻墨公使且大半主张缓进。

沈总长云：我国旅墨侨民甚多，现约一经废止，则侨民将顿失保障，事实上不得不设法延长。

钱事务主任云：惟应予注意者，墨国现在主张废止现约，我如只请延长，是不啻默认现约之可废。鄙意于要求延长之外，还须保留我国以前主张，换言之，即根据展限协定换文第一条之规定，非待商约成立之后，现约不能废止。

王公使云：所可虑者，墨国近来内乱频仍，现约一经废止，我国侨民将顿失保障。否则现在华人入墨，既为事实上所不能，则有约无约，比较上亦无甚关系。

沈总长云：最好不明晰说明展限。

王总长云：可表示新约未成，旧约仍当有效。

下午六时散会。

条约研究会第三十三次常会会议录

一九二七年九月十六日下午五时

列席人员：王总长主席、沈总长、姚总长、罗总长、刁公使、钱事务主任，严顾问亦列席。

王总长云：关于修约中最惠国条款问题，最近吴次长曾提出说帖一件，大旨谓：我国不妨在此次国际联合会第八届大会会议席上，正式宣言新约国不得借口最惠国条款，要求享受旧约之一切不平等权利；旧约国不得利用最惠国条款，要求享受新约之一切权利，如此，庶诚意与我修约者可以顺利进行，而我国修约之目的亦可达到，用意甚为完备。惟鄙人以为内中似尚有应行研究之处。顷间曾与吴次长当面谈及，吴次长谓渠对于本问题，亦无何种成见，不过照个人理想，信笔书来，是否可行，尚待诸君讨论云云。兹特就管见所及，将该说帖略加签注，未知诸君有何卓见？

沈总长云：若依照吴次长主张，用宣言程式，其规束力只能及于一方；若用议决案，则结果又恐不易通过。

王总长云：日前西班牙公使与本部王参事谈话时，亦谓外交部可根据大元帅就职日在外交大楼之宣言，向关系各国声明自某年某月某日起，凡中国与任何一国所订平等条约中规定之各项权利，以平等主义及互相尊重主权为根据者，不得因有旧约之最惠条款要求援用。吴次长说帖大致与西使所言用意相同，不过西使称我国可对有关系各国直接宣言，而吴次长则主张此种宣言，应于国际联合会会议席上发表之。

罗总长云：本问题是否在国际联合会受理范围以内，尚属疑问。

王总长云：吴次长说帖中含有两层意见：（一）为新约国不得借口最惠国条款，要求享受旧约之一切不平等权利；（二）为旧约国不得利用最惠国条款，要求享受新约之一切权利。

沈总长云："旧约国不得利用最惠国条款，要求享受新约之一切权利"一句，尤难办到，因我国旧约所载最惠国条款，均系无条件的最惠国条款也。

罗总长云：宣言不惟无效，且必致横生枝节。若谓修约中如许复杂问题，均可以一宣言予以解决，修约无乃太易。

姚总长云：宣言之效力，断不能解除旧约内应尽之义务。

刁公使云：宣言不过系一纸虚文，此事与国势大有关系。例如，美国新近又另颁有移民章程，各国对之亦莫可如何。

王总长云：现在姑退一步著想，不问此种宣言是否利于我国，只问此种宣言能否不致发生意外障碍。鄙人对此一节，亦不敢深信，甚恐宣言一出，各问题必将随之丛生也。

罗总长云：若谓宣言能济于事，则即在北京发表，亦无不可。以国际联合会组织之性质，本问题是否在该会受理范围以内，尚属疑问。

刁公使云：日本对于新约最惠国条款应包括旧约权利一节，持之甚坚。

王总长云：深恐此种宣言一经发表，日本必首先提起严重抗议。

刁公使云：日本势必要求我国立即设法取消。

王总长云：日本对于最惠国条款甚为重视，因此之故，修约会议开会十有九次，对于该问题尚无圆满结果，即我方欲稍附范围，日本亦拒绝承认。故今日我苟贸然发表上述宣言，恐反致产出种种流弊，其最显著者，为第一日本将提出抗议。且宣言中既载明"旧约国不得利用最惠条款，要求享受新约之一切权利"，是不啻自认新约中将许各国以旧约中所未有之特权，故宣言不但不能束缚他方，反于我国诸多不便。

罗总长云：若谓可以一纸宣言，即将本问题予以解决，则在国际联合会会议席上发表，与在北京发表，其效力恐亦无大区别。

王总长云：吴次长云渠个人毫无成见，是否可行，请诸君详为研究。

沈总长云：宣言之不能发生效力，可以断言。目下所应讨论者，为宣言一经发表，是否不致引出障碍，此层应详加斟酌。

王总长云：现在修约各国，对于最惠国条款均持之甚力，即使发表上述宣言，于事亦无少补，且在国际联合会会议席上发表，目下似已失之过晚。

钱事务主任云：若欲正式提出，事实上已觉过晚。

严顾问云：不过有机会时，尚可非正式向各方面表示意见。但只提最惠国条款，一若除最惠国条款以外，其他各问题均可承认，此种办法是否妥当，亦应研究。

王总长云：诚然，诚然。

沈总长云：将其作为中国代表之一种希望，亦无不可。

罗总长云：是皆因我国旧约内容之不良，非最惠国条款本身有何种流弊也。

钱事务主任云：现司中拟有一调停办法，立论系根据一九二五年第六届大会所通过之中国国际现状议决案而来，惟未知是否可用耳？（钱事务主任提出司中所拟致国际联合会关系中国国际现状议决案稿）

王总长云：此种办法，虽不致引出障碍，但于事实上恐仍无少补。

严顾问云：其结果为使我国代表不致毫无说话材料已耳。

罗总长云：司拟稿尚无流弊。

王总长云：此系表示一种希望，虽不致受各国指摘，但于实际上仍无少补。

沈总长云：然则将上述宣言，改作希望，何如？

王总长云：过于具体，深恐牵涉太大，逆料日本必定首先抗议。良以我对于日本之要求于新约内列入最惠国条款一节，已允许以善意予以考量，虽未完全承认，亦未拒绝也。

罗总长云：日本定不能承认。

王总长云：司拟稿于事实上无大裨益。

严顾问云：不过借此可以表示我国对于改良国际现状之心思，并未少懈已耳。

沈总长云：可以借此提醒各国。

严顾问云：大约至多只能达到此种程度。

罗总长云：若谓目的只在于表示我国对于改良国际现状之心思，并未少懈，则目下我国无日不在具体表示之中，又何必多此一举。

钱事务主任云：细加考量，内中"仍未圆满解决"一句，尚不能谓其毫无流弊，或足使与会各国回想关税会议等之所以未能得有圆满结果者，其咎实在我而不在彼也。

王总长云：日前西使来部，谓中国既声明修约宗旨，以平等相互为原则，然细考中国提案，似与此旨完全不符，如西国全境听华人自由杂居，而中国内地仍不能完全开放，所谓平等云者，究系何在？当经答以内地杂居办法，中国所以不能容纳者，实因有重大困难之处，并非对于西国有何歧视。一则因中国以前与列强所订条约，均有无条件最惠国条款，现在各国旧约尚未完全修改，若西人取得在内地杂居之权利，则其他各国必根据最惠条款，要求均沾。二则因中国幅员辽阔，交通阻梗，而行政、司法、警察种种组织，又非到处均已完备，如陕、甘、新疆等省之现状，实有不能与通商口岸相提并论。外人置身其间，在经济、财政、警察方面，必致发生种种纠葛，且恐地方官保护或有不周之处，为外人计，亦以暂不前往为宜。西使又谓西国之取得内地杂居，乃由放弃领事裁判权交换而来，如他国援引最惠国条款，中国固可宣言以放弃治外法权作为条件，予以限制。当又答以放弃治外法权作为条件之办法，乃出于片面之意思，国际条约固不能以片面意思而变更其效力。西使又谓然则何以不仍照西国以前提案，将领事裁判〔权〕分期撤销，庶于中国现状较为适合。当复答以如此办法，是不啻谓旧约一部分修改，而一部分仍予存在；中国领土某一部分实行旧约，而他一部分实行新约，殊非正当办法。

沈总长云：鄙意司拟稿尚属妥当，惟恐不能发生重大效果已耳。

王总长云：内中“仍未圆满解决”一句，恐仍有流弊。或者，如钱司长顷间之所云，反并引起与会各国不快之回想，亦未可知。

沈总长云：然则于"圆满解决"之前，加"即时"二字，何如？

王总长云：鄙意还以不必表示为是；否，恐另生枝节。

罗总长云：若谓目的只在于表示我国之愿望，则目下我国固无日不在表示之中。

王总长云：鄙意亦复如此。现在国际联合会第八届大会不久即将竣事，各国对我，至今尚肯善意相助，并不十分责难，似可不必再自行横生枝节，引起纠纷。（众无异议）

下午六时一刻散会。

附件：

说　　帖

……查各国到期旧约，如中法、中比、中日、中荷、中西各约，均已次第开始议改。中国要求以平等相互之原则，为修订新约之基础。各国对我要求亦多表示赞同，惟对于最惠条款则坚持沿用。不知前此中国与各国所订之旧约，均系不平等之约，而此项旧约又不能同时修改。若于新约中加入最惠条款，则未到期旧约之一切不平等权利，新约国将因此条款而要求享受，是有平等条约之名，而无平等条约之实，则修约与不修等耳，何能餍我全国人民之望。故最惠条款以中国现状而论，实与不平等之条款等，亦即为商订平等新约之大障碍也。为今之计，似宜向各关系国详述利害，声明最惠条款中国以现状关系，不能加入新约。即退一步言，万一各国坚持加入，亦应附以条件，即新约国不得借口此款，而要求享受旧约之一切不平等权利；旧约国不得利用此款，而要求享受新约之一切权利。如是,则凡有诚意与我修约者,可以顺利进行,而我国修约之目的亦可达到。兹值国际联合会大会第八届大会,各国外交首领聚集一堂,似可将上列意旨速电我国代表,在会议席上正式宣言。我国既理直气壮,当易得世界舆论之好感,于修约前途稗(裨)益匪鲜,是否有当,敬候公决。

拟提出国际联合会第八届大会关系
中国国际现状议决案稿

犹忆一九二五年九月廿二日,第六届大会曾全体通过关于中国国际现状之希望案,今中国与有关系各国,条约关系上所发生各问题,仍未圆满解决,本大会不无遗憾。兹再表示希望,愿中国及各该国间之会商,不久即能依据《国际联合会盟约》之精神与文字,修正条约,俾中国与各国之条约关系,得奠立于公平及永久之基础。

The Assembly, remembering its wish unanimously adopted at its 6th. Session, on 22nd. September 1925, with regard to the international situation in China, recording with regret that a satisfactory solution has not yet been found to the question arising out of the Treaty relations between China and the other States concerned.

Expresses anew the wish that negotiations between China and these States may soon lead to a revision of their treaties, conformingly to the letter and spirit of the Covenant of the League, so as to establish the treaty relations between China and the Other Powers on a just and durable basis.

条约研究会第三十四次常会会议录

一九二七年九月三十日下午五时

列席人员：王总长主席、姚总长、罗总长、戴公使、刁公使、王公使、严顾问、钱事务主任，郑专门委员亦列席。

王总长云：今日顾会长因事未能莅会，兹请郑专门委员天锡先将关于法权问题，与日本重光书记官历次谈话情形，约略报告。

郑专门委员云：关于法权问题，溯自开会以来，于今已有五次，第一、二、三、四次会议记录均已缮就送部在案。第五次会议时，双方谈话性质比较的略为具体。日委员重光曾提出内地杂居问题，经答以此事系属政治范围，与法权无关，若日本提出内地杂居，中国方面难免不提收回租借地、铁路附属地等等。日委员闻言之下，似甚注意，谓日本取得租借地及铁路附属地，其政府与人民均曾受莫大牺牲，恐不易轻于放弃。鄙人当即声明此系个人测度之辞，尚未请示政府。日委员谓中国既声明，修约宗旨以平等相互为原则，今日本全境听华人自由杂居，而中国内地仍不能完全开放，无乃与平等相互之旨大相凿枘。当又答以中国对于杂居之原则并不反对，惟目下似尚非其时；且以此作为取消法权之代价，尤为华人所不愿闻，中国朝野莫不视领事裁判权为中国所受不平等待遇之一端，今欲将取消领事裁判权与内地杂居二者相提并论，恐难办到。日本最好先行自动的承认中国收回法权，如此必然得中国一般人民之好感，而日本无形所获之利益，亦非少可比也。日委员谓阁下所言，鄙人甚为了解，惟设日本不提内地杂居，中国将亦不提收回租借地及铁路附属地乎？鄙人又声明此系个人意见，政府将来是否提出，不敢断言。惟日本一方面如果能承认抛弃法权，然后再由中国就日本指定地点，斟酌情形，另开若干商埠，容许日人居住，此种办法，容或可行；但此亦个人意见，并非代表政府而发。最后，日委员谓渠即将奉召回国，以后可与 Hori 君继续接洽，总之，本问题不久当有解决方法，不必过于悲观云云。

罗总长云：日本所希望我国开放之地点，究系何处？

郑专门委员云：鄙人当日声明此事并非政府意旨，不过个人意见；日本一方面如能抛弃领事裁判权，然后再由中国一方面多开若干商埠，容许日侨居住，此事容或可以办到。

姚总长云：指定地方，许予杂居，似无不可。

罗总长云：以前本有分区办理之说。

郑专门委员云：日本对于东三省似特别注意。

罗总长云：日本所急急者，本并非在于我国全境之开放。

姚总长云：以现在我国之状况，经济、人材两形缺乏，若欲全境收回法权，事实上困难甚多。

罗总长云：去年法权会议甫行开幕之时，鄙人即曾与王亮畴总长谈及，以现在我国经济及司法人材之缺乏，若欲全国收回法权，恐非易事。不过去年尚在理论时期，而现在则已由理论时期而转近于实行时期。我国苟采取分区办法，各国所注意之地点既属不同，则其所要求杂居之区域，当然互异。如日本必要求东三省、满蒙、长江及福建一带之杂居，比国必要求陇海路、正太路及卞

（汴）洛路一带之杂居，法国必要求滇、粤、桂三省之杂居。照此类推，事实上国内开放地点，已占全国之大部矣。

姚总长云：然则许以法律上各种之优待，何如？

罗总长云：此中亦大有困难，譬如外国律师出庭辩护一事，为日本法律所不许，而英国则不然，故以此种权利许诸日本，日本自视为一种之优待，今若以之许予英国，情形又属不同。

姚总长云：鄙意英美对于杂居问题，恐不致坚决要求。

罗总长云：日本之要求杂居，实由于国内户口之过多。然日本一旦既得有此种权利，则其他各国，为保存颜面起见，势亦不能不取一致行动。西班牙尚然，何况英、美。故目下先决问题，在于杂居之原则，能否承认。

姚总长云：以杂居为收回领事裁判权之代价，我国吃亏未免过大。

罗总长云：鄙意现在我国所受不平等之待遇，举其大者不外二种，一为关权，一为法权，然关权为我国命脉所攸关，而法权乃不过一种颜面问题，故鄙意宜先解决关权，然后再及法权。

姚总长云：分区办理，比较的尚属可行。

罗总长云：深恐各国要求之区域不同，则结果又有困难。

姚总长云：各国所要求之区域，谅必大致相同。

王总长云：法国要求云、贵，英国要求长江流域，日本要求东三省及满蒙，比国要求陇海、正太、汴洛沿线，所余者新疆等数省已耳。

钱事务主任云：因此恐又造成势力范围。

郑专门委员云：或者多开若干商埠，未知是否可以办到。

王总长云：以杂居交换收回法权，代缴（价）未免太重。日本设坚持杂居问题,鄙意必须该国先行承认取消租借地及铁路附属地等等,方为公允。惟顷间姚总长所称以法律上之优待,作取消法权之交换,则代价又似近于过轻,日本恐难承认。总之,我国本身既无把握,将来应付上必致有种种困难。罗总长之主张先收回关权,后及法权,鄙人固甚为赞同也。

罗总长云:加以现在中央命令能否通行全国,殊属疑问。譬如日本要求在长江、福建一带多开商埠,中央究将如何应付?

王总长云:日本若承认放弃法权,至少在东三省一带必要求取得商租权,以为补偿。今试退一步着想,姑将长江一带暂予除外,试问东三省一带之商租权,我国果可允许日本享受耶?

姚总长云:商租权问题与大资本经营至有关系。

王总长云:诚然,诚然。以我国现在经济之状况,果可许各国以土地商租权耶?

罗总长云:以如许之牺牲,而我国所得者,不过一种颜面问题已耳。

王总长云:所以日前王亮畴总长谓以我国现在经济之状况,若与外人订真正平等相互之条约,则外人将欢迎之不暇,其言诚为有理。故鄙人对于罗总长之主张关权为重,法权次之,异常赞同。

郑专门委员云:然则将我国未开放各口岸,凡事实上已有日侨居住者,再予以正式承认,以为取消法权之代价,何如?

钱事务主任云:日本提出杂居问题,而比国则提出土地所有权问题。

罗总长云:比国在华资本不过二万万左右,侨民不过三百有余,故对于杂居并不十分重视,而对于陇海路沿线之土地所有权,则异常注意。陇海横贯中原,西至甘、陕,东迄徐州,握陇海全线,即握有中原经济命脉。盖日本有人斯有财，而比国则有土斯有财，但土地所有权，日本终久亦必提出，不过时间问题已耳。

郑专门委员云：鄙人当日曾转告日本委员，谓中国朝野均视领事裁判权为中国所受不平等待遇之一端，今日本若欲以内地杂居为取消领事裁判权之代价，结果恐难办到。惟日本设肯承认一方面自动的放弃法权，一方面再由中国就日本指定地点，斟酌情形，另开若干商埠，容许日人居住。如此办法，鄙人尚可据情报告政府，请求核夺。

罗总长云：是否以日本放弃全部法权作为交换条件？

郑专门委员云：然上次会议双方谈话性质比较的略为具体。

姚总长云：局部取消，鄙意似可承认。

王总长云：本部所抱方针，始终以外国侨民应服从中国法律，领事裁判权应全部取消，将来中国内地可分区开放。至局部取消办法，日前西班牙即有此种提议，然本部已婉辞拒绝矣。

姚总长云：西班牙要求之内容可否见教？

王总长云：西班牙要求凡现在平静及不久即可复归平静各地方与夫有新式法庭各地方，领事裁判权可以先予撤销。但此种办法，本部业已拒绝。

罗总长云：就理论上言，日本要求并不过苛，不过就事实上言，以我国现在之情形，斯种要求实难承认耳。

王总长云：目下只有先行调查事实上已经杂居、尚未正式承认之地方，共有若干，然后再行研究。（众无异议）彼局部取消、局部杂居之办法，日人当然不致反对也。

王总长又云：又中法修约一案，本年一月四日法国曾提出草案一件，共十一条。内中如第一条取消旧约问题，第五条龙州、思茅、河口、蒙自开埠问题,第九条本约适用范围问题,第十一条本约实行问题,在我尚可承认;惟第八条之路矿特权及第二条之减税办法,内中虽系将中法特种货品列表,予以特别利益,然似仍保存旧约精神,尚待详细磋商;且关于印度支那设领问题、华侨待遇问题,该草案均未列入。当经本部在迭次会议席上,将我国主张修改各点,再予逐一说明,当时对于法国草案,并未明行拒绝讨论。惟四月五日法使又交来新草案一件,较第一次草案更难容纳。本部因于四月廿三日将我国草案亦予备文提出,盖目的不过在于借此作为我国意见一种更进一步之表示。彼法国第一次草案,我国固未承认,亦迄未完全否认也。八月五日及本月十五日,我国曾向法使提议,中国对于中国及印度支那间商务上关系重要之某种特定货物,极愿本最融洽之精神,将关于税则上利益让与之一切提议,予以审核。现法国来文,以此种提议,法国在其本年一月四日第一次所提草案第二及第三两条内,早经载明,中国如愿将法国第一次草案再予研究,则法国仍甚乐与中国重开会议云云。观其措辞,似已默认该国第二次草案已经取消。查法国既表示退让,我方似可乘此时机,继续开议。根据该国第一次草案,加以我国希望,照新近中西及中日所定办法,由部中派员先与交换意见。如此庶可免去种种形式上之规束,比较的双方易于相见以诚,诸君以为然否?

罗总长云:鄙人对于王总长之提议,甚表赞同。盖专门委员与专门委员间之谈话,比诸正式代表与正式代表间之谈话,较为自由。日前,中比二国所协定之三条办法,亦由双方先行非正式接洽而成。

王总长云:先由双方专门委员交换意见,庶不致受形式上之束缚。鄙意法约案只可就法国第一次草案,加入我方希望各点,再与婉辞磋商。若操之过急，恐彼宣布废约，我国侨民反致失其保障。

罗总长云：法国第一次草案尚非完全不可容纳者。

王总长云：吴次长与法使感情甚好，日前鄙人曾请其从中疏通，俾法约得早日告厥成功。据吴次长面称，法使谓中国要求各点，事实上有为该国所断难承认者。例如人头税一项，为越南国库收入之一大宗，今中国要求取消，是不啻使越南财政上受一莫大打击，在法国未觅得相当补偿之以前，对于此项要求，恐难让步云云。其言亦甚近情，故鄙意以为中法修约一案，现彼方既表示让步，只可根据法国第一次草案，再行加入我方希望各点，或请王公使及胡科长先与法使交换意见，看其如何答复，何如？

王公使云：鄙人与法使感情不甚融洽，深恐不能有何结果。

王总长云：然则请戴公使勉为其难，何如？

戴公使云：谨如尊嘱。

下午七时散会。

条约研究会第三十五次常会会议录

一九二七年十月十四日下午五时半

列席人员：王总长主席、沈总长、姚总长、罗总长、戴公使、王公使、严顾问、钱事务主任，唐专门委员出席报告。

王总长云：顾会长因今日天津文化委员会开会，恐不足法定人数，故今晨已匆匆出京，并于行时电告鄙人，不能出席本会。兹拟请戴公使先将上次与法国专门委员谈话情形，约略报告。

戴公使云：本月十三日，偕同胡科长会晤法国专门委员 Knight 及 Lepice 二君。鄙人先行声明双方谈话仅系一种交换意见性质，最后仍应取决于两国正式代表。法委员当要求根据一月四日法国草案逐条讨论，我方承认以后各问题讨论之次序，不妨以法国草案内诸条款为标准，惟中国方面仍可自由将主张各点，随时加入，法方亦表赞同，遂即开始讨论。（一）关于法案第一条，我方声明须法国先行允许将旧约中某某各项规定，如华侨待遇、越南设领等列入新约，中国方可承认。法方答称缓日再予答复。（二）关于法案第二条，我方声明本条系关税问题，应与第三、第六两条一并研究。中国意见最好将两国边界进出口货单再行厘订，庶可免去在华会条约第二款未实行之以前及既实行之以后，采用两种办法。又第三条第二节文字上亦应稍为修改如下：Les marchandises chinoises ne seront pas assujettir à des taxes autres que celles auxquelles sont soumis les marchandises ou du de la nation la plus favorisée。法方亦不反对。（三）关于法案第四条，我声明通过税中国本不赞同，惟法国如肯将目下中国货物所受之种种不公平待遇，一律取消，则中国亦可勉予承认。谈话至此为止。窥是日法专门委员目的所在，不过欲先行刺探我方意见如何已耳。

沈总长云：是否与法国公使直接谈判？

戴公使云：非也，不过与法国委员互换意见已耳。

王总长云：会议是否只开过一次？

戴公使云：然。第二次会议定于下星期四日举行。法国委员要求根据一月四日法国草案，逐条讨论。我承认以后各问题讨论之次序，不妨以法国草案内诸条款作为标准，惟中国方面仍可自由将主张各点，随时加入。法方亦表赞同。

王总长云：法约停顿为时已久，今该国对于我方上述提议，既经赞同，结果总算已有进步，以后尚望努力进行。又中日专门委员谈话经过情形，请唐参事约略报告。

唐参事云：关于中日修约问题，鄙人与日本重光书记官先后会晤，计已三次，重光尚肯开诚相告，除法权问题由郑君天锡担任接洽外，关于其他各项问题，均已相当的交换意见。（一）航权问题，重光对于我国提案，大致可以同意，惟以内中各项规定似过于缺乏开放精神，与现今国际趋势不相符合，主张或则仿照日英新约，采取相互主义，或则适用最惠国条款。当经鄙人婉辞驳复，并声明日本在主义上如赞成中国提案，则事实上彼此尚可以善意设法商量补救。日委员对于补救办法，愿闻其详。（二）关于侨民居留及经营工商业问题，重光表示中国倘肯开放内地，则本问题并不难于解决；如谓开放内地，必须加以限制，只须限制程度并不甚严，亦尚有磋商余地。

王总长云：查航权问题，本年一月二十四日条约研究会曾决定，原则上依照各国通例，对于内河及沿岸航行，采取遵照国内法办理主义；惟日本如坚决要求，则以现有船只为限，在中国法令之下，及于相当期间内，许其继续行驶。原当时用意，实因目下我国航业异常幼稚，沿岸贸易及内河行船，至今半操诸外人手中。当此英美各国旧约未废，仍保有此种权利之时，若欲求日本单独放弃，不惟事实上所难能，且于最短期内令该国在我沿岸及内河行驶之船舶，一律停止，于我国经济及商业上亦必发生急遽变化。故不得已乃有此种折衷办法，以为我国最后让步程度之标准。五月间，交通部曾缮有关于中日内河航行说帖一件，内容较为具体，惟其草拟系根据明治二十七年日英通商条约，而中日两国国情，内中颇有不同之处。当经本会根据上载一月二十四日议决之精神，再加入相互主义，并参酌目下我国航业现状，略为修改订明。（一）内河航行、贸易问题。自本条约实施日起，以一年为限，日本船舶在中国江河仍得照现状航行、贸易，惟须遵守法律、命令，并照章缴纳钞课。中国船舶依照前项办法，亦得于上述期内，在日本境内江河航行、贸易。（二）沿岸航行、贸易问题。日本船舶在中国沿岸得按照现状及前项规定航行、贸易，以三年为限，但须遵守法律、命令，并照章缴纳钞课。中国船舶于上述期内，亦得在日本沿岸航行、贸易。现据唐参事报告，日本对于航权问题，初则主张相互开放，继则主张要求最惠国待遇，并询问关于事实上之救济办法。故鄙意现在应行讨论者：（一）日本所要求之关于航权最惠国待遇，可否承认？（二）关于事实上之救济办法：（甲）关于期限，前定一年、三年,参照迭次会议情形,恐彼未必允许,我方最大限度可加至若干年?(乙)关于范围,沿岸、内河,似应仍予分别办理?(三)万一日方主张相互开放,能否允许?

沈总长云:鄙人犹忆团风一案,当日轰动一时。盖航权问题,乃系一关系各国之问题,若完全采用开放主义,恐本国航业受其影响。

王总长云:日本最初主张相互开放,此种办法,在我决难承认。

姚总长云:本问题殊感困难。

沈总长云:名为相互,实同片面。因我国目下航业不振,在最短时间以内,决无船只在日本境内航行。

唐参事云:鄙人当日曾询问重光,日英新约中关于沿岸航行及内港航行,是否一律开放。重光答称,无论海岸与内河,概称沿岸,除军事有关系地域外,一律开放。惟查日英二国,内河甚少。将来中日订约,是否将内河及沿海二者,别而为二,例如规定内河绝对不准外轮航驶,沿海二(一)部分准外轮航驶?

王总长云:我国不能与英国同日而论,因英国航业异常发达,而我国则无航业之可言也。

姚总长云:至万不得已时,只可将内河及沿岸别而为二,内河绝对不准外轮航驶,沿岸一部分准其航驶。

王总长云:今若欲拒绝外轮在沿岸航行,此事决难办到。

罗总长云:即拒绝外轮在内河航行一节,鄙意亦恐难达目的。例如长江沿岸,商埠林立,今若欲禁止外轮驶入长江,势所不能。

王总长云:照本年六月间条约研究会通过议案,订明期限,何如?

罗总长云：余恐期满之后，仍必一再延长。

王公使云：在最惠国条款未取消以前，即有期限，事实上恐仍无大补。

钱事务主任云：日本初则主张相互开放，继则要求最惠国待遇，最后始询问事实上救济办法，可见该国所最注意者，为相互开放。

沈总长云：就我国利益上着想，相互及最惠国待遇二者，孰为得计？鄙意形式上相互二字似较动听。

罗总长云：就法律上言，似以采取相互主义较为得计；若承认最惠待遇，则日本单方独受其利。

王总长云：不过我若以最惠待遇许日本，则为图利益交换起见，势必要求日本亦许我以最惠待遇，故事实上仍含有一种相互之意义。

钱事务主任云：鄙意"相互"二字，范围较"最惠"为尤广。盖最惠仅限于保持现状，而相互则我国目下未开放诸河流，将来对于日本势必致完全开放也。

沈总长云：就字面论，"相互"二字，似较"最惠"二字略为动听。

王总长云：日本初本希望相互开放，继始要求最惠待遇。鄙意该国对于最惠待遇一层，决不肯轻易放弃。

沈总长云：最好我亦要求日本对于我国船舶，应同样许其得享最惠待遇。

王总长云：此事日本谅必承认，不过以我国目下之现状，恐事实上无法享此最惠待遇已耳。

沈总长云：查以前我国在日本享有种种特殊权利，自中日一役之后,此种权利,丧失殆尽。

王总长云:相互开放,断难承认。至最惠国待遇,鄙意暂时亦可不必提及。先与讨论年限问题,大约至少年限等于条约有效时期之一半,至多年限亦不能过条约有效时期;至地点则以现在准许外轮航行之处为限,诸君以为如何?

唐参事云:当日与日委员谈及救济办法时,日委员对于年限问题,亦约略询过,惟鄙人并未将延期一层说明。

钱事务主任云:日英修正条约时,旧约规定在本约有效时期以内,英国船只得继续享受沿岸航行之权利。查日英旧约以十二年为期,是日人允许英人继续享有沿岸贸易之权利,亦以十二年为期也。

沈总长云:本问题困难之点,为内河航行问题。

罗总长云:日本船舶航行于长江沿岸者,为数甚多。

王总长云:然则照以前条约研究会通过办法,内河航行以一年为期,沿岸航行以三年为期如何?

钱事务主任云:自欧战以后,各国商约有效时期大率从短,以便因时制宜。日前条约研究会曾议决中日新约时期,大约以三年为度。

沈总长云:三年未免过短。

钱事务主任云:期满后,如双方认为尚属适用,并未经一方面声明废约,则该约尽可继续有效。

王总长云:先行约定年限,以新商约有效时期为度。至新商约有效时期之修短,待讨论及此时,再行设法应付。

严顾问云:只得如此办理。

王总长云:惟恐日本要求仿照英日旧约先例,亦以十二年为期。

姚总长云：三年似觉过短，惟十二年又未免近于过长。

王总长云：此事与国内大局至有关系。忆去岁法约期满时，法国要求再行继续一年，我国坚不承认。嗣后因大局关系，修约时间，一再延期，而旧约继续有效，因此竟超出一年以上，目下尚前途渺茫，何日成功，毫无把握。

沈总长云：将来纠葛定在内河航行问题。

王总长云：鄙意比较的最好办法，还是先与讨论年限问题，大约至多不能超过新约有效时期以上。至新约有效时期，查欧美各国最近所订商约，期间大率从短，或则一年，或则三年，至多亦仅五年。我国取折中办法，以三年为期。惟内河航行及沿岸航行，是否应予区别？

罗总长云：即与订立年限，但期满之后，日本仍必设法延长。

王总长云：忆当日顾会长对于"内河"二字，似特别注意于内地各小河流。

钱事务主任云：然，如自苏州至上海及自上海至杭州之航线等如是。

王总长云：顾会长当日并注意中(外)国船只冒挂华旗问题。

罗总长云：日前法权讨论会对于冒旗一事，亦曾提议禁止。不过目下我国遍地皆匪，惟悬挂洋旗之船只，尚能免受其害。

戴公使：关于年限问题，日前本会曾议决分为三步，即沿海稍长，长江次之，内河最短。

王总长云：总之，至多不能超过新约有效时期以上。

严顾问云：只可如此。

罗总长云：就长江航线而言，西至重庆，南抵岳州，究竟何一部分属长江，何一部分属于内河，实不易于区别。

钱事务主任云：现在日船之航驶于松花江者，为数甚夥。故航权一事，亦为中日修约中日本所最注意之一点。

王总长云：总之，相互开放断难承认，最惠国待遇亦有种种流弊，现在比较的最好还是与该国先行讨论事实上救济之办法。大约年限一节，内河宜短，沿岸不妨稍长。所谓"内河"云者，指现在已有外轮航驶之河流而言。请唐参事即本此旨，定期再与日委员交换意见，观其如何答复，徐图应付。

六时半散会。

条约研究会第三十六次常会会议录

一九二七年十月二十一日下午五时半

列席人员：顾会长主席、罗总长、吴次长、戴公使、王公使、严顾问、钱事务主任、刁公使，王参事曾思出席报告。

顾会长云：今日王总长、姚总长、沈总长均因事不能出席，现在只可就部提各问题，先行约略交换意见。查中西修约一案，依照中文约文，至本年五月十日届本次十年期满，可以修改之时。我国当时以该约订立距今业六十余年，两国经济、商务及社会情形，已不知几经变迁，以六十余年前所订之约，支配现今两国间之关系，事实上显难施行，乃于去年十月间照会西使，声明中国政府极愿根据平等相互原则，与西国重订新约。嗣往返磋商，双方意见迄难接近。彼方要求各点，举其要者，约略有三：（一）有效时期，西国主张照西文看法，应至今年十一月十日方为届满；（二）中国声明现约宜全部修改，西国根据西文约文，谓可以修改者，只限于税则及商务条款，政治条款不在此例；（三）西国愿望中国对于最惠国待遇问题，须先有具体表示，然后始能开议。以上三端，经外部与西使迭次交涉，最后：（一）关于时期问题，我方允许稍为让步，初则提议取折中办法，以八月十日为现约届满之期，旋因两国距离太远，往返磋商，费时甚久，至八月八日始由双方代表正式开议，时间

已迫,故事实上对于西国提议,势不能不通融办理,予以接受;
(二)关于修约范围问题,西国迄未放弃最初看法,以为现约一部
分可以废止,其余如政治条款等等,仍当继续有效,我方亦维持全
部修改之原议,坚不退让;(三)关于最惠国条款,我国复文声明可
于会议席上提出交涉,断难先有表示,以此作为承认修约之条件。
本会今日所应讨论者,为对于上载之第一及第二两点究将如何应
付,即:(甲)新约进行至今,尚无眉目,现约失效时期,转瞬即至,
届时对于西国应取何种态度? 现在应先有何种筹备? (乙)西使
所称修约范围,只限于税则及通商各款,此种主张,我方可否承认
是也? 此外,鄙人尚有应为诸君告者,即中西修约一案,自八月八
日两国代表开第一次会议之后,外部曾于同月十七日将我国草案
提付西使,并派定王参事曾思将约内规定各项问题,向西使逐一说
明。计王参事与西噶使会晤,先后已有数次。兹请王参事将谈话
经过情形,约略报告。

王参事云:曾思自奉部长委派接洽中西修约问题以来,计先
后晤见噶使五次。第一次噶使声称日来事务甚忙,中国草案尚未
细加研究,同时声明嗣后与曾思一切谈话,均系非正式性质,不过
为将来正式谈判之准备。迨八月二十四日,曾思第二次往访噶使,
噶使谓外部约稿业已翻阅完竣,内容距双方公认之平等原则,尚属
甚远,如中国一面欲西班牙抛弃在华旧有之领事裁判权,而一面并
不许西班牙人得在中国内地自由居住,是西班牙人在华享受之权
利与华人在西班牙享受之权利,显有不同,殊难同意。曾思答以中
国全境开放一层,实为现在情状所不许,暂时必须稍待。继噶使对
于西侨在中国内地诉讼问题、教堂置产问题,复提出种种疑问,并
刺探八月二日该国节略内所主张之逐渐推行政策,我国能否承认;

又我国草案第十八条所载国际条约,究指何项条约而言。曾思当略为解释,声明详确答复须陈明部长后,方能奉告。八月三十一日,曾思第三次会晤嘎使,嘎使对于我国旧约中最惠国条款之流弊,曾以个人名义,贡献其所谓补救之意见;此外并谈及传教问题;两国往来公文所用文字问题及解释约文发生争执时,应提交国际法院判断问题;等等。经曾思回部后,一一陈明部长,旋由部长转交主管司,对于两次西使询问各节,拟具答复,提出条约研究会通过,复由曾思于九月七日第四次往晤嘎使时,向之逐一说明。嘎使谓不日当将双方交换意见之结见(果),连同中国草约一并邮寄政府,听候训示。本月十七日,曾思又往西使馆,探询嘎使曾否接到该国政府何种消息。嘎使云尚未接到,因中国草约本人于上月中旬甫行寄出,大约须二十余日,方可寄到本国外部,外部审核之后,尚须转送经济调查会、工商部及国务院,重加研究,手续繁多,绝非短时间所能竣事。曾思即询问可否设法一催。嘎使云,自无不可。曾思又询问中西现约,纵照西国看法,下月十日亦已期满,届时西国究拟如何办理?嘎使云,下月十日为该约中一部分之条款期满。曾思云,此层历次谈话时,贵使何以迄未提及?嘎使云,此为本国政府明白之主张,本人不能予以讨论,现本人拟于下月十日以前,先探访贵部部长,然后再用公文手续,将该约已满之一部分展限有效云云。曾思与嘎使五次接洽情形,大略如此。

顾会长云:根据顷间王参事之报告,可见两国主张距离尚远,新约订立绝非短时间所能成功。惟本年十一月十日现约失效时期,转瞬即至,届时我方究应如何应付?此事至关重要,现既承外部将本问题提付本会讨论,鄙意为慎重将事起见,今日出席人员为数不多,只可就原则上先行交换意见,至具体办法,待下次开会人

数稍多时,再为决定,诸君以为然否?(众无异议)

顾会长又云:现在对于西约一案,我国所可采用者,大约不外两种办法:一为就主义方面立论,修改不平等条约,既系举国一致之主张,一部分人士对于未到期条约,尚要求径予废止,则对于已到期约,自难任其继续有效,不言自喻,虽曰新约尚未成立,然在过渡时期,尽可另订临时办法;一为中西两国目下正在进行订约,旧约只可暂予延期,免使两国邦交陷于无约地位。如采后一办法,则本问题之解决,当不致有若何困难。反是,如采用前一办法,则日后应取步骤,事前不能不通盘筹划。盖废约一事,彼方断难同意,若欲出诸片面行为,将来必有若干纠葛。今日到会人数既不甚多,鄙意只可由预会诸公,先行交换意见,待下次会议时,再作进一步之研究。

王参事云:西使声称拟于现约期满以前,来部面谈一次,然后再用公文手续,请求将现约已满期之一部,展限有效。

顾会长云:修约范围,外部向来主张全部改订,西使所称一部期满一节,似难承认。

吴次长云:废约一事,至关重要。鄙意可仍请王参事,先向西使询问,该国对于修约原则上是否赞成,以便研究第二步办法。

顾会长云:彼方对于我国提议中主要各点,大约意见如何,王参事谅有所闻。

王参事云:西使谓双方意见距离尚远。

吴次长云:观最初时西使谈话之情形,与近来所持之态度,竟判若两人,内中恐另有作用。鄙意可仍请王参事再向其一探究竟,以便徐图应付。

罗总长云:现在距旧约届满时期,尚有三周,似可先行派员一探究竟,于下星期开会时再行提出讨论,吴次长所言甚为恰当。

顾会长云:王参事最后一次会晤嘎使时,系在何日?

王参事云:系在本月十七日。

顾会长云:鄙意稍俟几日,仍请王参事前往西班牙使馆,向嘎使再行催问,并将我方意见约略表露。

吴次长云:我国草案嘎使既已翻阅数次,该国政府意见若何,谅彼总有几分把握,如果诚心修约,我方自可允许从长讨论。

罗总长云:局部修改一节,我国断难承认,自不待言。至旧约届满以后,究应如何对付,或暂时展限,或采用对比办法,应看外交当轴意见如何,再定方针。现在决定仍请王参事先向西使再为一探,以便徐图应付。

顾会长云:修约范围,外部向来主张全部改订,宗旨迄未少变。

钱事务主任云:我国之于日本,亦要求将一八九六年中日旧约及其附属文件全部改订,日本复文一方面虽援引该约第二十六条,以为似此广泛之改约要求,在中日间现行条约规定内未见有可加以想象或承认者,然一方面声称仍愿以同情考量中国之希望。

顾会长云:窥西班牙用意,似以法权问题不在通商条款范围之内,惟此事亦大有研究余地。

罗总长云:因彼此通商,然后乃研究保护彼此商人之办法;因研究保护彼此商人之办法,然后乃涉及领事裁判权问题,故谓法权条文系商务条文中之一种,亦非绝对不可者。

顾会长云:范围问题,我国向来所持主张,一时恐难骤变,故仍以声明全部改订为是。

罗总长云:我国领事裁判权制度与土耳其之 capitulation 实不

相同,故对于修约范围,仍以维持我国向来主张较为得计。

顾会长云:西约案,诸公意见既大半相同,现在决定仍请王参事向西使先为接洽,俟下次会议时,再行提出讨论应付方法。(众无异议)

顾会长又云:中法约案,最近戴公使与胡科长第二次会晤法国专门委员。兹请戴公使将谈话情形,约略报告。

戴公使云:上次双方会议,曾议至通过印度支那货物问题之法案第四条为止。本次会议时,我方提议华货经过印度支那转赴他国口岸者,亦应享减纳通过税之权利,不得仅以转往中国某一口岸者为限。法委员谓如此办法,印度支那税关所受牺牲,未免太重。又法案第五条之末,提及一八五八年条约,我方以此种规定,恐有不便,因该约如果另行修正,而所载之领事裁判权亦予取消,则难保届时不因此第五条文字之故,反使一八五六年条约在印度支那边境之四处地方仍得继续有效。法委员对于此种解释亦表赞同,以为不妨于该条之末,另加"仍以该约各款在中国领土其他各点有效之时期为限"一句,如此庶不致发生误会。至法案第六条,我方主张法国政府如果承认上次会议中国所提之减收关税办法,则此条除末句规定子口税单之税额以外,其余皆将成为赘文,不如另拟一较宽泛之条文为善。法委员表示认可,因请即由我方另提一条,并赞成关于子口税单之税额问题,亦另用一种较为宽泛之条文。嗣讨论法案第七条,我方谓护照之制,前本部钱司长与 M. Lepice 君会晤时,业将中国提议述及,法国至今尚未答复,中国委员不能不重申前议。法委员答称此种费用,年有变更,莫若于条约内载明,以相互原则为基础,不必定明照费。我方又谓法案第七条,系直录一八八六年条约之第五条,中有数种语句,用于现代似太离奇,如"仅为体面之人请发"、若"必应路过土司苗蛮地方"等语,以及该条之第三段,无一不可从删,且护照应由本国官厅填发,而他国官厅签证,方与现行惯例相符。又该条末段所载法国人在通商处所八十里以内,可以无照游行,然据一八八六年条约,周围可以游行之范围仅在五十里之内。法委员对于上开各句,亦认为皆可从删,并谓法案之中,何以载明中国人护照须由法国官厅填发,法国人护照须由中国官厅填发;以及该条末段何以定为周围八十里,而不定为五十里,本员等均所未喻,俟下届会议时再为说明云云。当日与法委员会议情形,大略如此。

顾会长云:华侨待遇问题,将来是否提出另行加入?

戴公使云:然。上次会议时,我方业经声明不过以法国草案内诸条款作为各问题讨论次序之标准,中国方面仍可自由将主张各点,随时加入,法方亦已赞同。又减税问题,下次会议席上拟提条文如下:

法国或法属印度支那货物输入于○条所载各通商处所,应遵照中国海关税则章程办理。此项货物在上述通商处所以外地方,以及在中国内地流通销售,应照中国其他通商口岸情形办理。

凡本地及他国同类货物所应纳之出厂税、销费税、保真税以及其他类似之税额,中国输入法属印度支那之货物,亦应予缴纳。

为便利中国及法属印度支那边境各地间贸易起见,本条第一段所载之原则可作下列之例外:

附表(甲)内所列之中国货物,由东京陆地边界输入印度支那者,得享印度支那税关最低税则之利益。

附表（乙）内所列之法国或法属印度支那货物，由印度支那输入上载各通商处所者，对于中国普通进口税则，得享〇分〇之减税。

顾会长云：是否已向法方声明？

戴公使：第二次会议时，已向法方声明关于减税问题，下次会议时我方当另提出条文。

顾会长云：华侨待遇及设领二者，亦为中法修约中不可轻视之点。

吴次长云：关于设领问题，自新近海防发生残杀华侨一案后，本部曾电驻法陈公使，请其乘机向法政府婉辞磋商，务期将该问题先为解决，一方面并致文驻京法使，提出同样要求。据云，法使亦甚为谅解，已电该国外部请训。

顾会长云：中法修约一案，现在应行讨论者，为下次专门委员会议时，关于税则问题我国拟提之条文。该项条文底稿，诸君谅均已阅过。

戴公使云：上述条文至今尚未向彼方提出。

顾会长云：鄙意意义上尚可稍为补足：（一）减税办法，应限于值百抽五之正税。依照华府九国条约，附加税不在此例，此系我国既得权，条文内似可说明。（二）减税货物，一经入口，向例即能随处销售，似应乘此修约机会，将其略为限制；否，假令日后本约一再延期，待至我国交通便利，该项货物能畅销内地之时，边关各处既有减税规定，则法国来华物品，均将舍海口而就边关，于我国税收上至有关系。（三）减税税率，最好用递减办法，如第一年减十分之二，第二年间十分之一，第三年照常纳税，不予再减，务期于一定时期之内，达到海陆边界划一征收关税之目的。西南边界减税制度既已取消,则东北边界减税制度应付自然较易。况依照条文规定,中国货物必须运往印度支那者,方可享受最低税率,其运往法国者,仍依然照常纳税,反是法国货物不但印度支那产品输入中国,得能减税,即法国本国货物,亦同样待遇。此种办法与平等相互原则,显相凿枘。我国初意本欲将其完全取消,现完全取消既不可能,不得已乃有此种临时性质之协定,然究系特殊办法,绝难任其长此迁延。以上三端,鄙意不妨乘此机会,提出与彼方婉辞磋商,未知诸君以为然否?

胡科长云:关于附加税问题,我国日前在会议席上已经声明不受减税规定之束缚,法使并未反对。

吴次长云:本问题与将来我国关税自主上是否毫无关系?

胡科长云:法国约稿中关于关税问题,分第一期与第二期两种办法。现在我国主张将施行新约手续,更求简单,另提一种较为宽泛之条文,与关税自主问题毫无牵涉。

吴次长云:若欲限制减税货物销售之区域,事实上恐有种种困难。

严顾问云:然则就有效时期上予以限制,如何?

顾会长云:暂限五年。五年之内,我国交通谅不至如何发达。

钱事务主任云:我国拟提之修改条文第二节中,已载明“此项货物在上述通商处所以外地方,以及在中国内地流通销售,应照中国其他通商口岸情形办理”。

顾会长云:照普通惯例,外国货物于入口时缴纳正税之后,无论运往何处,似不能令其补纳与正税同类之课税。

吴次长云:总须以双方互相优待为本旨。

顾会长云:华盛顿会议时,美国因本国国境与中国并无毗连处所,故对于中国现行边界减税制度,反对独力,与各国相持甚久,后经加拿大出任调停,乃始有现在之办法。依照华会条约,附加税不在减税之例;又可以减税者,只值百抽五之正税,除值百抽五税额以外,凡因修改税则而增加之税额,亦不能享减税之权利。此层法国亦已承认,故法案中所以有"中国税关所收值百抽五之税则或其相等之从量税则,得享十分之二之减税"一语,鄙意此段还以仍用法案较为明了。

吴次长云:可根据法案再为说明。

顾会长云:上次会议时,双方不过决定将条文再为修改,至减收数额,是否并未说明?

胡科长云:然。

顾会长云:如能用递减方法,分三期办理,于一定时期内,达到税则划一之目的更好。我国西南边界商业尚不十分发达,惟北东(东北)之满韩一带,每年进出口货为数甚多,取消西南边界减税之制度,即所以为将来取消东北边界减税制度之张本也。

严顾问云:他国之维持减税制度,往往以法国为借口。

顾会长云:减收数额,我方愈少愈好,如第一年照法案减收十分之二,惟第二年须减收十分之一,第三年照常纳税。

吴次长云:减收十分之一,以一年为期,何如?

胡科长云:恐法方未必承认。

戴公使云:如期间甚短,似无分期办理之必要。

顾会长云:以一年或二年为限,时期未免过短。

钱事务主任云:不过现在各国亦有如此办理者,一年期满之后,如双方并不声明废弃,再行继续一年,以后照此类推。

顾会长云:如期限甚短,自无分期递减之必要。又拟提条文第三段 Chinese merchandise imported into French Indo-China shall be subjected to excise, consumption + guarantee duties + other similar taxes levied on the same period of native merchandise or those of any other country,鄙意不如由反面立论,改为 no other or higher duties or taxes shall be imposed on Chinese merchandise imported into French Indo-China than those imposed on the like native article or article of any other country,庶包括较广。

胡科长云:仍照原拟条文,惟于 shall be subjected 下加 only 一字,庶除出厂税、消费税、保真税及其他类似之税额外,即他国应纳者,我国亦可一概不纳,何如?

顾会长云:似以用反面立论为是,且日本与他国所订条文,大半如此,只须照抄成句。

胡科长云:既从反面立论,则出厂税、消费税等可一概不必指明。

顾会长云:然。诸公如无别项意见,即可宣告散会。

七时半散会。

条约研究会第三十七次常会会议录

一九二七年十月二十八日下午五时半

出席人员：顾会长主席、王总长、沈总长、罗总长、戴公使、王公使、刁公使、严顾问、赵顾问、钱事务主任。

顾会长云：今日应行讨论之问题有二：（一）中西现约十一月十日即将到期，嗣后究当如何应付？（二）中法修约展限期间，不久届满，应否再予展限？鄙意两问题中，法约案较为单简，兹拟先付讨论，诸君以为如何？（众无异议）

顾会长又云：中法修约交涉，自戴公使及胡科长与法国专门委员迭次交换意见之后，进行似已略有眉目。

王总长云：双方意见外观似已稍见接近。

顾会长云：交涉既有进步，事实上修约期间只可再予延长。上次延长，是否系二个月？

王总长云：然。迭次延期，合计已逾一年。

沈总长云：交涉进行已达何种程度？

顾会长云：可请戴公使将上次会晤法国专门委员谈话情形，约略报告。

戴公使云：本次会晤法国专门委员时，鄙人及胡科长当将上次约定由我方草拟之税则条款，予以提出，计分三条：

（一）法国或法属印度支那货物输入于〇条所载各通商处所，应遵照中国海关税则章程及普通税则办理。

惟为发达中国及法属印度支那边境间贸易起见，特议定调剂办法如下：

本约附表（甲）内所列之法国或印度支那货物，由印度支那输入上载各通商处所者，在本约施行后〇年之内，对于中国海关现行值百抽五之从价税则，或其相等之从量税则，得享十分之二之减税。该期限一经届满，此种减税办法即予停止，俾中国海陆边关税则划一之原则得以完全施行。

此项货物在上述通商处所以外地方以及在中国内地流通销售，自应照同样货物在中国其他通商口岸之办法办理。

（二）本约附表（乙）内所列之中国货物，由东京陆地边界输入印度支那者，得享印度支那税关最低税则之利益。

凡中国货物输入法属印度支那所纳之税捐，不得超过法国或印度支那或第三国同样货物所应纳之数额，亦不得较法国或印度支那或第三国所应纳之税捐有所歧异。

（三）中国及法属印度支那两地间出入口货物，应互相享受各该国给予他国出入口货物之各种便利。

两缔约国约定此国境内所产未制、已制各种物品输入于彼国境内时，彼此不得保持或新设不适用于他国同样物品之任何禁例。

法委员对于上述三条条文，大致并不反对，惟拟将字句上略为修改如下：

第一条　法委员主张(一)第一节"特议定调剂办法"之前，加"并参酌地方经济需要"字样；(二)第四节末句改为

"自应照同样货物在通商口岸以外中国其他各处之办法办理"。

第二条　法委员主张第一节之首,加"在上载同一期限内"字样。

第三条　法委员主张(一)第一节之首,加"关于关税章程之施行"字样,又"两地间出入口货物"之后,加"照以上两条所载办法完纳税金者"字样;(二)第二节"输入于彼国境内"字样之后,加"除临时因防止病疫特殊性质之关系外"一句。

后双方继续讨论法案第八条,即关于滇、粤、桂三省筑路、开矿问题。我方以本条条文不啻照抄一八九五年中法旧约第五条,与华会条约取消势力范围之原则,显相凿枘,中国政府断难承认。法委员对于采矿一节,并不坚持,惟关于筑路问题,提议嗣后双方均得互将所筑铁路延长 prolonge 至彼国境内。我方对此拒绝承认,以为中国并无在印度支那筑路之用意,如法国必欲于新约中载入筑路事项,则不妨改为"关于两国铁路接线事宜 raccordement,将来由两缔约国再行商订"。继又议及法案第九条,我方完全承认。至法案第十条所载之本约有效时期,我方主张以三年为限,期满得先期六个月通告废止。法委员要求至少五年,期满得先期一年通告废止。又法案第十一条本约实行问题,我方主张签订后立即施行,法委员谓此为该国宪法所不许。当日会议情形大略如此。

顾会长云:观顷间戴公使之报告,可见双方谈判已渐接近。修约时期,大约只可再予展限。诸公有无他项意见发表?

沈总长云:事实上只可再予展限两个月,以便双方继续谈判。

王总长云:此次展限,理由较为充足,不致若前几次之毫无根据。

顾会长云：诸君如无他项意见，可将西约案提付讨论。

沈总长云：法约舍展限以外，似无别种办法。

顾会长云：关于中西修约问题，最近部中曾否派员向西使催问？

王总长云：然。部中并于上月廿四日致电我国驻西宋代办，嘱其从速向西政府询明该国对于我国草案，能否大体承认，复文何日可以发出。前准宋代办来电，谓西政府尚在研究，不日训令西使答复云云。

沈总长云：忆日前西使声称拟于十一月十日现约届满之前，用公文手续请求将该约已满期之一部分展期有效。所谓已满期之一部分究何所指？西使曾否有明白表示？

王总长云：西使尚未前来表示。溯自我国新约草案提出以来，于今已二月有余，西国政府迄未答复。昔当本部甫行提议修约之初，西使谓本问题不致难于解决，其所抱态度甚为乐观。乃不料开议之后，彼方枝节横生：首则对于有效时期，坚持应照西文解释，至今年十一月十日方为届满；继则主张中国对于最惠国条款，须先有具体表示，始能开议，且声明旧约中可以修改者，只限于税则及商务条款，不涉其他条文；一再坚持，毫不让步，并声称中德、中奥两约均只有平等之名，而无平等之实，中西日后订约，内容较诸德、奥二约，当更求平等。言外之音，不言自喻。最近本部以十一月十日期限转瞬届满，即照西政府看法，现约亦将失效，曾派王秘书向西使再为催问，并约略流露我国对比及对日修约之经过情形。大致谓对比修约一案，惜比国初时误入歧途，遂致发生可叹事故，其后比政府深知所为徒伤好感，无裨实际，故仍翻然变计，以融洽之精神,与我国开始修约之谈判。至于日本亦甚了解目下我国地位困难,关于修改范围,曾表示不以一八九六年中日条约第廿六条为限,而内地杂居亦不斤斤计较,预料将来结果,必仍指定若干区域为日人可以往来之地。夫日、比对华关系,不啻什百倍于西班牙,彼日、比尚能谅解中国之地位,今西班牙态度乃反坚决异常,殊可骇异。当日西使承认将此意转达政府。

顾会长云:现双方协定之十一月十日现约届满时期,转瞬即至。届时,我国究应取何种态度?

王总长云:换言之,日后我国之于西班牙,将采用对日先例耶?抑采用对比先例耶?

顾会长云:若采用对日先例,则对于中西现约应予延长;若采用对比先例,则径予废止。

沈总长云:可派人将我国对比办法经过情形,向西使略为流露,唤起彼方注意。

王总长云:业已派王秘书向西使约略表示。

顾会长云:中西修约经过情形,与中日、中比修约经过情形,内中又微有不同之处。比国态度以前异常强硬,首则主张依照中比条约约文,唯比国可以提议修改,继则单独赴诉法庭,我国迫不得已,乃始有废约之举动。日本最初即承认修约,且表示修约范围,不以一八九六年中日条约第廿六条为限。西班牙对于修约问题,虽声称愿为研究,惟宣言除税则及商务条款以外,其他条文均不在修改之例。

沈总长云:我国之于西班牙最好在对日、对比两种办法之间,觅一第三种办法。

王总长云:现约不久即将到期,先看彼方如何表示。

王公使云：诚如顷间顾会长及沈总长所言，我国对于应付方针，不能不预为决定。

王总长云：如采用对比办法，就西国本身论，当不致发生若何重大问题，惟以目下我国国内之情形，设对外取一种毅然决然之态度，则对于一般外交上有无影响，此点应详为研究。

沈总长云：西班牙不过取延宕手段，态度不若比国以前之强硬。

顾会长云：诚然，诚然。比国以前主张依照约文，惟该国可以提议修改，嗣后且单独赴诉法庭。

王总长云：就个人意见论，废约对于西班牙本身当不致有重大问题，惟在目下情状之下，若对外取强硬态度，在一般外交上是否不致发生影响？

刁公使云：关于约中所载修改条文，三国亦互有不同之处：比约声明惟比国可以修改；日约规定须于六个月之内修改，修改未成，继续有效；惟西约载明彼此两国如欲修约，可于六个月之前先行知照。故以条文论，西约中所载者于我国最为有利。若我方仍毫无表示，余恐舆论将群起责难，谓政府过于麻木不仁 no life。

王总长云：鄙意暂时不提废约问题，先行采用对比第一步办法，向西使声明中国对于修约时期，既已一再让步，且新约草案早经送交贵国，至今迄未准覆，现十一月十日期限转瞬届满，即照贵国看法，现约亦将到期，到期之后，当然再难适用，兹中国为顾全两国友谊，并促成新约起见，特向贵国提出临时办法，自现约期满日起施行云云。然后徐看彼方如何答复，再图应付，若仍一再延宕，结果恐只可废约。如此办法，诸君以为然否？至所称修约范围，仅限于税则及商务条款一节，我方自断难承认。

钱事务主任云：即日本亦声称，该国政府并无将议约范围，限于明治二十九年中日条约第二十六条所定事项之意见。

王总长云：西班牙所谓商务条款以外之条款，窥其意，似侧重于领事裁判权问题。殊不知领事裁判权亦可视为商务条款中之一种，盖因通商然后乃议及保护侨民之办法，因议及保护侨民之办法，然后乃发生领事裁判权之规定也。

顾会长云：细查旧约，领事裁判权之规定，系位于通商条款及航行条款之间，旧约前一部分系通好性质，后一部分系通商性质，而领事裁判权乃包括于通商性质一部分之内也。顷间王总长所称，暂将旧约问题搁置一旁，先向西使提出临时办法，自旧约期满日起施行，思虑周详。一方面顾全两国邦交，而一方面与我国修改不平等条约之意义，又相符合。

王公使云：换言之，政策坚定，态度和缓。彼方洞察我国用意之后，或肯就范，亦未可知。

王总长云：日前已派王秘书将我国对比及对日修约经过情形，向西使略为流露。

顾会长云：假令西班牙明了我国将以对付比国之办法对付该国，彼邦当轴诸人，亦必深为畏惧。

刁公使云：所谓废约者，亦不过将我国所受不平等之待遇，予以取消，两国之通好可仍然如故也。

顾会长云：若欲于现约期满之后，采用临时办法，则必须于期〔满〕前，与彼方稍为接洽。

王总长云：诚然，诚然。顷间鄙人提议各节，诸君如谓并无障碍，鄙意可先行拟就临时办法草案，以便提向彼方接洽。

顾会长云：不过外交情形千变万化，彼方对于我国所提临时办法能否就范,以及以后是否不致发生意外情形,目下均难逆料。鄙意事前应与各方面稍为接洽,俾遇事上下内外行动均能一致,庶外交当轴办事亦较为便利。

王总长云:我国之于西班牙,用尽种种和平手段,新约草案早经提出,且对于现约有效时期,已两次让步。目下即照西国看法,现约至十一月十日亦将届满。我又笃念邦交,先向其提出约满后临时办法,委曲求全,情意俱尽。如该国仍然借辞推诿,对于我国临时办法未能满意,则迫不得已,只有宣告旧约到期失效。如此办法,深信各国当不致有何种责言。至将旧约延长一节,与我国所抱修改不平等条约之宗旨,显相反背,断难承认。

王公使云:惟旧约期满之后,临时办法尚未商妥之前,在此期间以内,旧约是否认为仍然存在?

王总长云:此种期间,为时甚短。忆中比条约期满后,两国国交处于有约无约状态之下者,亦达十余日。临时办法有中比成案可资参考,草拟谅非难事,大约下星期三即可向西使提出。

顾会长云:自以从速为妙。

王总长云:明日即可将本案提出开议。

沈总长云:对比修约情形与西班牙大不相同,此层宜予注意。

钱事务主任云:我国所侧重者,无非法权与关权两问题。

罗总长云:过渡办法一经提出,不啻认旧约期满之后即应作废。

顾会长云:诸君对于本问题大致意见相同。

王总长云:未知我国此种举动,在他国方面能否不致发生反响?

顾会长云:议论在所难免,惟他国既非身当其冲,当不至出面积极扶助。即日前对比废约,甫经发表之后,各方舆论亦大为震动,惟不久即复趋冷静。

罗总长云:英美各国与中国所订条约,届满时期距今尚远,对于西班牙当不致积极扶助。至于日本,中日修约现已在进行之中。

王总长云:西班牙在华利益,不及比国远甚。

罗总长云:比国在华尚有铁路,绝非西班牙所能望其项背。

顾会长云:到期废约,为各国常有之事,并非决裂可比,况中西二国已在进行新约。

沈总长云:将来对西废约文件之草拟,措辞亦应与对比废约文件,略有不同。

钱事务主任云:商务条款西班牙原表示期满可以失效,其不承认期满失效者,惟政治条款已耳。

顾会长云:上述办法,诸君谅无异议。

王总长云:嗣后所应讨论者,为临时办法之内容问题。鄙意星期一日下午四点半钟再开一临时会议,何如?

沈总长云:可否于星期一下午五时或六时举行?

顾会长云:亦无不可。

沈总长云:改作上午十一时,何如?(众无异议)

下午六时半散会。

条约研究会第三十八次常会会议录

一九二七年十月三十一日上午十一时

列席人员：顾会长主席、王总长、罗总长、姚总长、沈总长、吴次长、戴公使、王公使、刁公使、严顾问、赵顾问、钱事务主任。

王总长云：上次所议中西修约到期后应付方针，府院方面，均已一致表示赞同。

顾会长云：关于拟向西班牙提出之临时办法，外交部现已拟有草案两种，第一种草案措辞异常赅括，第二种草案比较略为具体。请钱司长将两草案内容，约略说明。

钱事务主任云：第一草案，我国让步较多，如序言内所称"双方同意将一八六四年条约予以终了"及第一条规定"两国外交及领事人员以及人民(包括传教徒)、货物、船舶应享受最惠国待遇"，均迎合西班牙素来所表示之愿望，与一九二六年十月廿六日比国所提临时办法，大致相同。只因西班牙在华教士为数颇多，故将比案"法人"二字，改为"传教徒"三字，而对于"法人"则以其既包括于"人民"二字之内，并未另予列举。惟第二条"本临时办法有效时间，以六个月为限。期满经双方同意，得继续有效"一句，隐含有限制将旧约中不平等权利永远延长之用意。当日中比谈判决裂，即由于此，恐西班牙亦未必肯予承认。至第二草案，乃参照一九二六年九月二日及同年十月廿三日我国对比两临时办法草案草拟，大体以我方利益为先提，故开前即声明一八六四年条约到期失效，借以揭明本部历来之主张。而第一条载"两国外交及领事官员只能享国际公法通常赋予之权利"，盖抄袭去年九月我国对比草案第一条之条文，与第一草案所称最惠国待遇，性质迥不相同。至第二条乃取法于去年九月对比临时办法第二条之规定。第三条乃参酌去年九月及十月对比两临时办法第三条之内容，而于第一句之尾，复行加入"西班牙并允许于缔结之新约中，正式放弃领事裁判权"一段，庶取消法权之意义更为明显。惟欲于六个月期内觅一双方均可容纳之办法，事实上恐难办到，故结果将仍不免于暂时维持现状已耳。又第四条系仿照去年九月对比草案第五条，内中"平等相互"四字，或足以引起西班牙之诘问，但尚有"尊重领土主权"一节，以为我国辩驳之根据。第五条与第一草案第二条完全相同。总之，此次司拟两草案，第一草案虽我国让步较多，然西班牙苟能承认，则废约之目的总已达到，嗣后所当从事进行者，惟在于设法废除临时办法已耳；至第二草案则偏重我方意见，如旧约应予失效、关税应取相互性质、领事裁判权应声明抛弃，均系我国对于修约问题素来所抱之原则。司拟两临时办法草案内容大略如此。

顾会长云：关于外交部所拟两临时办法草案，顷间已经钱司长将内容详为说明。现在应行讨论者，即上述两草案中，究以何一草案较为适用。

沈总长云：第一草案似过于单简。

顾会长云：第二草案较为详明。

王总长云：我国对比第一次所提临时办法草案，即与现在拟向西班牙提出之第二临时办法草案,大同小异。至现在拟向西班牙提出之第一临时办法草案,除第二条外,其余均仿照去年十月廿六日比国对我所提之临时办法草案草拟;至第二条乃采用同年十月廿八日我国对比所提条文之精神,当时比国政府拒绝容纳,双方谈判因此遂至决裂。

钱事务主任云:当日中比谈判决裂之原因,不在于临时办法草案内关于比侨待遇之规定,而在于临时办法有效之时期及其延长之手续。

王总长云:当日中比两国争执之点,即在于比国对于双方同意可以延长一节,根本不予承认。其用意无非希望将旧约中之权利,无期延长,此事我方自难赞同。

钱事务主任云:若采用第一草案,则对于第二条宜抱定不再展限之宗旨;否,是不啻仍然延长旧约也。

罗总长云:鄙意亦以采用第二草案为是,因不再延长一层,事实上恐难办到。

顾会长云:诸君既一致赞成采用第二草案,鄙意现在可将该草案提出逐条讨论。(众无异议)

顾会长又云:第二草案绪言数语,系根据我方主张立论,措辞尚属得体,惟未知彼方能否容纳。至第一条关于两国外交及领事人员待遇问题之规定,全系国际普通办法。

姚总长云:外交官与领事官性质是否不同?

顾会长云:诚然。

王总长云:照第一条条文,两国外交官及领事官均应享受国际公法所通常赋予此等官员之一切优越权及豁免权,换言之,外交官应享受国际公法所通常赋予外交官之优越权及豁免权,领事官应享受国际公法通常赋予领事官之优越权及豁免权是也。

姚总长云：若然，西班牙所取得之领事裁判权，嗣后将不复存在。

罗总长云：领事裁判权本系东方各国一种特殊之情形。

顾会长云：西班牙之取得领事裁判权系根据条约而来，鄙意第一条 all the privileges and immunities 句中之 all 一字，似可删去。

刁公使云：改用 such privileges ... 何如？

王总长云：下文 officials 字上，已有 such 一字。

顾会长云：all 一字还以删去为是。又第二条关系关税问题。

钱事务主任云：本条对比所提草案内中多"两国承认彼此关税自主之原则"一句，现西班牙既允许税则及商务条款可以废止，则对于该国所提草案，似无加入此句之必要。

顾会长云：第二条所谓"通用税率"，是否指现行税率而言？

钱事务主任云：然。日斯巴尼亚输入中国之商品，得享受中国对于外国入口货现在通用之税率。

沈总长云：第二条末尾"为条件"数字，似欠妥当。鄙意不妨将其删去，用平行笔法，改为"输入中国之日斯巴尼亚商品，应享受中国对于外国入口货通用之税率；输入日斯巴尼亚之中国商品，亦应享受日斯巴尼亚对于外国入口货通用之最低税率"，何如？

顾会长云：然则洋文条文，亦应同样修改如下：Spanish merchandises imported into China shall enjoy the tariff rates generally applied to foreign imports into China; Chinese merchandises imported into Spain shall enjoy the minimum rates applied to foreign imports into Spain。

姚总长云：第三条"中日两国政府当共同觅一改变现在制度，使双方均可容纳"句中之"改变现在制度"数字，似可删去。

钱事务主任云：我国对比临时办法，原无上述数字。本条所以特予加入者，不过欲使我国取消领事裁判权之用意，愈益明显已耳。

姚总长云："改变现在制度"数字，或能引出误会。又"但为过渡办法"一句，亦系赘文。

顾会长云：措辞自以愈简愈妙，注解过多，易起争辩。

王总长云：惟无"过渡办法"一句，本条条文或可解作商订于临时办法有效时期之内，而实行于新约成立之后。

姚总长云：然则于末尾"可容纳之"数字之下，"办法"二字之上，再加"过渡"二字，如何？

顾会长云："改变现在制度"一句，鄙意亦以为可以删去，因恐令人解作改变现行之司法制度也。又"实行期间以内"可改为"实行期内"。

沈总长云：用"先行办法"四字，何如？

顾会长云：改为"实施办法"，似无不可。

罗总长云："实施"二字，颇含有洋文 practicable 之意义。

姚总长云："先行"是否有暂行之意？

王总长云：所谓暂行云者，可以知将来之不能行。

沈总长云："先行"二字，表示后亦可行。

顾会长云：只看司法当轴，是否希望此种暂行办法，以后继续有效。

姚总长云：目下法界人材、经济两形缺乏，如能取分区办法，自可赞同。

顾会长云：大概只可照对比办法，许以司法上种种之保障及便利，如准其延请外国律师及雇用翻译等是也。

钱事务主任云：西班牙在华侨民寥寥可数。

王总长云：大约散居绥远一带者，为数较多。

顾会长云：旅居该处之西侨，强半均属教士。

钱事务主任云：西班牙在我国之侨民，不过三百余人。

顾会长云：鄙意"共同"二字及"使双方均可容纳"一句亦可删去，因既云 work out，即含有上述二种之意义。又中文条文中"裁判问题"四字，查洋文为 jurisdiction，范围较"裁判"二字尤为广阔，应改译"司法问题"，方称恰当。至 jurisdiction 之前，似应另加 exercise of 二字。

姚总长云：不若仅用"商订办法"四字，并不指明在临时办法有效期间以内实行，抑在临时办法失效以后实行，似较含混。

顾会长云：照洋文条文看法，arrangement 字前似无另加形容词之必要。

钱事务主任云：即用"商订实施办法"六字，亦无不可。因此六字亦甚有伸缩，何时实施与能否实施，均未确切指定。

姚总长云：如此，似只有商订之事实，是无实施之事实也。

顾会长云：司拟稿用意，系指在临时办法有效期间以内，中国法庭对于西班牙侨民司法问题，应适用之办法而言。

姚总长云：然则改为"商订办法施行"，如何？

王总长云：就事实上论，在此六个月期内，恐难得一适当办法，结果仍必至维持原状。

顾会长云：鄙意第三条第二句洋文条文可略为修改，加入从速实行之意义，庶较为完备。措辞如下：The Chinese and Spanish

Government will forthwith work out an arrangement to take immediate effect regarding the exercise of jurisdiction of Chinese courts over Spanish nationals during the enforcement of the present modus vivendi。

严顾问云：是否应改用 shall，抑仍用 will？

顾会长云：改用 shall。

严顾问云：改用 shall 似较切实。

钱事务主任云：然则将中文条文改作"中西两国政府当商订办法，立予施行"，何如？（众无异议）

顾会长云：请钱事务主任朗诵第三条中文修改条文，如诸君另有卓见，务请发表。

钱事务主任朗诵第三条中文修改条文如下："两国兹承认彼此领土管辖权之原则，日斯巴尼亚并同意于缔结之新约中，正式放弃在中国之领事裁判权。在本临时办法实行期内，中国法庭对于日斯巴尼亚侨民之司法问题，中日两国政府当即商订办法，立予实行。"（众无异议）

顾会长云：现在继续讨论本草案第四条。查本条鄙意以为可以完全删去，盖我国所注意者，不过关权、法权。该项问题，第二及第三两条业已载明。

姚总长云：鄙意亦复如此。除法权、关权外，其他问题，不妨待以后发生时，再图应付。

顾会长遂朗诵临时办法草案第五条："本临时办法有效时期，以六个月为限。期满双方同意，得继续有效。"

沈总长云："经双方同意"句前，加以"如"字，何如？

姚总长云：鄙见亦同。

下午一时散会。

附件：

拟提中日临时办法草案（一）

中日两国政府业经双方同意，将一八六四年十月十日所订之友谊通商航船条约予以终了，并鉴于两国现在所正进行交涉，以平等及互相尊重领土主权原则为根据，商订新约，爰议定临时办法如左：

第一条 此缔约国外交及领事人员以及人民（包括传教徒）、货物、船舶在彼缔约国境内应享受最惠国之待遇。

第二条 本临时办法有效时期以六个月为限，期满经双方同意，得继续有效。

Draft of proposed Sino-Spanish modus vivendi No.1

The Chinese and Spanish Government being in accord to put an end to the Treaty of Amity, Commerce and Navigation signed on October 10, 1864, and considering that negotiations are in progress between them for the conclusion of a new treaty on the basis of equality and mutual respect for territorial sovereignty, have agreed upon the following modus vivendi：

Article 1. The diplomatic and consular agents, the nationals including missionaries, the products and the vessels of each of the High Contracting Parties will enjoy on the territory of the other Party, the treatment of the most favored nation.

Article 2. The present modus vivendi will remain effective for a period of six months and may be renewed by common accord of the two High Contracting Parties.

拟提中日临时办法草案(二)

大中华民国政府及大日斯巴尼亚政府,兹因一八六四年十月十日两国所订之友谊通商航船条约于一九二七年十一月十日终了,自该日起,即行失效,并鉴于双方现正进行交涉,以平等及互相尊重领土主权原则为根据,商订新约,爰协定临时办法如左:

第一条 此缔约国之外交及领事官员,在彼缔约国境内,得互相享受国际公法通常赋予该项官员之一切优越权及豁免权。

第二条 日斯巴尼亚输入中国之商品得享受中国对于外国入口货通用之税率,惟以日斯巴尼亚对于中国输入该国之商品,亦予以该国对于外国入口货通用之最低税率为条件。

第三条 两国兹承认彼此领土管辖权之原则,日斯巴尼亚并允许于缔结之新约中正式放弃在中国之领事裁判权,但为过渡办法在本临时办法实行期间以内,中国法庭对于日斯巴尼亚侨民之裁判问题,中日两国政府当共同觅一改变现在制度,使双方均可容纳之办法。

第四条 凡未经上列各种规定切实包括之一切问题,均依照平等及相互尊重领土主权之原则处理。

第五条 本临时办法有效时期,以六个月为限。期满经双方同意,得继续有效。

Draft of proposed Sino-Spanish modus vivendi No.2

Considering that the Treaty of Amity, Commerce and Navigation concluded on October 10,1864 between China and Spain has expired on November 10, 1927 and ceased to be in force from the said date; Considering that negotiations are in progress between the Chinese and Spanish Government for the conclusion of a new treaty on the basis of equality and mutual respect for territorial sovereignty; The Chinese and Spanish Government have agreed upon the following modus vivendi:

Article 1. The diplomatic and consular representatives of each country shall reciprocally enjoy on the territory of the other all the privileges and immunities generally accorded to such officials by international law.

Article 2. Spanish imports into China may enjoy the tariff rates generally applied to foreign imports into China, provided that Spain will also extend to Chinese imports the minimum rates applied to foreign imports into Spain.

Article 3. The principle of territorial jurisdiction for each country is hereby recognized and Spain agrees to the formal renunciation of its consular jurisdiction in China in the new treaty to be concluded. As a provisional measure, the Chinese and Spanish Government will jointly work out an arrangement modifying the present regime and acceptable to both parties regarding the jurisdiction during the enforcement of the present modus vivendi of Chinese Courts over Spanish nationals.

Article 4. All questions not specifically covered by the above provisions shall be dealt with and adjusted on the principles of equality and mutual respect for territorial sovereignty.

Article 5. The present modus vivendi will remain effective for six months and may be renewed by common accord.

条约研究会第三十九次常会会议录

一九二七年十一月四日下午四时半

列席人员：顾会长主席、罗总长、沈总长、戴公使、王公使、刁公使、严顾问、钱事务主任。

顾会长云：今日讨论中西修约问题。查我国临时办法，业经外交部于本月二日向西使提出。兹请钱司长将当日经过情形，约略报告。

钱事务主任云：本月二日上午十一时，西使来部会晤总长，对于伊上月十七日向王参事所称，拟于现约将满之前，请求将该约已满期一部分，展限有效一节，竟绝未提及。当经总长询以曾否接到本国训令。西使答谓并未接到训令。总长遂表示十一月十日转瞬即至，即照该国看法，旧约不久亦将届满，似应定一临时办法，以资过渡。西使对于临时办法，拒绝接受，声称该国曾要求在新约未成以前，应与其他各修约国同等待遇，此事中国亦已允诺，现在日本延长旧约，并无临时办法，西班牙惟有援照日本先例云云。总长答以中西新约成立以前，西国所受待遇应与他修约国相等一节，中国业已容纳等语，想系误会，因中国政府尚无此种表示。至西使所称中国对于日本之情形，亦与事实稍有不符，中国并未承认中日旧约过期继续有效，且中国曾声明修约日期届满，保留自由行动之权，不过嗣后双方意见接近，新约可望达成，故仅将磋商期限再予展限，尚未适用保留之权，其实亦系一种临时办法也。中日关系较之中国、西班牙关系，相差太远，情形既属不同，则临时办法当然亦应互异，决不能以适用于此者，而施于彼也。西使询问中国对日办法能否见示。总长答以容可酌量择要送阅。当日总长与西使谈话情形，约略如此。下午，部中复派王秘书赍送临时办法草案，前赴西馆。西使谈话之中，仍表示不愿接收临时办法。王秘书当告以中国方针业经决定，本部已电令驻玛德利宋代办，嘱其向贵国外部提出，贵使即不接收，于事亦属无补。西使至是乃始勉予承受，并询问临时办法内容，是否与对日采用者相同。王秘书当答以中日关系与中西关系，截然两事，自不能适用同样办法等语。现在应行讨论者，为西使所称仿照日本办法一节。总长意既以为我国断难承认，则嗣后究应采用何种手段以资应付。总长今日因疾不能莅会，特转恳顾会长将该项问题，提请讨论。

罗总长云：本问题系完全政治性质，王总长今日因病不能莅会，政府所取方针，我辈既无从推测，殊不易于讨论。

沈总长云：王总长今日既不能莅会，同人等只可将本问题先作一种理论上之研究。

罗总长云：鄙意可稍待几日，俟王总长能亲自出席时，再将本问题提付讨论，好在每星期开会，不必只限于星期五一天，尽可随时召集。惟就理论上言，对日办法自不能任西班牙任意援例，盖各国情形不同，未可以适于此者而施于彼也。

刁公使云：第一总须打破各国间连锁之关系。

王公使云：苟任各国互相牵连，似非良策。

罗总长云：到期修改，期满作废，外交部对于中外旧约历来均抱此旨，现只有贯彻该项主义。

沈总长云：关于西使接收我国临时办法时之情形，顷间钱司长已言之甚详，现在应行讨论之点，究系何在？

钱事务主任云：即西使要求仿照日本办法办理一事，我方能否承认是也。

王公使云：西使此种态度，无形上即要求最惠国待遇。

罗总长云：就理论上言，我国固不当因西班牙国势较弱，遂使其与其他各强国受一种歧异之待遇；然就外交上言，一国与一国之关系不同，故对付政策自亦随之互异，况条约满期事项，断不能适用最惠国条款。照本月二日西班牙公使之谈话，是西班牙欲将最惠国条款之范围，推及于条约满期之事项也。

钱事务主任云：此实不啻等于一种政治上之最惠国条款。

刁公使云：照约文解释，西班牙与日本地位亦不相同。一八九六年中日商约载两国如欲修改，须于十年期满后六个月内提出要求，若六个月内修改未成，旧约仍当有效。而一八六四年西班牙条约，则并无修约未成，继续有效之规定。故西班牙若坚不就范，在我自可将全约宣告失效。

顾会长云：在新旧约断续时间，大约不外采用四种办法：（一）延长旧约，但此事上次业经议决，与我国历来宗旨不符；（二）在旧约未满期以前，速行订成新约，但此事因时期过迫，为事实上所难能；上载二种办法既均不能见诸实行，则在旧约既满，新约未成时期以内，必有一种青黄不接之时代，在此时代，或则两国国交暂时依照国际公法原则及其惯例处理，是为第（三）种办法，虽略为含混，然亦有轨道可循；或则提出临时办法，如我国对比未废约以前第一步之办法，是为第（四）种办法，并不能认作非好意之表示。今日王总长既因病不克莅会,而出席人数,又不甚多,鄙意可就本问题先行约略交换意见。

罗总长云:即我国之于日本,亦声明修约日期届满,保留自由行动之权。

王公使云:鄙意此种先例,决不可开;否则日后与瑞典、挪威各国修约时,彼等难免不仿照办理。

罗总长云:且西班牙不若比国之可以赴诉法庭,今若西班牙得延长旧约,未免使比国过于受屈。

王公使云:总之,废一旧约,即少一漫无限制之最惠国条款。中西两国虽素敦睦谊,然政策不能因睦谊而改变。

顾会长云:废除不平等条约,乃系我国举国一致之主张。到期旧约,如能双方同意取消更好;否,我国对于素来所抱主义,亦不能半途放弃。故此次对西提出临时办法,已为我国一种好意之表示。现在问题不在于到期条约之废与不废,乃在于询问西国对于外部所提临时办法之受与不受已耳。

王公使云:观上次开会时王总长之谈话,亦倾向于废约一途。

顾会长云:本问题待下次王总长出席时,再行详细讨论。

沈总长云:不知政府究取何种政策,是以无从决定具体办法。

顾会长云:今日另有应行讨论者,即关于中法修约问题,财政部所提之意见书。兹请钱司长将该意见书内容,约略说明。

钱事务主任云:最近本部着手厘定中越边界通商特惠货品清单,曾迭次邀请财政部、实业部、税务处各专门委员来部会议。上次开会时,因讨论十分减二税则问题,连带将我国专门委员向法国专门委员所提之修改税则条文草案,约略报告。事后,财部委员将该项草案交由财政整理会研究,缮就意见书一件。大略谓依据华会关税条约,中国及缔约各国均承认将不划一之税则,设法取消;前岁关税特别会议开会时,我国并自动宣言自民国十八年一月起,即实行关税自主,以后双方有特别关系者,可将货物提出特别互惠,但只能对于货物而言,不能以区域而分,致留势力范围之痕迹;此次所提修改税则条文,虽较从前税率少减若干,然精神上与旧约初无以异,且更加一层保障,将来各国如援例要求,尤难应付,实属未便赞同云云。鄙人当日以照财部意见,则中法修约一事,根本无继续进行之可能,乃告以此系政策问题,俟提交条约研究会讨论后,再为答复。

顾会长云:财部所称取消不划一税则一层,不但系我国举国一致之主张,且为华府会议各友邦所共同承认之原则,其不能置辩,固无待于疑义。惟现在所讨论者,乃系达到此种划一税则之过渡办法,与取消不划一税则之主义,毫不背驰。此中情形,财部似尚未十分明了。

沈总长云:观财部说帖中"关税自主之期已近"一句,可见其对于内中情形,并未完全明了。盖在实行关税自主之以前,尚有种种应办之步骤,然我国至今迄未履行也。

顾会长云:财政部对于外交部及本会之主张,或尚有并未十分明了之处。盖我辈现在所讨论者,目的在于促成关税划一原则之实现,非违背关税划一之原则也。

沈总长云:现在与我国有陆路通商关系者,除法国外,是否只有俄国?

钱事务主任云:尚有英、日两国。

顾会长云:若法不取消减税办法,则日后对于日本取消减税之交涉,将益见困难。因日本之取得此种权利,实根据最惠国条款而来也。

钱事务主任云：至新约有效期间问题，我当日提议至多三年，惟法则主张以五年为度，目下尚未解决。

沈总长云：所云"不能以区域而分"一句，又作何解？

钱事务主任云：系指应通行全国，不能仅限于滇、粤、桂三省。惟果令如此，则事实上我国所受损失，不将更大乎？

沈总长云：查陆路边关减税办法，从前德、奥二国之间，亦有此种协定。

顾会长云：钱司长对于内中各项关系，均异常明了。鄙意可请钱司长将详情向财部说明，以免误会。（众无异议）

下午六时散会。

附件：

对于中法新约我国所提草案第七条之意见

（十一月二日财政部提出）

查从前中法通商条约所定减税、免税办法，系陆路通商与海口通商适用两种税则，乃一时权宜之计。至华盛顿会议关于关税之条约，协约国及我国均承认将不划一之税则设法取销。至前岁特别关税会议，仍抱此精神，与各国交涉，并自动的宣言由民国十八年（即西历一九二九年）一月起实行关税自主。本来自主以后，双方有特别关系者，可将货物提出特别互惠，但只能对于货物而言，不能以区域而分，致留势力范围之痕迹。同人意见，此次对法交涉，关于关税问题应抱定外交部最初之提案，若拟提之修改条文，虽较从前税率少减若干,而精神上与旧约初无以异,且更加一层保障,各国如援例要求,尤难应付,所提修改条文,实属未便赞同。窃以关税自主之期已近,应将各国互惠办法及何种货物可以互惠通盘筹划,提前研究,而对于法约,目前仍抱定原提第七条之草案,较为稳妥也。

条约研究会第四十次常会会议录

一九二七年十一月九日下午五时

列席人员：顾会长主席、王总长、沈总长、罗总长、姚总长、戴公使、王公使、刁公使、严顾问、赵顾问、钱事务主任。

顾会长云：今日仍继续讨论中西修约问题。

王总长云：我国临时办法，系于本月二日提出。当时西使根本拒绝承认，以为该国日前曾要求在新约未成立以前，应适用最惠国待遇。当经答以该国至今迄未要求在新约未成立以前，应适用最惠国待遇，该国所要求者乃于新约之中，应规定最惠国待遇。今姑退一步着想，即使该国曾要求在新约未成立以前，应适用最惠国待遇，但此亦系临时办法之一种，原则上初无歧异。西使复谓中国曾允许，勿使西班牙较他国处于不良之地位，今乃独对西班牙提出临时办法，是事实上已使西班牙处于不良之地位矣。当又答以中国所谓勿使西班牙较他国处于不良地位云者，亦指新约内各项规定而言，与提出临时办法一事初无关系。最后西使因中日旧约第二十六条载有 may demand a revision of the tariffs and of the commercial articles of this treaty 字样，与中西旧约第二十三条措辞略相仿佛，乃宣言现在中日旧约既到期继续有效，不定临时办法，西班牙惟有援照日本先例云云。当再答以中日旧约到期，并无继续有效之声明，不过因双方磋商意见，日渐接近，新约可望速成，故仅将磋商期限展长，其实亦系一种临时办法。况中日比邻，关系异常复杂，绝非中西关系所可与相比附。至是，西使复声称日本与中国磋商意见，固日渐接近，然西国对中国修约，其精神融洽，较之日本实过无不及，如修约范围原系以商务税则为限，而西国政府为欲使中国人民心理满足，故认修改条约全部有考量之可能，此不可不视为西国表示好感之明证，深望中国予以了解等语。总之，彼方对于临时办法，根本拒绝承受，意欲仿照日本先例，以为中国之于日本，实承认延长旧约也。

顾会长云：西政府看法，与我国根本不同。我国主张旧约到期失效，故有临时办法之提出。西政府不但主张除税则及商务条款以外，其余各款照约均不能废弃，且主张即税则及商务条款，在新约未成立之以前，亦应继续有效。总之，西使如能接受临时办法，固属甚好；否，在我亦只可贯彻素来政策。

王总长云：昨在国务会议，已将经过情形约略报告，将来恐只有取废约之一途。现在政府政策业已决定，今日所讨论者，不过进行步骤已耳。

顾会长云：政策已定，以后即可照此进行。鄙意日内似应先缮一公文送去，将我方理由说明，措辞不妨稍为结实，或能引起日政府觉悟，亦未可知。如仍不克得其谅解，则此举亦可为将来被迫废约时对外留一说话地步。明日即系十号，大概通告废约，总须过期几日。

刁公使云：西班牙能否将本案提交国际永久法庭？

钱事务主任云：我国业已期满。

罗总长云：不过西班牙可提付国际联合会，请求调解 ask for

settlement,但此并无强迫裁判之性质。

刁公使云：鄙意我方不必指明将全约概予废止，只称废止税则及商务条文，以及约内其他不平等待遇之条款，何如？

罗总长云：如此，是直等于废止全约也。

王总长云：约已届满，且对于届满时期，我方又已一再让步，若西班牙仍不就范，在我只可贯彻素来政策，宣告废约。

罗总长云：新约未成，旧约是否即可无效，在法律上固尚属一种疑问，惟目下我国空气不同。对于日本，我尚声明保留权利，则对于西班牙不能中途变计，更为明显。废约之后，风潮自不能免，但此亦只可徐图应付已耳。

钱事务主任云：即令小有风潮，然其程度决不致若上次对比废约后所发生者之猛烈，因中比旧约载明比国单方可以修改，而中西旧约则并无此项规定也。

罗总长云：充其量，西班牙只可将本案提付国际联合会。然国际联合会之裁判，并非有强制执行性质者。

钱事务主任云：况西班牙对于税则及商务条文，业已承认可以到期作废。

罗总长云：西班牙既主张延长旧约，在彼自有一番理由。惟我之宗旨，业经决定，嗣后亦只可照此进行。

刁公使云：如声明全约作废，则通使一节，亦应一并取消，盖通使乃该约各种条文中之一种也。

罗总长云：取消派使，乃断交问题，废约非断交可比。

王总长云：本月二日晤见西使时，曾询以旧约届满、新约未成，在此新旧交替之时，应如何办理。西使答谓惟有与其他各修约国，同样看待。

顾会长云：彼此利害不同，故看法根本上亦互有歧异，盖非纯粹条文问题已也。

王总长云：旧约到期废止，乃系我国根本原则，不容中途改变。现所应讨论者，西班牙欲援照日本先例，此事我国能否允许。

顾会长云：西班牙深知若固执该国本来主张，我国断不能予以承认，故不得已乃退一步着想，事实上要求与日本同等待遇，惟其所据理由，亦甚为薄弱。

王公使云：现在事实上有两种先例，一为比国之先例，一为日本之先例。

王总长云：根据九日宋代办电报，西班牙政府只称"二十三条之税则及商务条款可以作废"，而二日西使乃谓"认修改条约全部有考量之可能"。政府与公使之间，说话未免自相矛盾。

王公使云：西政府于接受临时办法之前，自必有一番坚持。盖承认临时办法，是不啻承认现约到期无效也。

沈总长云：西使谓现约到期不能失效，然则至何时方可失效？

王总长云：西使以为必须待新约成立后，现约方可失效。

刁公使云：西使以为新约成功之后，旧约可以作废，其言似亦有相当理由。鄙意旧约中关于通好条款 amity clauses，不妨任其继续有效，其余则均一律宣告废止。

顾会长云：刁公使之用意，是否在于免去宣告全部失效之形式？

刁公使云：鄙意只将不平等条款废除，至友好关系 amity relations，完全照国际通例处理，借此可解双方争执。

王总长云：目下双方争执之处，在于我国主张旧约到期失效，在旧约失效之后、新约未成立之前，应订定临时办法，以资过渡；西班牙则主张旧约到期一部分失效，余仍继续施行，至临时办法断难承认，一切均须仿照日本先例办理。本月二日鄙人会晤西使时，已告以中日关系与中西关系完全不同，不能相提并论，且中国对于日本只将磋商时期展长，并未延长旧约。西使当询问我国与日本所定办法，能否见示。经答以当酌量摘要送阅，聊资参考，并不能作为正式送达文件。

沈总长云：然则我国之于日本，究用何种办法？

王总裁云：主义上旧约到期后，不复继续有效。

沈总长云：事实上如何？

王总长云：事实上乃另一问题。

顾会长云：事实上日本等于延长旧约，故我方若将与日本往来之文件，抄送西使参阅，恐彼仿照同样程式 formula，拟一公文，要求承认，以后将不易应付。

钱事务主任云：观本月九日西外部致宋代办文中"无论如何，中国总当遵守国际公法原则……"数句，是西班牙早已逆料我将废约。

沈总长云：宋代办来电所述西班牙复文内容，异常单简。鄙意该国政府致嘎使之训令，当较为详备，不妨静观嘎使如何表示，再图应付。

王总长云：西外部致宋代办文中，谓"临时办法难以承受，因西政府向未允以一八六四年条约全文于本年十一月十日失效，所可废止者，止二十三条之税则、商务"数语，颇有研究之必要。

顾会长云：此实不啻仍维持其以前之主张，在我认为现约一经到期，应全部失效，而彼则谓除第二十三条之税则及商务条款以外，其余仍当保存旧有权利也。

罗总长云：现在并非理论问题，乃系政策问题。我苟对于西班牙表示软化，以后修约者尚不止西班牙一国，恐将益难应付，且无以满足国内之舆情。

王总长云：第二十三条条文可否解作税则及商务条款，到期须声明修改，方可修改；至其他各条，一经到期，即无须声明，亦自然不复继续有效？

严顾问云：照条文精神解释，用意似以属于"其他各款，仍当继续有效"一方面者为多。

钱事务主任云：如谓"其余各条款一经到期，即无须声明，亦自然不复继续有效"，则第一届十年期满时，此等条款，即应作废。鄙意还不如主张该约既系商约，即西班牙所称之其他各条款，亦与通商问题多少互有关系，自应一并归入通商条款范围之内。

王总长云：鄙意先行去文说明我方意旨。

钱事务主任云：现在所应讨论者，明日即系十一月十日，为现约到期之时，究竟废约应于何日通知，或到期即宣告作废；或先行去文再为说明，若彼方仍不就范，然后乃出此最后举动。

王公使云：闻西使明日将来部晋谒总长，鄙意届时不妨以极单简之口吻，将我方态度，约略表明。

王总长云：政府政策在国务会议席上业已决定。

沈总长云：现在应决定明日西使来部时，答复如仍不能令我满意，则我将取何种态度，以资应付。

顾会长云：明日见西使时，鄙意可用一种稍为结实之口吻，将我国态度约略表明。至废约通知，即过期数日，亦属无妨。惟于会晤之后，另行去文声明一节，鄙意似不可少。文内应说明我国提出临时办法，乃系一种善意之表示。现西班牙对于临时办法，既不愿接受,中国只可收回,惟中国仍认现约应到期失效云云。如此,或者西班牙能翻然变计,亦未可知。

王总长云:假令西班牙误解我国收回临时办法之用意,以为一种默认事实上现约继续有效之表示,将如之何?

严顾问云:西班牙既认定税则及商务条款以外之条款,仍当继续有效,或者,彼误解我国收回临时办法之用意,以为系一种默认事实上现约继续施行之表示,亦非绝不能有之事。

顾会长云:明日晤见西使时,可向之说明中国之提出临时办法,乃系一种善意之表示;西班牙如坚不承受,则中国只可收回,但旧约既已到期失效,仍望西班牙与中国从速会订新约。如此,西使必询问中国承认旧约到期失效,则旧约失效之后,新约未成以前,两国邦交究应如何办理。至是,我乃徐与商量,或得有若干结果,亦未可知。

王总长云:如西使不问我国若何办理,仅云一切均应仿照日本先例,又如之何?

刁公使云:此所以应再行备文声明也。

王总长云:故于口头说明收回临时办法之外,尚须备文声明。惟若该国牵及日本先例,将如何对付?

刁公使云:不妨告以此系另一问题,不便讨论。

王总长云:鄙意去文一面宣告收回临时办法,一面声明旧约失效。

顾会长云:文内不外将明日我方所说各点,再为证实,惟措辞似应结切简明,如顷间王公使之所言。

王总长云:废约通知,应于何时提交西使?

顾会长云:正式废约通知,若欲于明日即行提出,时间恐未免过促。因现在我国内部各项应办手续,尚未完全告竣。譬如一方面尚未呈准废约,而一方面遽发出废约公文,此种办法,似欠妥当。鄙意明日西使来部时,苟得悉我方将收回临时办法,现约到期仍须废止,则其所取态度,谅不外下列二种,或则坚决反对废约,或则表示请训后,再行答复。

钱事务主任云:西班牙外交向称强硬,且极注意颜面问题,临时办法,恐未必肯予接受。

罗总长云:曩比之所以突然软化者,因该国商人在华利益为数甚多,苟无条约保障,则商务上将顿呈一种不安状态,所受损失,必甚重大,故政府迫不得已,不得不稍为退让。与西班牙情形,截然不同。

王总长云:深恐明日谈话时,若双方各走极端,势将陷于一种进退维谷之地位。

赵顾问云:可否劝告西班牙谅解我方好意,接受临时办法,新约虽未成功,但旧约既已到期,自应失效,且"失效"与"废止"性质完全不同。

沈总长云:"失效"二字,含有本应无效之意义;至废止条约者,乃将本应有效之条约宣告失效也。

王总长云:如明日西使称请训后再行答复,则内中尚有犹豫期间;否,设态度异常坚决,一时我将如何应付?故鄙意谈话之中,还不如只将我方意见稍为流露,至正式收回临时办法及正式声明现约失效二层,则另行去文说明,较为妥当。

顾会长云:或就明日我方对西使所说各点,再缮就备忘录送去,亦无不可。

王总长云:总之,风潮自不能免。

刁公使云：是否应将该约全部宣布失效，此事尚待研究，因中西两国之派使、设领，完全依据该约而来。若将该约全部宣布失效，则派使、设领一层，亦必随之取消也。

姚总长云：派使、设领系国际公法惯例所许可，并非完全根据条约而来。取消使、领乃绝交问题。

钱事务主任云：只须于废约命令之中，说明关于两国派使、设领问题，一切均仍其旧。

刁公使云：派使、设领乃系双方相互性质。

王总长云：好在有比国先例可援。

沈总长云：鄙意明日对西使说话时，态度不妨稍为强硬，看彼方是否已有准备。

王总长云：如彼口头上毫无表示，并不说明请训后，再行答复，将如之何？

顾会长云：若然，可于同日下午由部中缮具备忘录送交西使，一面另电宋代办向该国政府表明态度。

王总长云：备忘录中措辞如何？

钱事务主任云：是否一面收回临时办法，同时宣布旧约失效？

顾会长云：正式宣布旧约失效，事实上总须再俟几天。备忘录内容不过将本日我方谈话情形，重为约略表明已耳。

钱事务主任云：若备忘录之措辞，仅限于"劝告西班牙接受临时办法，如西班牙坚不接受，中国只得撤回；至到期旧约，中国政府仍维持其向来之看法"等语，则似可于会晤时口头声明，并无再用备忘录之必要。

顾会长云：预备将旧约宣布失效一节，备忘录中总须约略提及。

王总长云：正式宣告失效一事，于现约已经过期后举行，在法律上是否不致发生他种问题？

顾会长云：只须我方业已表明态度，则将旧约正式宣告失效一事，于该约期后数日内举行，法律上似不致发生他种问题，且日前对比亦复如此。又本日应行讨论之越南华侨待遇一案，鄙意最好先行征求侨民意见。彼辈一方面要求最惠国待遇，而一方面仍图谋保存其旧时既得之特权。究竟二者之间，在侨民目光中，何者为重，何者较轻？

钱事务主任云：法国专门委员提议将华侨分为两种：一种不加入会馆者，一切照最惠国待遇，与他国人民之权利、义务一律相同；一种加入会馆者，仍应继续享有特别权利，惟税、捐、赋亦仍应照现状，交由会馆转纳。

罗总长云：究竟华侨意见如何？

钱事务主任云：在华侨之意见，各种既得特权中，似以土地所有权为最重，航行权、投标权、渔业权次之。

顾会长云：事实上华侨与会馆之关系如何，我辈现在亦不甚明了。总之，本问题须先征求华侨意见，然后方可提出讨论。（众无异议）

王总长云：中比修约一事，现比方表示情愿继续进行，并希望仿日本及西班牙先例，由双方选派专门委员，先行交换意见。鄙意我国委员职务，拟请王公使偏劳担任。

王公使云：谨遵命。

下午七时散会。

条约研究会第四十一次常会会议录

一九二七年十一月十八日下午五时半

列席人员：顾会长主席、王总长、沈总长、吴次长、戴公使、王公使、刁公使、严顾问、钱事务主任。

顾会长云：请王总长将中西修约一案最近经过情形，约略报告。

王总长云：中西修约一案，自本月十二日我国照会废约之后，十四日西馆即缮具节略，严重抗议，云已将我国照会内容转寄回国请训。本日上午，西使又亲自来部面交节略一件，并称当双方开始修约谈判之初，西国即已要求所受待遇，应与其他修约各国相等，中国亦已允许，今日废约实与彼此预约不符云云。当经答以此事西国恐有误会，缘当日鄙人所称绝不使西国处于不良地位云者，乃指新约内各种条款而言，并非谓旧约废止、新约成立以前，所用修约手续亦应与各国一律也。西使又称希望嗣后中国顾全两国邦交，采取一种不使西国过于难堪之办法等语。当时谈话异常单简。

顾会长云：鄙意可将当初谈话意旨，向彼方再为解释。

王总长云：关于西使本日所交节略，部中应否备文答复？

顾会长云：西使今日是否并未具体表示意见，只称希望中国嗣后采取之办法勿使西国过于难堪？

王总长云：然。西使并未具体表示意见，只称西国须与其他修约各国同样看待。惟就我方着想，是否应即与开始商订优待法？

王公使云：鄙意一方面与商优待办法，一方面仍须促其从速进行新约。

王总长云：当中西修约交涉甫行开始之时，西使曾要求我国先承认最惠〔国〕条款，以为该国允许修约之条件。我国坚决拒绝，声明最惠国条款必须在磋议新约时，方可讨论，中国政府虽不愿对于西班牙人民有所歧视，然亦以为目下似不能将新约中，中国所计划许予西班牙之最惠国待遇范围，预为通告。此种声明，七月十四日我国致西班牙使馆照会之内，及鄙人屡次与西使谈话之中，均曾有切实之表示。今西使乃谓"对于西班牙人民不愿有所歧视"一语，系指新约未成立以前之待遇而言，未免太无根据。

钱事务主任云：优待办法乃系单方厘订之办法，日前对比亦复如此。

王总长云：系用命令公布。

刁公使云：鄙意应先催西班牙从速议订新约，如彼对于议订新约一层，慨然承诺，则我厘订优待办法时，不妨格外通融，仿照比国先例办理。

钱事务主任云：或者稍待几日，俟西班牙要求我国公布优待办法时，然后再予发表何如？盖日前对比，亦复如此。

刁公使云：我方可约略表示西班牙对于议订新约一层，如有商量余地，则该国在华侨民，我当援照对比先例，予以同样之优待。

吴次长云：鄙意优待办法，还以缓定为是。盖如此，方能使西班牙感于无约之苦痛，间接上实足以促其从速缔结新约也。

顾会长云：一面先行备文答复，或者彼鉴于我国态度之坚决及无约之不利,将起而催我从速进行,亦未可知。惟领事裁判权问题,西班牙如仍维持以前态度,此事我方断难承认。又该国节略中 reserves to itself for the future all its rights + full liberty of action 一句内之 full liberty of action 数字,系何所指?当日西使曾否有所表示?

王总长云:当日西使并无何种表示。

吴次长云:西班牙在沪商人,为数甚多。如该国对于修约一事,仍然毫无诚意,则我对于该国旅沪商人,间接上可使其感受种种苦痛,借以促成西班牙政府之觉悟。

王公使云:西班牙在沪商人,不识究有多少?

王总长云:恐亦寥寥可数。盖西班牙与比国情形完全不同,比国在华有大宗投资,故废约之后,该国商人异常惶恐,西班牙不然。

顾会长云:不妨将优待办法草案先行拟就,以便随时均可发表。

王总长云:诚然,诚然。现在不妨先将优待办法草案拟就,再看西班牙接到我国驳复节略后,究取何种态度,然后徐图应付。惟无论如何,优待办法中所许予西班牙之权利,决不能较新约中我国所计画许予该国之利益为多。

钱事务主任云:就心理学方面着想,待西班牙要求我国公布优待办法时,然后再予发表,比较的能使该国益觉满意。

刁公使云:应约略表示西班牙如仍毫无诚意进行新约,则日后中国对于西班牙之优待办法,决不能以比国为先例。

王总长云:第一步对于今日西使所递节略,总当先予答复。

顾会长云:现在我国应取政策,在于设法使西班牙政府注意继续进行新约之必要,而不复注意于废止旧约一事。至该国在华侨民,既有明令保护,优待办法之发表与否,一时尚无若何重大关系。

王总长云:所谓优待办法云者,亦不过一种顾全该国颜面之文章已耳。

顾会长云:西约案诸君意见大略如此,如无他项意见,可讨论议程所列之越南华侨待遇问题。请钱司长将会馆与华侨关系,约略报告。

钱事务主任云:关于旅越华侨会馆之制度,根据去年苏君希询调查报告,会馆为越南华侨唯一自治之机关,亦为官厅附属行政机关,凡华侨应纳之个人税及各种罚金,均由会馆担保,即华人因粮暨被逐出境路费,亦由会馆代为筹备。华人一到东京,即应往该地会馆报到、入会。会馆对于其不愿担保之人,得拒绝不纳,其人即归警察直接监视,住所由警察指定,如无善良及正当职业者,警察得将其驱逐出境。会馆设帮长及副帮长,代表会馆,对外负责,任期两年,满任后得无限的继续当选。帮长及副帮长之职务,可列于左:(一)华侨有所请愿,由其转达政府;(二)华侨被官府作难,由其代为求情;(三)以仲裁资格,为华侨排难解纷;(四)征收华侨个人税,按期解交金库;(五)华侨非有帮长出具保单,证明其未有亏欠公款及其他阻碍情事者,不得离境;(六)每月一日,帮长须造具华侨名册,呈报民政长,如有离境、死亡,并须声明;(七)与警察共同维持侨团秩序,并须直接监督各该侨团;(八)造具华侨名册,以备官厅随时稽查;(九)官厅如有文件致华侨公众者,帮长须为传达。侨民与会馆之关系,大约如此。现法国委员提议将华侨分为两种:一种不加入会馆者,一切照最惠国待遇,与他国人民之权利、义务一律相同,故造立账目,亦宜改用法文;一种加入会馆者,仍应继续享受特别权利,惟税、捐、租、赋亦仍应照现状交由会馆转纳。最近本部曾电海防阅书报社,转越南各大埠中华会馆,令其于二者之中权衡利害,从长讨论,据实详陈,如欲保存特权,则义务仍依旧制。惟该电中途能否不致为法国所扣留,实不敢必。故目下部中又拟乘新任仰光陈领事应荣赴任之便,嘱其道过越南,就近调查。惟复文来时,为日恐必甚久。

顾会长云:现北京是否尚有华侨代表?

钱事务主任云:以前有名欧阳庚①者,现已物故。

王总长云:又有名王濬文者。

顾会长云:第一步须先明了华侨希望;否则我辈费尽心力,日后反招彼等之攻击。

吴次长云:旅越华侨日前曾缮有长篇节略,陈述意见,该件谅在司中。

钱事务主任云:华侨对于一切权利,均欲享受。

顾会长云:各种权利如能办到固正好,否则须研究轻重之别。如航权一层,华侨事实上所能得之利益究有若干,即投标一事,是否为华侨所能实际享受者?

吴次长云:鄙意可通知陈领事,令其转嘱越南各大埠华侨商会,从速派遣代表前来,以备咨询。

顾会长云:凡各种待遇之能损及我国颜面者,如通行证、人头税等等,在我似难承认。究竟华侨对于何种权利,最为重视?

钱事务主任云:据苏君希询调查报告,欧战以后,法人因法郎

---

① 据"中研院"近史所档案《恳请我国关税代表向法国政府交涉以维华侨商业》(档案号:03-23-009-01-001),似应为"欧耀庚"。

价格跌落，纷纷将所购地亩出售，此等地亩，半归华侨收买。

吴次长云：苟不令各会馆派人前来，则我辈费尽心力，反致招华侨之攻击。

王公使云：如造立账目，均须改用法文，则越南华侨所有各商店，势必发生种种困难，或竟有多数倒闭之事。

顾会长云：新近法日所订商约，其详细内容部中接到报告否？

钱事务主任云：内中规定一切均照最惠国待遇，惟法国对于边境各国，因历史关系所许予之各种权利，日本不得援例要求。

顾会长云：华侨在越南所享各种特权，大半有历史关系。

戴公使云：华侨所享权利之中，且有为越南土著所不能享受者。现在若一变以前情状，一律均改用欧美人之习惯，恐于华侨亦诸多不便。

吴次长云：能否规定两种待遇，一种最惠国待遇，一种即现在华侨所受之待遇？

戴公使云：现在法国提案即复如此。

王总长云：即中法旧约，在越南亦迄未实行。

钱事务主任云：法方谓该约在越南并未公布。

王总长云：如设领一事，系载在旧约，乃上次戴公使与法专门委员提及设领问题时，法委员竟谓现在中国南方各省以及其他各省之有华人旅居印度支那者，多不在北京政府权力之下，若由北京指派领事，恐其在印度支那之地位必感困难，可否用换文约定中国领事或缓至上述各省收归北京政府之后，再行遣派云云。其意在延宕，甚为明显。

顾会长云：鄙意目下只可一方面从速征求华侨意见，一方面仍坚持我国以前主张，对于法国委员暂时不宜表示具体之让步。

如人头税、通行证等等有损我国颜面,似更难承认。

戴公使云:法国委员谓华侨所立账簿,均用华文缮写,故所得税一项,法国实无法征收,人头税乃所以代所得税者也。

顾会长云:恐亦不过一种设辞已耳。盖其他各项课税,既可由会馆代为征收,则所得税亦何尝不可由会馆代为征收?

戴公使云:法委员曾谓该约于中国最为有利,法国所可得者,不过少数货品之减税已耳。

顾会长云:故现在法国反主张废约,该国所提新约草案第一条,即声明旧约应予作废。

吴次长云:查越南各大埠均有华侨商会,鄙意可令该商会等推举代表,从速来京,贡献意见,以备采择。

王总长云:无论如何,设领一层实急不容缓;否,即令有约,然约之曾否履行,无人从旁督察。如此次海防之变,因无领事报告,部中无从知其真相。

吴次长云:法国如不愿我国立时设领,则先派一代表,驻在该处,借以保护华侨利益,亦无不可。

顾会长云:不问名义如何,代表可,委员亦可。至华侨待遇问题,总须先行征求华侨意见,然后再定办法,方为上策。(众无异议)

下午六时半散会。

条约研究会第四十二次常会会议录

一九二七年十二月九日下午五时

列席人员：顾会长主席、王总长、沈总长、罗总长、戴公使、王公使、刁公使、严顾问、钱事务主任。

顾会长云：本日外部提付本会讨论之案，第一为中西条约问题。其应行讨论者计有二点：（一）现报载南方对于西班牙业已发表临时办法，我方日前指令中所称之优待办法，是否应即公布，抑仍稍候西国切实态度；（二）对比优待办法，在目下情形之中，对于西班牙似有不能适用之点，是否应酌为修改。关于第一点，查本会上次开会时，曾经约略研究，当日金以西班牙尚无何种表示，则优待办法不妨暂缓公布。惟现在南方业经发表临时办法，情形与上次开会时稍有不同。此事王总长有何卓见？

王总长云：事实上恐西班牙未必肯先来请求我国颁布优待办法。

顾会长云：观南方对西临时办法，比诸我方日前对比优待办法，已进一步。

王总长云：诚然。凡西班牙人民在华之民、刑事诉讼案件，及其输入、输出之货物，一律均照无约国人民待遇。

罗总长云：鄙意即令优待办法有公布之必要，然亦须在南方未发表临时办法以前公布，现南方既已发表临时办法，我再急急公布优待办法，是否妥当，似应斟酌。又我方与西班牙正在商订新约之中，与南方情形颇有不同。南方临时办法内无约国待遇之规定，我方优待办法内可否引用，亦系疑问。

王总长云：现在我方与西班牙总算尚在磋议新约时期，因我方已提出新约草案，而日前西政府来文，亦云彼方对于我国所提新约草案，正在审核也。

罗总长云：我方公布之优待办法，事实上内容恐不能与南方之临时办法完全相同。夫废约一事，南北既已一致进行，而优待办法内容又互相歧异，此事是否妥当？

王总长云：外间对于此中真相，不甚明了。日前有人谓，我国废约命令中，既载明由主管机关拟具优待办法，呈候核夺施行，何以主管机关，对于优待办法至今迄未拟就，反使南方得着先鞭云云者。当日，鄙人以滑稽之口吻，答以西班牙利益强半在南方势力范围之下，北方即欲予以优待，事实上亦难办到。

罗总长云：南方临时办法甫经发表，北方即欲公布优待办法，目下似亦非其时。况西班牙侨民利益，强半在南方势力范围之下，若南北所颁优待办法互有不同，假如西班牙人在上海发生民、刑事诉讼案件，临时法院不照北方优待办法处理，反使北方陷于困难地位。

顾会长云：鄙意多做一事，即多增一层束缚。况我方公布之优待办法，内容苟与南方之临时办法完全相同，则西班牙目下尚在与我交涉新约之中，我似不当加以如此待遇；若较南方临时办法略为宽大，则又无以应舆论之期望，必致招彼等之责难。且南方对于无线电各问题，均曾有宣言发表，惟外人大半不甚注意。现西班牙既未要求优待办法,我正可缓为公布。至西班牙之所以不要求优待办法者,大约因该国在华并无若何重大利益故也。

钱事务主任云:鄙意目下西班牙政府定在静候嘎使详细报告,以便决定应付方针。据最近宋代办来函,云西外次态度本来甚为和缓,对于我国临时办法,曾表示大致似可接受。

罗总长云:今日提付讨论之优待办法草案,内容是否与对比者完全相同?

钱事务主任云:第二项关于税则问题,措辞微有不同。对比优待办法,系载明"比利时输入中国货物,应享受中国对于外国入口货通用之税率";而西班牙优待办法,则仅称"输入中国西班牙货物,应适用中国普通税率",意义较为含混,抱(包)括有两种解释也。

顾会长云:若优待办法,各国互不相同,则执行时恐必有种种之困难。现西馆既未抗议我国不优待该国侨民,则优待办法,在我正可缓为公布。

钱事务主任云:好在我方废约命令中已载有对于西国使、领各馆及人民生命、财产应妥为保护诸字样。南方临时办法其第一、第二各条,用意即与我方命令内上载各句,完全吻合。

罗总长云:北方情形与南方稍有不同,因北方与西班牙正在商订新约,故如或颁布优待办法,则内容必应较南方所颁布者略为宽大,但如此,其结果唯足以招舆论之攻击已耳。

顾会长云:指令中既载有"优待"字样,是优待之精神已在。

罗总长云:日前南方发表之废约宣言系赅括性质,对于各国而言,故不能不有此二步之办法。

顾会长云:鄙意目下应催西班牙速订新约,至优待办法暂时不妨缓为公布,诸君以为如何?

严顾问云:惟指令中既载明"由主管各部署拟具优待办法",则无论如何,似不能毫无下文。

顾会长云:指令中虽载有此等字样,但详细办法,总当看彼方态度如何,然后再图应付。当日草拟指令时,用意谅亦如此。

王总长云:顷据荷兰王公使报告,西班牙尚拟将本问题提出国际法庭。

顾会长云:南方之所以公布临时办法者,其用意大约不外以修改〔不〕平等条约,乃系举国人民所异常重视之问题。今北方对于中西到期之旧约,既有举动,则南方自亦不便独后。

罗总长云:今日所提之优待办法,若一旦公布,余恐其结果惟足招舆论之攻击已耳。

顾会长云:关于税则问题,即使我国允许西班牙得与比国享同样之待遇,然西班牙在北方之侨民为数既属无多,故事实上仍不能受其利益。

王总长云:不宁如此,苟我方优待办法中载有如此规定,则南方对于西国货物,苟按照无约国税率征收,西国反可向我方提出抗议。

顾会长云:如须公布优待办法,则关于税则问题,为表示对外一致起见,还是倾向照无约国办法办理为是。

王总长云:中西新约现尚在交涉之中,设我方公布优待办法,而西国认为不能满意,则因此反横生枝节。顾会长主张暂不发表,立论甚为恰当。

顾会长云:关于此事,诸位意见大略相同。又今日应行讨论之第二问题,为中墨修约一案。兹请钱司长将经过情形,约略报告。

钱事务主任云：查中墨修约一案，发动于民国九年。是时墨政府欲禁止华工，照会我国驻使，拟将现约废止。当经迭与交涉，至民国十年，乃有中墨协定展限换文之订立，声明将现约有效时间展至两国成立正式新约之日为止。嗣后，双方曾各提出新约草案，惟墨案内各项规定，都为我国所最难承认之点。部中当复拟就第二次草案，函送驻墨使馆提出。去年九月三十日，准墨外部来文，以上载换文无法律效力，为解决此项特殊情形起见，依据原约第十九款，正式宣告废约，换文随之取消，通知应于一年后发生效力等语。旋又照会我国驻使，对于我第二次草案表示不能承认。本部当复据理驳复，一方面就墨案除可允者外，将我国提议改正各端，再行列为举出，至今迄未得复。本年九月，本部接驻墨岳使来电，称新约磋议尚难就绪，转瞬旧约即将届满，似应设法延长。本部当以中墨现约与其他旧约稍有不同，现新约既未成功，旧约尚未便任其失效，致使我国在墨侨民，顿失保护，当即去文请其转商墨政府，将旧约延长一年，至少六个月；同时声明中国此项提议，目的全为促成新约，不涉旧约法律问题。最近准岳公使来函，以墨政府对于展限一节，已经承认，惟只以六个月为度，限满勿再展缓。现在所应讨论者，为墨政府既称此种展限只以六个月为度，限满勿再展缓，则一旦限满而两国新约尚未能如期成立，我国究应采取何种态度。

沈总长云：我国之于墨西哥，彼欲废约，而我不愿废约，与我国之于西班牙适成一反比例。

顾会长云：墨西哥正可援引我国对付西班牙之先例，以拒绝我国延长旧约之请求。乃彼计不出此，岂该国当轴诸公对于外界情形,竟若是昧然,毫无所知耶?

沈总长云:鄙意只可随时催促墨政府从速订立新约,务期于此六个月时间内,将新约予以完成。

顾会长云:墨约内最要之点为禁工问题。

钱事务主任云:此外尚有赔偿损失问题,亦至关重要。

罗总长云:关于赔偿损失一事,欧美各国殊少先例。

钱事务主任云:一九二四年,日本与墨西哥所订商约,载明内乱时两国侨民所受损失,双方均不负赔偿之责,惟此外另附有条件一种,即… dans le cas où l'une des Hautes Parties Contractantes acceptera, par voie d'accord ou autrement en ce qui concerne les réclamations des sujets au citoyens d'une tierce Puissance quelqueque une responsabilité plus etendue que celle-là est spécifiée ci-dessus, les réclamations du sujets au citoyens de l'autre Partie Contractante ne sera pas moins favorable d'une manière moins favorable。[1]

顾会长云:墨约案鄙意只有一方面催促墨外部从速订立新约,一方面密托当地有力华侨与墨当轴互有联络者,暗中再为赞助,总期在延长到期以前,使新约得告成功。

钱事务主任云:约文大致均已就绪,现在所争论者,不过条件问题已耳。

顾会长云:只有一方面密托有力华侨,从旁再为疏通。因无期延长旧约,事实上决难办到。若旧约失效,而新约尚未成立,双方处于无约地位,于华侨殊为不利。此事大约只可如此应付。又

---

[1] 该条约即 1924 年日本与墨西哥签订的《通商航海条约》,钱泰所引用的该条约第 25 条第 3 段。条约全文见「JACAR(アジア歴史資料センター)Ref.B13090780700、追加之部/「メキシコ」国(条約彙纂 001)(外務省外交史料館)」。

法约案,请戴公使将最近情形,约略报告。

戴公使云:法约案自本年十月间中法专门委员第一次开议日起,至本星期二止,先后共计会议八次。根据双方议决办法,就法国草案加入我国意见,逐条讨论,除华侨待遇一款,暂为保留,先候法国政府表明意见,作为法国方面提出外,其余各项问题,大致均已就绪。所有交涉情形,迭经鄙人于本会开会时先后报告在案。最近法委员称不日当将会议结果,转达巴黎政府,听候训示,一待训示到后,再行开议云云。查本问题表面上进行虽尚称顺利,然观历次会议时,法委员态度均一味延宕,则将来新约究竟能否如愿成功,尚难逆料也。

顾会长云:本问题总算已告一小结束。

下午六时半散会。

附件:

Regulations issued by the Nationalist Government regarding Spanish residents in China, pending the conclusion of a new treaty

December 3,1927

(1) Spanish Diplomatic and Consular representatives shall receive treatment according to International Law.

(2) Spanish persons and property shall receive protection according to Chinese law.

(3) Spanish subjects in China shall be amenable to Chinese law,

and subject to the jurisdiction of the Chinese Courts.

(4) Civil and criminal actions in China involving Spanish subjects shall be dealt with according to the procedure governing the national of non-Treaty countries.

(5) Imports to China from Spain and exports to Spain shall be subject to a tariff as applied to non-Treaty countries.

(6) Spanish subjects in China shall pay such taxes and dues as are paid by the Chinese.

(7) All matters not specifically covered by the above shall be dealt with according to International Law and Chinese Law.

Declaration concerning the treatment
of the Spanish subjects in China

Considering that negotiations are in process between the Chinese and Spanish Government for the conclusion of a new treaty on the basis of equality and mutual respect of territorial sovereignty, the Chinese Government declare that during the negotiations:

(1) Due protection will be given to the persons of Spanish subjects, including Spanish missionaries, and their property and ships in accordance with the rules of international law.

(2) Spanish merchandises imported into China shall be subjected to the rates of the Chinese General Tariff.

(3) Case, civil and criminal, in which Spanish subjects are concerned will be tried by Modern Courts only, with the right of appeal, Spanish subjects being allowed to engage lawyers and interpreters of Spanish or other nationality who have been duly recognized by the court.

条约研究会第四十三次常会会议录

一九二七年十二月三十日

列席人员：顾会长主席、王总长、沈总长、罗总长、戴公使、王公使、刁公使、严顾问、钱事务主任。

顾会长云：中比修约一案，请王公使将第一次与比国专门委员谈话情形，约略报告。

王公使云：昨日为中比专门委员第一次开会之时，鄙人声明中国新约草案，早经外交部送达比使，为进行便利起见，请即将该草案作为以后讨论根据。比专门委员云，本委员等至今仅接到本国政府对于关税问题之训示，现既急于开议，只可先提关税问题，以为讨论之起点；至中国新约草案中其他各部分，本国政府既未与本委员等以讨论范围，本委员等无所遵循，如即行开议，恐徒费时日。语毕，当即面递该国政府对于我国新约草案第十、第十三及第十七三条之修改条文。其第十三条大约不过将我国草案第十三条文字上稍为补足；第十七条亦不过将我国草案第十七条关于互惠协定之"因与第三国订有互惠协定所发生之关税优越待遇"一节删去；惟第十条显含有最惠国条款义意，与我国原提条文精神距离太远，在我似难认可。当经鄙人答以上载各条，容研究后再行答复，惟为本会议速告成功起见，现在不如先将草案全部逐条讨论，如此，则同意各点可立就解决，其稍难解决者，便可从长讨论。比委员亦表赞同，声明俟请示本国政府得有训令后，再行继续谈判。当日会议情形，大略如此。

顾会长云：比委员曾否明白允许将我国所提办法，即将全部草案提出讨论一事，请示本国政府？

王总长云：然。

顾会长云：鄙意请王公使先将比国对案与我国提案不同之点，逐一签注，备具说帖，俟下次开会时再行详细讨论，何如？（众无异议）

顾会长云：又中西修约一案，新近外交部准驻西宋代办来电，谓据西外部面称，新约草案自我国宣告失效后，彼方已停止研究，惟中国倘能许以最惠国条款，该国或可再商云云。鄙意此不过西国一种之托辞，现在彼方对于缔结新约，似意怀观望，雅不欲积极进行。

罗总长云：西班牙对于颜面问题，最为重视，现在所以不肯积极进行新约者，恐亦不过观望其他修约各国，究取何种态度已耳。

钱事务主任云：西班牙在我国提议修约之初，即要求应许以最广义之最惠国条款 in the most ample sense，以为交换承认修约之条件。

顾会长云：王总长对于此事有何卓见？

王总长云：电文过于单简，该电末尾载有"余函详"三字，故鄙意拟俟接到宋代办来函，俾部中对于西班牙用意所在，得有较真确的解释后，然后审核详细情形，再予答复。

沈总长云：西班牙所要求之最惠国条款，是否系列举的最惠国条款，抑系赅括的最惠国条款？此中颇有出入。

顾会长云:本问题今日只可暂缓讨论,待外交部接到宋代办来函后,然后审核详细情形,再定方针。

王总长云:鄙意亦复如此。

沈总长云:最近嘎使对于进行新约一事,是否有所表示?

王总长云:毫无表示。

顾会长云:现在西班牙似持一种观望态度。

王公使云:诚然,诚然。西班牙在华并无重大利益,故对于进行新约自无庸急急。

顾会长云:关于最惠国条款案,现条约司拟有说帖一件,对于该项条款,在各国商约中适用之范围,胪举异常完备,惟本问题内容复杂,且关系我国工商业前途至巨且大,决非在短时间所能讨论完竣。鄙意今日只可就大纲上先行交换意见,诸君以为如何?(众无异议)

顾会长云:查商约中之有最惠国条款,其用意无非使各国间不致受一种区别之待遇,然中国旧约内之最惠国条款,范围未免过于广泛,甚至聘用顾问一事,亦有所谓最惠国待遇云者。此种广义的最惠国条文,即在波斯及土尔其等国与他国所订条约中,亦所罕见。鄙意将来对于"最惠国待遇"四(五)字,总须有一最高之标准,无论如何,凡许予外人之优越待遇,决不能超过本国人民以上。

罗总长云:原最惠国条款之立意,非不甚善,惟因我国旧约中运用不得其道,所以有种种之流弊。此种流弊,在旧约未完全修改以前,颇不易于革除。现在修约各国,洞悉内中情形,故多动即要求最惠国条款,盖知我国不能轻易允许,而彼辈正可借此,以遂其宕塞迁延之手段也。

沈总长云:前清所订各约中之最惠国条款,性质半属于普通片面无条件的最惠国条款,其比较的尚具有几分相互精神者,惟有光绪七年之中国巴西条约。

钱事务主任云:此外又有一八九九年中墨两国在华盛顿所订之友好通商条约,内容比较的亦尚具有几分相互精神。

罗总长云:现在日本在华商务蒸蒸日上,其足以与相比拟者,唯有英国。目下英日竞争甚力,故在中英旧约未改订以前,日本对于最惠国条款,决不肯轻易退让。

顾会长云:现在各国均借口最惠国条款,以遂其一种延宕之政策。

王总长云:现在国内情形如此,致使外交上坐失如许良好机会,殊为可叹。

顾会长云:最惠国条款问题牵涉太多,总须多次交换意见,方可得一适当办法。

下午六时散会。

条约研究会第四十四次常会会议录

一九二八年二月二十四日下午五时半

　　列席人员：顾会长主席、罗总长、沈总长、姚总长、吴次长、戴公使、王公使、刁公使、唐参事、严顾问、钱事务主任。

　　顾会长云：关于中西修约一案，外交部条约司现拟有提案说帖一件，内中扼要之点，为自我国宣告一八六四年中西条约失效之后，西政府对于日前我方所提新约草案，早已不复审核。近准驻西宋代办函称，准西外次面称，如中国欲再图接近，惟有预行允许西国以最惠国待遇。此种最惠国待遇虽将来新约中自应明白规定，然目前只须中国政府暗为许诺，以为议约根据，无须正式宣言云云。现外交部提请本会讨论西政府此种修约条件，我方可否承认。

　　钱事务主任云：以前西使曾表示希望王总长以个人名义，备文承认许该国以最惠国待遇。但此种请求，王总长业经婉辞拒绝。

　　顾会长云：明白承认与暗中许诺，其拘束并未有无何种区别。所应讨论者，西政府所要求者，能否允许。

　　吴次长云：我若承认许予西班牙以最惠国待遇，则其他各国，势必群起要求，牵涉甚大。

　　顾会长云：算至今日为止，我国对于修约各国中，迄未有承认许以最惠国待遇者。

姚总长云：似不应对西班牙独开例外，致使其他各国，群起要求。

吴次长云：然则照波兰办法，许以有期限的最惠国待遇，未知西班牙能否满意。又现在我方似可采一种间接方法，使西班牙侨民感受无约之苦痛，或者该国政府能翻然变计，亦未可知。

顾会长云：诚然。待有相当机会时，我方似不妨采取一种适宜之措置，以求贯彻废约之目的。

姚总长云：不过西班牙散居我国侨民，为数无多。

吴次长云：西班牙人之在上海者，颇属不少。

钱事务主任云：就北方论，绥远一带，亦有西班牙人散处其间。

顾会长云：西班牙所提条件，我方既难承受，而西班牙又以承认条件为进行修约之交换品，则订约一事，目前只可暂缓进行。

吴次长云：南方执政诸人，与我辈素有交谊者，为数颇属不少。鄙意我辈可以私人名义，致函南方执政诸人，请其对于散居南政府势力范围下之西班牙侨民，采取一种废约后应有之措置，或者能促西班牙政府之觉悟，亦未可知。

顾会长云：总之，此事关系最惠国条款本身问题，明白承认与暗行许诺，事实上似无若何重大区别。现在我国对于其他修约各国，若日本，若法兰西，既均不肯轻易承认许以最惠国待遇，则西班牙自亦不能独享例外。

吴次长云：又新近西班牙与古巴所订条约，其第四条规定"本约最惠国待遇范围，定为西国对于葡萄牙及西属摩洛哥所给特别优遇条件，古巴不得要求享受；又古巴给予美国特别优遇条件，西国亦不得要求享受"。日前，鄙人曾饬司将该约全文，油印分送诸君,以备参考,谅已收到。

顾会长云:关于中西订约一事,诸君意见大致相同,如西国无积极表示,我方似亦可暂时从缓进行。(众无异议)

顾会长云:本日应行讨论之第二问题,为中日修约案。查该案自上年两国约定改由专门委员先行非正式交换意见以来,计关于法权问题前后已开会七次;关于法权以外之航行问题,亦已开会八次。我方委员担任折冲法权问题者,为本会专门委员郑君天锡;其担任折冲关于法权以外之航权问题者,为外交部唐参事。经过情形,外交部条约司所拟提案中,已约略说明,兹请唐参事再为详细报告。

唐参事云:在章前承部长委派,与日方专门委员讨论关于法权问题以外之其他各问题,计自去年九月开始,至今已先后开会八次。惟第四、五、六三次开会时,在章因丁忧回籍,由钱司长暂时代理。当时双方先就航权问题交换意见。我国提案,日委员曾表示原则上可以承认,惟关于事实上之临时救济办法,两国意见,距离甚远。我国主张:(一)日本船只继续航行期限,沿岸三年,内河一年;(二)船只数目及航行地点,以本约订立时之现状为限;(三)遵守中国关于航行之法令;(四)采用相互原则;(五)临时办法应另用换文规定,不列入条约本文。日方答复为:(一)期限不问沿岸、内河,均须与本约有效期间相同,本约有效期间,拟定十年;(二)须援照最惠国条款均沾;(三)服从中国法令一层,须俟法权问题有相当之解决;(四)临时办法须列入条约本文;(五)希望内河与沿岸一律开放。最后,曾由在章婉辞驳复,告以按照日方上提办法,自相矛盾之处有二:(一)日本屡次声明在维持现状,今希望内河与沿岸一律开放,中国内河未经日轮航驶之处尚多,倘如所述,是不特维持现状,抑且扩充现状;(二)一般的最惠国条款,中国曾在大会屡次驳斥,无待更言,然在日本为取与各国立于均等地位起见,或尚有几分理由可言。今一、二两项并列,一面要求十年之长期限,而一方主张均沾最惠条款,双管齐下,殊属难以自解。再日本主张将临时办法列入约文,要知换文与条约名义虽异,实效则同。中国方面不愿载入条约,无非因临时办法本属过渡性质,条约可以展期,而此项办法不能展期;且临时办法系为事实上补救而设,非立约原则所应有,若列入条约本文,转失新约面目。当时日委员对此尚未能完全谅解。目下双方谈话,似已近最后一步,究应如何应付,伏乞训示,以便下次开会时,有所遵循。

顾会长云:唐参事细观日本委员历次谈话情形,是否果有诚意,抑仅属一种敷衍手段?

唐参事云:日本态度,或进或退,其真正用意,殊令人难于捉摸。日前,日委员曾对在章表示:"修改条约,乃现在中国举国一致之期望,将来南北两方,无论何方出掌中国政权,时势所趋,对于此事,恐均不能置之度外。"观此,日方似并非毫无诚意。在章默察迭次会议情形,堀义贵之态度,远不若日前重光葵之诚恳。最近堀义贵谓:"迩来英美各国,鉴于中国各处近日发生之事故,态度转趋坚决。"或者日本因各国改变方针,故亦随之取一种较为强硬之政策,未可知也。

顾会长云:关于中日修约一案,今日所应讨论者,为法权及航权两问题。航权问题,现双方既均有较为具体之表示,鄙意即就该问题先行研究,何如?(众无异议)

吴次长云:关于法权问题,查取消领事裁判权事,日本所以并不坚持者,其用意乃在于取得内地杂居,而满蒙尤为该国所垂涎。

前阅法权专门委员会议录中,我国委员有逐渐开放内地,供日本人民居住之提议。鄙意此层还须加意斟酌,以免作茧自缚。

钱事务主任云:原我国委员逐渐开放本国之提议,乃系一种手腕,内中实另含有作用。盖使日方视之,或将认为其素所注意之区域,可借此要求先行开放;然在我方解释,如日本原则上表示赞同,则各通商口岸,事实上均已开放,日本在各该口岸之治外法权自应放弃。至于未经开放之处,我仍可借"逐渐"二字,自留将来地步。

罗总长云:关于航权问题,日本所最注意者,仍在于最惠国待遇,其他各项条件不过借为陪衬。至放弃领事裁判权一节,如能借此获得内地杂居,则为日本计,固属一种莫大之利益。盖日本法庭内容较诸我国不相上下,放弃法权,事实上于日本并无重大损失。惟我方若欲借"逐渐开放本国"数字,引诱日本,使其先行放弃通商各口岸治外法权,日人多智,恐不肯入我彀中。

钱事务主任云:日前鄙人曾要求日本委员开示该国船舶在我国内河现行航线,俾我方得指定限度,不再扩张。又因日委员曾称,"凡事不宜骤然根本更改,必应逐渐进行",鄙人当即根据此语,与相辩论,告以既云逐渐进行,则其最后目的,为在达到原则,无待疑义;今日本乃提出最惠国待遇问题,是与原则愈离愈远,永无达到之一日。

罗总长云:恐日本真正态度,还在借辞宕塞。

顾会长云:关于航行问题,日前交通部曾拟有说帖一件。

罗总长云:我国对日本专门委员所提临时办法,即根据交通部说帖草拟,不过将内容略为修改已耳。

吴次长云:日前曾饬司将临时办法草案抄录一份,送交沈海军司令,征求该处意见。

顾会长云:事实上现在外国在我国内河及沿海行轮者,未悉其共有几国。

钱事务主任云:计有英、法、美、义等国,而德国事实上亦享有此种权利。

吴次长云:此外尚有那威、瑞典。

唐参事云:如欲继续谈判,我方似应相当的稍为让步。鄙意对于年限一层,略示放松,而要求日本放弃法权及最惠国条款,何如?

顾会长云:唐参事所提办法,诸君是否同意?

沈总长云:若载入最惠国条款,则事实上有年限与无年限毫无区别。

罗总长云:日本真正态度,还在借辞搪塞。

吴次长云:磋议多时,毫无结果,对外殊难自解。

罗总长云:国内情形若此,若欲求有结果,恐非易事。

吴次长云:如日方毫无诚意,以后我国态度,似不妨略为强硬。

罗总长云:内部如能一致,未始不可略示强硬。所困难者,我内部不能一致耳。

吴次长云:设一旦因强硬而决裂,国民对于当局诸人,恐亦必能曲为原谅。

姚总长云:鄙意还以继续进行为是,遽然停止,似非上策。

顾总长云:航行问题与海军方面实有密切关系,既已征求海军当局意见,鄙意还待海军当局复文到时,再行讨论,何如?

罗总长云:现在只可如此办理。

沈总长云：义大利约不久又将到期，恐义大利不若西班牙之易于对付。

顾会长云：义约事，鄙意留待下次开会时再行讨论，何如？（众无异议）

下午六时半散会。

条约研究会第四十五次常会会议录

一九二八年三月八日下午五时半

列席人员：顾会长主席、罗总长、吴次长、戴公使、王公使、刁公使、严顾问、钱事务主任。

顾会长云：今日本会所应讨论之第一问题，为中义条约。按照该约第二十六款中文约文推算，明年八月四日到期，如欲修改，须于期满前六个月，即明年二月四日以前通知；惟依照义文约文推算，则应于今年六月三十日满期，如欲修改，须于今年六月三十日提议。义文日期较中文日期，早出七个月有余，而该约第五十款实规定各以本国文字为正。兹外交部拟有提案说帖一件，诸君谅已阅过。究竟关于推算通知修约日期，究应以何国文字为准？

罗总长云：本人个人意见，以为修约日期究宜以何国文字为准，应视我国采取何种态度而定。我如采取强硬态度，正不妨毅然决然，根据中文约文办理，如彼不承认，到期径行废约；否，可于通知修约照会中，将第二十六款中西（义）文不同之点，约略解释。惟修约照会，如严格的依照中文约文至一九二九年二月四日以前始行提出，深恐义国借口第五十款载明两国各以本国文字为准，以为根据义文约文，已逾通知时期，届时我国反觉困难。

刁公使云：按照义文至一九二八年年底时，如尚不提议修改，则现约应继续有效,复俟十年,再行修改,此层应予注意。

罗总长云:鄙意我如按照义文约文,于本年六月三十日即行提议修约,想彼方不能不予承认。

顾会长云:中义文约文相差不过七个月有余,在事实上似无若何重要关系,鄙意不妨照实说明,彼方谅亦不致有何异议。

吴次长云:我可说明现约既须修改,日期稍有迟早,无大关系。

严顾问云:我若采用义文约文,则与"各以本国文字为准"之规定,似有抵触。鄙意不如说明因第二十六款两国文字颇有出入,因此通知修约日期,照两国文字推算,稍有先后,中国政府兹特按照较先者办理云云。如此,庶可避去采用义文约文之名义,诸君以为何如?

罗总长云:严秘书长之意,是否不必说明采用何国文字?

顾会长云:严秘书长之意,系欲表示我国并非采用义文约文。鄙意通知修约日期,稍为提前几时,似属无妨。

王公使云:日期迟早,无大关系。实际上但期义国对于修约一事,能同意耳。

罗总长云:似可将两国文字互有出入之点,于通知修约照会中一并说明。且中文日期,义国恐亦知之甚悉。

刁公使云:然。关于通知修约日期,不如照义文推算,俾该国不得再有借口。

罗总长云:可照义文日期通知修约。查义文日期较中文日期,早出七个月有余,提前修改,或尚能博得国内一般舆论之好感。

顾会长云:就对外论,亦以一并说明中义文日期为是,因将来如或发生问题,尚可借此留一说话地步。对于中义条约,诸君意见既属相同,现在讨论本日议事日程所列之中波条约。查该约双方交涉,历六年有余,草约始成,内容颇为复杂。兹请钱司长将经过情形,先行约略报告,以便讨论。

钱事务主任云:民国十一年时,驻日波使曾请求与我方订约通好,当经我方提交草约十条。十三年,波代表宾铎来京,拟先遣使后订约,我方未允。十五年,宾代表又来,就十一年我所提草案交换意见,历一年之久,双方始另行缮成修正草案一件,于十六年八月交由宾代表携回请训。其后宾代表曾由波京来函,称修正草案,大体上波政府已予承认等语。现该代表业经返京,并定于星期六日到部继续磋议订约。查修正草案中最关重要之点,大略有四。(一)设领问题。初时波方要求先行设领,我方谓须待新约签订之后,方可允许。彼方复要求随处皆可设领,我亦未予承认,主张应依照通例,以他国设有领事之处为限。彼方欲扩张领事权限,提议将侨民身份、婚姻、承继各事项,均归本国领事管理,详定约内。我方深恐如此规定,或致再开领事裁判权之端,始终表示反对,结果关于领事待遇及职权问题,仍采用概括方式,并加入在平等相互原则范围之内一语。又恐此节发生误会,故另行补足一语,载明根据领事裁判权而发生之特权及职务,不应认为与平等相互原则相符。(二)司法事项。彼方要求领事裁判权取消之后,中国如与别国订立过渡办法,波兰亦须一律享受,我方未允。结果照奥约第一条规定,凡两国侨民身家、财产应受所在地法律之充分保护。至波籍律师承认手续,彼方提议只须经司法部之认可,我方将其改为经司法部及该管法庭 tribunal competent 承认,方能出庭辩护。又修正草案未列入商事公断条文,我方允予追加。(三)关税事项。彼方要求最惠国待遇,并欲将实行期限,延长至二年以上,我方未允。结果用藏事议定书声明,并将实行期限,缩至一九二八年十二月三十一日为止。复于议定书内载明以五个月为通知作废期间。(四)保障私人权利事项。(1)彼方要求内地杂居,我方未允。(2)彼方要求加入既得权一节,我方亦未同意,结果决定在条约内列入"保障私人所有权之不可侵犯,并保护私人之权利利益"诸字样。(3)关于教堂、学校问题,彼方要求波兰得在中国设立教堂、学校,我方主张只以人数众多,确有设立教堂、学校之必要者为限,并须遵守所在地法律、章程,彼方似仍未满意,现条文尚未完全确定。(4)关于护照问题,彼方谓现在波兰人在中国境内旅行,系用通行执照 laissez-passer,不便殊甚,结果照中奥条约第三条改用正式护照。中波条约磋商经过情形,大概如此。至本约实行期限,现定三年。波方曾要求加长,我方迄未承认。又波方要求于约内列入关于船舶之规定,其实该国并无船舶在华,故目下对于此事,亦已不复坚持矣。

顾会长云:钱司长对于草拟中波约稿思虑周详,殊堪嘉许。惟依照鄙人意见,内中尚有应行修正之点,大略如下。条约首段 et de la réciprocité 数字,似应删去,以防日后波兰借口要求我国现在不能许予外人之各项权利,如内地杂居等。又 respect 字上可加入 mutuel 一字。而第五条第五(六)段末句关于教堂、学习之规定,最好勿庸提及,惟不知波兰意见若何耳。

钱事务主任云:传教办学问题,双方讨论甚久,波兰持之甚坚。或者因该国在哈尔滨等处设有学校、教堂,故甚望于约内加入此条,俾能得有相当保护,亦未可知。

顾会长云:去年英国因南方反对外国传教、办学,故其对华提案第七条内,有英国教堂、学校应受中国法律管辖之声明。北方对于外国教堂、学校并不反对,只要遵守法律,自当充分保护。惟此项规定,似应只限于本约未订以前业经设立之教堂、学校。如能改用换文更妥。

钱事务主任云：波兰谓波兰人须习波兰文字，故非自立学校不可。今我若主张只以既有之学校为限，彼方能否满意是一问题。

顾会长云：然则最好将本段 conformément aux lois du pays 之 pays 一字，改为 chinois，庶意义更为明了，诸君以为何如？（众无异议）

顾会长又云：第六、第七两条均系普通条文。惟第八条第二段意思似欠明晰。

钱事务主任云：本段系照奥约草拟，字句较为含混，因彼时奥国要求最惠国条款，我国未允，后经黄公使与奥方往返磋商，成此条文。在奥国视之，以为此系最惠国条款之变相；惟在我方视之，不过一种通常条文。波使前曾要求本部以换文程式，将本段再加解释，但部中迄未允许。

罗总长云：本段似可删去，以免日后发生枝节。

钱事务主任云：惟彼持之颇坚，好在目下最惠待遇问题，既已在议定书中规定，则无论如何，波兰决不能将本段再作最惠国条款解释。

严顾问云：按照八条第一段规定，将来我国对于外人如欲增加税额，岂不自受束缚？

顾会长云：本条系仅指关税而言，内地税自不受其限制。况目下我国新约中对于关税问题，决定采取认货不认人主义。本条将来似不致发生何种流弊。

顾会长云：第十一条第一段末尾 commerce international 二字下似应加入 conformément aux stipulation de ce traité 数字，并应声明内河航行及沿岸航行不在此例。至第十二条乃系一种通常条文。第十三条关于商标之规定，版权是否包括在内？

钱事务主任云：版权并不在内。

顾会长云：可否向彼方接洽，将 Toute imitation ou falsification sera …一句删去，因冒牌伪造，自为各国国内法所禁止，无庸另用约文规定。又第十四条为限制输入、输出之条文。第十五条 la réciprocité 二字似可删去，俾与绪言内所援用之原则互相吻合。（众无异议）其余各条，均甚妥当。

顾会长又云：查第一声明书之末段，载明"凡携有护照之波兰人民得在允许他国人民游历之地点自由游历，无须再行请照"。果如此，是波兰人所能享之权利，反较优于旧约国人民所能享之权利，鄙意似应再行加入 à moins qu'une telle permission ne soit reparte des ressortissants de tt. autre Etat 一句，以示限制。（众无异议）又第二声明书首段是否包括因互惠协定，而发生之减税税率？

钱事务主任云：关于互惠协定问题，在本声明书第二段中已有规定。

七时半散会。

附件：

PROJET D'UN TRAITE D'AMITIE ET DE COMMERCE
Entre
LA REPUBLIQUE DE CHINE ET LA
REPUBLIQUE DE POLOGNE

La République de Chine et la République de Pologne, animées du désir de resserrer les liens d'amitie par un traité qui facilitera le développement des rapports économiques et commerciaux des deux pays et reconnaissant que l'application des principes du respect de la souveraineté territoriale, de l'égalité et de la réciprocité est le seul moyen de maintenir la bonne entente entre les peuples, ont nommé à cet effet, pour leurs Plénipotentiaires savoir:

La République de Chine:

Son Excellence Monsieur······

La République de Pologne:

Son Excellence Monsieur······

Lesquels après sôêtre communiqué leurs pleins pouvoirs reconnus en bonne et due forme, ont convenu des dispositions suivantes:

Article I.

Il y aura entre la République de Chine et la République de Pologne paix perpétuelle et amitié inaltérable. Chacune des deux Parties Contractantes garantit aux ressortissants de l'autre sur son territoire conformément aux lois du pays: la sécurité personnelle, l'inviolabilité de leur propriété privée ainsi que la protection de tous les droits et intérêts privés leur appartenant.

Article II.

Les deux Parties Contractantes auront le droit de designer et d'envoyer mutuellement des Agents diplomatiques dûment accrédités qui jouiront des priviièges, immunités faveurs et égards généralement reconnus par le droit des gens.

Article III.

Les deux Parties Contractantes s'accordent réciproquement le droit de nommer des Consuls Genéraux, Consuls, Vice-Consuls et Agents Consulaires dans toutes les localités ou de pareils agents d'une autre nation sont admis à résider.

Ils seront traités avec la considération et les égards qui sont accordés aux agents de la même catégorie des autres nations et dans les limites du principe d'légalité et de la réciprocité, ils jouiront des privilèges et exerceront les attributions qui peuvent être accordés aux pareils agents d'après le droit des gens. Il est bien entendu que les privilèges et les attributions basés sur la juridiction consulaire ne peuvent être considérés comme étant en conformité avec le principe de l'égalité et de la réciprocité.

Les Consuls Généraux, Consuls, Vice-Consuls et Agents Consulaires sont tenus, avant d'entrer en fonctions, d'obtenir 1 & exequatur d'usage délivré par le Gouvernement du pays où ils resideront.

Ledit gouvernement pourra retirer l'exequatur en en indiquant un motif convenablement fondé.

Les deux Parties Contractantes s'abstiendront de designer des commergants comme Consuls Généraux, Consuls, Vice-Consuls et Agents Consulaires, excepté à titre de Consuls honoraires.

Dans l'exercice des fonctions que le droit international leur assure, les Consuls Généraux, Consuls Vice-Consuls et Agents Consulaires trouveront aupres des autorités d e leur résidence le plus large cohcours et l'appui le plus bienveillant.

Article IV.

Les ressortissants de chacune des Parties Contractantes qui désireront se rendre sur le territoire de l'autre devront être munis de passeports délivrés par les autorités compétentes de leur pays respectif, attestant leur nationalité et leur profession. Le passeport ne sera valable qu'après avoir été préalablement visé par un Consul de l'autre Partie Contractante.

(Voir protocole I).

Article V.

Les ressortissants de l'une des deux Parties Contractantes auront la faculté en se conformant aux lois et règlements du pays de voyager, de s'établir et d'exercer le commerce, l'industrie et autres professions licites sur le territoire de l'autre dans toutes les localités ou les ressortissants d'une autre nation peuvent le faire. Il est entendu que la stipulation pré cédente s'applique tant aux individus qu'au sociétés commerciales.

Ils doivent se conformer aux lois du pays où ils résident. Ils ne pageront aucuns impôts, taxes ou contributions supérieurs à ceux acquittés par les nationaux du pays.

Les ressortissants des deux Etats Contractants seront réciproquement placés, tant pour leurs personnes que pour leurs biens, sous la juridiction de l'Etat ou ils résident et ils jouiront du libre aceès tribunaux pour faire valoir et défendre leurs droits.

Les procès et autres affaires judiciaires concernant les citoyens polonais en Chine seront portés devant les tribunaux modernes et, de même que pour le droit d'appel, la procédure régulière et les nouvelles lois y seront appliquées.

Pour toutes les causes civiles et criminelles dans lesquelles seront intéressés les ressrotissants polonais, ceux-ci-auront le droit de recourir au service des avocats de nationalité polonaise ou autres dûment autorisés par le Ministère de la Justice et par les tribunaux compétents ainsi qu'à celui des interprétes de nationalité polonaise ou autres dûment autorisés par les tribunaux compétents.

Les Eglises et les Ecoles polonaises qui se sont établies sur le territoire de la République Chinoise en se conformant aux lois et règlements du pays, continueront à bénéficier, comme par le passé, de la pleine protection des autorités chinoises. De même les autorités polonaises accorderont, conformément à la constitution polonaise, pleine protection aux Institutions religieuses et aux écoles que les ressortissants chinois pourront établir en Pologne.

Article VI.

Tous compromis et clauses compromissoires en matières civiles ou commerciales concernant les intérêts des ressortissants de l'une des Parties Contractantes seront permis sur le territoire de l'autre en tant qu'ils ne dérogent pas aux lois et règlements de la dernière Partie.

L'exécution de la sentence arbitrale et le fonctionnement de

l'arbitrage seront réglés par les lois et règlements du pays où l'
arbitrage doit revevoir son application.

Article VII.

Les ressortissants de l'une des Parties Contractantes ne seront sur
le territoire de l'autre, astreints à aucun service militaire et seront
également libérés de toutes contributions ou prestations remplaçant le
service militaire ou constituant un emprunt ou un don public forcé.

Article VIII.

Les deux Parties Contractantes reconnaissent que toutes les
matières douanières sont réglées uni- quement par la législation
intérieure de chacune d'elles. Toutefois, aucun droit de douane plus
élevé ou autre que celui acquitté par les nationaux du pays ne sera
prélevé sur les produits bruts ou manufacturés d'origine d'un des deux
Parties Contractantes à leur importation, exportation ou transit.

Il est entendu que les produits bruts ou mamufacturés d'origine
d'une des deux Parties Contractantes à leur importation dans le
territoire de l'autre, seront réciproquement traité sur un pièd d'égalité.

(Voir protocole II)

Article IX.

En matière de successions laissées par les ressortissants de l'une
des Parties Contractantes sur le territoire de l'autre, les dispositions
suivantes seront observées :

1) -Les ressortissants de l'une des Farties Contractantes jouiront sur le territoire de l'autre du droit de disposer de leurs propriétés par testsment.

2) -Les successions des Polonais en Chine et celles des Chinois en Pologne ne seront pas assujetties à des taxes ou frais autres ou plus élevés que ceux appliqués aux successions des nationaux.

3) -La partie immobilière de la succession sera régie par la loi du pays où elle est située. Toutes les autres matières se rapportant à la succession seront régies par la loi de l'État dont le défunt était ressortissant au moment de sa mort.

4) -En cas de décès d'un ressortissant de l'une des Parties Contractantes sur le territoire de l'autre, sans qu'il y ait un héritier légal au lieu où ses biens sont situés, le Consul de l'État dont relevait le défunt sera appelé à administrer provisoirement la succession.

Les dispositions précédentes seront de même applicables dans le cas où un ressortissant de l'une des Parties Contractantes, possédant des biens sur les territoires de l'autre, viendrait à mourir en dehors desdits territoires sans avoir laissé un héritier légal au lieu où ces biens sont situés.

5) -En cas de décès en mer d'un ressortissant de l'une des Parties Contractantes, les biens qu'il a laissés à bord du navire seront remis entre les mains du Consul le plus rapproché du pays dont relevait le défunt.

Article X.

Les habitations, les magasins et les établissements commerciaux, y compris tous les accessoires, destinés au commerce, à l'industrie des ressortissants de l'une des Parties Contractantes sur le territoire le lioutie seront soumis aux règlements de police et de taxation aux mêmes conditions que les habitations, les magasins et les établissements analogues des nationaux et ne sauront être perquisitionnés sous quelque prétexte que ce soit, sauf en conformité des termes formels des lois et ordonnances en vigueur dans le pays et applicables aux nationaux. Les livres et les correspondances concernant l'activité commerciale seront à l'abri de toute inspection illégale.

Article XI.

Les deux Parties Contractantes s'engagent mutuellement à accorder aux navires de l'autre Partie le droit d'entrer librement dans tous leurs ports ouverts au commerce international.

Les navires portant le pavillon de l'une des Parties Contractantes, ainsi que leur cargaison et leur matériel ne sauront dans les ports de l'autre Partie être retenus ni saisis, sauf dans les conditions de l'article XIV du présent traité.

Article XII.

Un navire de l'une des Parties Contractantes, en cas de naufrage, de gros temps ou en tout autre cas de danger, aura la faculté d'entrer provisoirement dans les ports maritimes de l'autre Partie pour s'y réfugier, faire des réparations, se procurer des provisions ou tous autres articles nécessaires et de poursuivre son voyage, sans être tenu de payer d'autres droits que ceux que payeraient dans un cas semblable les navires nationaux. Au cas où le capitaine ou le propriétaire du navire serait obligé de vendre une partie de sa marchandise pour couvrir ses dépenses, il aura à accuitter □□□□ aux règlements et tariffs en vigueur au lieu où le navire est entré.

Au cas où un navire de guerre ou un autre vaisseau de l'une des Parties Contractantes coulerait ou s'égarerait de sa route près des côtes de l'autre, les autorités locales en aviseront immédiatement le consul compétent le plus rapproché de porter sur le navire toute aide et toute assistance nécessaires pour le sauvetage conformément aux usages du droit international public.

Article XIII.

Chacune des deux Parties Contractantes s'engage à protéger, dans les limites des lois et règlements du pays, les inventions, marques de fabrique, dessins et modèles appartenant à des firmes ou des sociétés commerciales ou industrielles fondées par les ressortissants de l'autre Partie et dûment enregistrées par eux auprès des autorités compétentes de la première Partie. Toute imitation ou falsification sera rigoureusement interdite.

Article XIV.

Toute prohibition imposée par le Gouvernement de l'une des Parties Contractantes à l'importation ou à l'exportation de certaines marchandises par les nationaux ou étrangers s'appliquera aussi aux ressortissants de l'autre. Toute infraction à cette prohibition sera poursuivie conformément aux lois en vigueur dans le pays.

Dans l'établissement et l'application des prohibitions éventuelles d'importation ou d'exportation, les Parties Contractantes procéderont sans consideration du lieu d ' origine ou de destination des marchandises, excepté dans le cas de prohibitions pour raison de sécurité et de santé publiques, ou pour prévenir les épizooties.

Article XV.

En ce qui concerne les questions qui ne sont pas traitées dans le présent traité, les deux Parties Contractantes conviennent d'appliquer les principes de l'égalité, de la réciprocité et du respect mutuel de la souveraineté territoriale qui forment les bases du présent traité.

Article XVI.

Le présent traité est fait en deux exemplaires rédigés en langues chinoise, polonaise et française. En cas de divergence d'interprétation, le texte français fera foi.

Article XVII.

Le présent traité restera exécutoire pour une durée de trois ans à partir du jour de son entrée en vigueur. Si aucune des deux Parties ne le dénonce six mois avant l'expiration de ce délai, il restera en vigueur jusqu'à ce qu'il soit dénoncé et ne cessera ses effets qu'à l'expiration d'un délai de six mois à partir du jour où la dénonciation aura été notifiée.

Article XVIII.

Le présent traité sera ratifié le plus tôt possible et entrera en vigueur dès le jour où les deux Gouvernements auront fait connaître l'un à l'autre que les ratifications ont été effectuées.

En foi de quoi les Plénipotentiaires sus-mentionnés ont signé le présent Traité et y ont apposé leurs sceaux.

Fait à Pékin, le ....

DECLARATION I.

Les Plénipotentiaires Chinois et Polonais dûment autorisés après avoir signé le traité d'amitié et de commerce conclu entre la Chine et la Pologne en cette date de ce jour, font d'un commun accord la déclaration suivante :

1) Les passeports des Polonais établis en Chine avant la conclusion du présent traité devront dès sa conclusion être visés par les autorités chinoises du lieu de leur résidence. Ils remplaceront les documents d'identité chinois délivrés antérieurement aux Polonais en Chine.

2) Tout ressortissant polonais en Chine muni d'un passeport national lequel sera visé par les autorités chinoises compétentes, pourra librement voyager partout, où les ressortissants d'un autre État étranger peuvent le faire, sans être tenu de se procurer une permission

préalable pour chaque déplacement. Les ressortissants chinois munis de passeports visés par les autorités compétentes polonaises jouiront du même droit en Pologne.

DECLARATION II.

Les Plénipotentiaires Chinois et Polonais dûment autorisés après avoir signé le traité d'amitié et de commerce conclu entre la Chine et la Pologne en date de ce jour, font d'un commun accord la déclaration suivante :

1) En vue d'encourager l'échange direct des marchandises entre les deux pays, les Parties Contractantes s'engagent réciproquement à appliquer, jusqu'au 31 décembre 1928, comme mesure provisoire, aux produits bruts et manufacturés originaires de l'une d'elles et importés dans le territoire de l'autre, des droits de leur tarif douanier qui ne seront pas supérieurs à ceux auxquels les articles similaires de tout autre pays sont ou seront assujettis.

2) Les présentes dispositions ne s'appliquent pas aux concessions tarifaires que l'une des Parties Contractantes accorde ou accordera exceptionnellement à des États limitrophes pour faciliter le commerce de frontière.

3) Dans le cas où aucune des Parties Contractantes n'aura notifié cinq mois avant l'expiration du délai sus-mentionné son intention de mettre fin au présent protocole, celui-ci sera prolongé par voie de tacite reconduction jusqu'à l'expiration de cinq mois à partir du jour où le protocole aura été dénoncé par l'une des Parties Contractantes.

条约研究会第四十六次常会会议录

一九二八年三月十五日下午五时

列席人员：顾会长主席、罗总长、沈总长、姚总长、吴次长、戴公使、王公使、刁公使、严顾问、赵顾问、钱事务主任。

顾会长云：今日外部提请本会讨论之问题有二：一为中国、波兰订约案，一为中国、希腊订约案。希腊订约案，内容较为单简，鄙意拟将其先付讨论，何如？（众无异议）

顾会长又云：关于本问题，外部所拟说帖，诸君谅已阅过。该说帖将希腊提案中应行审核之处，分为三点，即：（一）希腊提案绪言仍有 réciprocité 相互字样，是否应按照上次对中国波兰约稿所定办法，予以删去？（二）希腊提案第四条"所有两国或他国所产未制或已制货物"句内之"他国"二字，与我国近来主张认货不认人之原则不无反背，应否修改？（三）希腊约稿所附声明文件内关于会审公堂案件之规定，现在会审公堂业经收回，该项规定似无存在理由，应否取消？关于第一点"相互"二字，鄙意我国在中波约稿中既已主张删去，则在中希约稿中似亦应同样办理，以昭一律，惟 réciprocité 一字删去之后，de ceux 二字就文字上论，亦应一并删去，方为妥当，诸君以为何如？

王公使云：诚然，诚然。

顾会长云：关于第二点 d'un autre pays 三字，最近订立之中芬条约中，有无此项规定？

钱事务主任云：中芬条约中并无此项规定，即最近中国波兰新约草案中，亦已将此三字删去。

顾会长云：鄙意亦以本国人民之待遇，只能限于缔约国本国之货物为是，d'un autre pays 三字可以删去。又上行所载 aucun droit 二字下似应加 douanier 一字，庶用意更为明晰。（众无异议）

胡科长云：本条 supérieur 字下，应否再加 ou autre 二字？

顾会长云：胡科长之意，是否指两缔约国人民所纳关税，不但不能较高于本国人应纳之数目，且不能较本国人民应纳者有所区别？

胡科长云：然。

顾会长云：如对方不坚决要求，鄙意还以暂时不必加入此种字样为是。因通常各国对于本国人民之待遇，总较对于外国人民为优，现在我国新约中所以不惜许外人以本国人民待遇者，实出于万不得已，故范围自亦愈小愈妙。

吴次长云：诚然，诚然。

顾会长云：第五条"照本约基础"句内之"基础"二字，改为"原则"，何如？

胡科长云：希腊对于此点，曾表示反对，谓"原则"二字在条约中实不常见。

顾会长云：然则 base 一字，究何所指？

胡科长云：但我方苟再为坚持，彼或能让步，亦未可知。

顾会长云：此不过一种文字上之修改，鄙意 base 一字总欠明了。因本约原则，绪言中曾经列为举出；而本约基础，则约内并未论及也。

胡科长云：然则于绪言中设法再加入 base 字样，何如？

罗总长云：base 一字，其意义谅亦指平等相互各原则而言。

顾会长云：诚然。

胡科长云：鄙意可于绪言中 de légalité 二字下加入 qui forment la base du présent traité 一句。如此，庶第五条之"基础"二字，意义较为明了。

吴次长云：鄙意即于第五条末尾 du présent traité 三字下，加 base sur les principes du respect de la souveraineté territoriale et de légalité 一句，亦无不可。

顾会长云：犹忆去年我国对日本所提新约草案中，亦用"原则"二字，并无"基础"字样。

钱事务主任云：本条可依照我国以前对其他各国所提条文，再为修改。

顾会长云：顷间钱司长谓希腊声明文件中，关于希腊国籍律师出庭一节内，曾载有 officiellement accrédités 诸字样，不知是否作"经法庭正式承认"解释，抑另有用意？

钱事务主任云："正式承认"四字，通常洋文均译作 dûment autorisés。

顾会长云：然则直可将其改为 dûment autorisés 二字，以防流弊。又中文译文中之"委派"二字，可改为"承认"二字，庶与修改后之洋文条文意义两相符合。

姚总长云：鄙意不如改为"允可"二字，更为恰当。

顾会长云：会审公堂现既已收回，则声明文件中关于会审公堂一节，似无存在理由。

姚总长云：可予删去。

罗总长云：希腊提案想系仿照当日中法条约草拟，惟现在情形，与以前已略有不同。

钱事务主任云：希腊草案大约仿照中奥、中芬两条约草拟，因我国以前曾将上载两种约本，寄交驻法陈公使，转交希腊政府参考。

罗总长云：第七条用 Son Excellence le président de la République de Chine 诸字样，将来签约时恐发生问题。

顾会长云：然则将 S. E. le président de la République de Chine & S. E. le président de la Rép. Hellénique 一段完全删去，改为 par les 2 Hautes Parties contractantes，庶意义较为含混，诸君以为然否？（众无异议）

王公使云：绪言内"觉悟"二字，不如改作"认定"二字，较为恰当。又第二条似可加入领事执行职务证书一层。再本约内容虽异常单简，然关于有效时期问题，约内似亦不能不有一种之规定。

顾会长云：绪言内"觉悟"二字，想系援用以前其他条约译文。鄙意现在相互一层既已决定删去，则"并觉悟尊重领土主权与平等相互各原则之实行"一句，不如改为"并承认以互相尊重领土主权与平等之原则"，庶措辞较为明了。至第二条应加入领事执行职务证书一节，亦属恰当之论。从前各国在我国派驻领事，只须经过通知手续，即可到任视事，坐是往往种种问题因之发生，现新约中对于此项流弊，似宜竭力矫除。再，王公使提议本约应规定有效时间，此事亦无不可之处。因本约虽属通好条约，然内中实挟有几分通商性质。惟有效时间，究以若干年为度，此点似应细加斟酌。

罗总长云：又绪言内亦有"大总统"字样，似应一并修改，以防

签字时发生问题。(众无异议)

顾会长云：然则本约有效时期，究以若干年为度？

钱事务主任云：照惯例，通好条约并无一定年限。

顾会长云：中芬条约有效时期，以若干年为限？

钱事务主任云：中芬条约并未规定有效年限。

顾会长云：本约第四条关于关税问题，似带有几分通商性质。我国与波兰所订新约有效时间，是否拟以三年为度？

钱事务主任云：然。

顾会长云：又奥约中对于有效时期，如何规定？

钱事务主任云：奥约有效时期，规定十年，期满双方得通知停止；自通知日起，六个月内，该约仍当有效。

吴次长云：第四条即带有几分商务性质，鄙意仅对于该条规定年限，何如？

顾会长云：或者除通好条款外，其余各条款，均载明可以通知修改。

吴次长云：鄙意不载明年限，仅规定缔约双方对于本约各条款，均可随时声明修改；自声明日起，三个月或六个月内，本约仍当有效，亦无不可。

刁公使云：如欲规定期限，则措辞务须异常明晰，若者可以修改，若者不能修改，均应列为举出，庶不致蹈前清所订各约之流弊，免使日后修改时，对于范围问题，发生争执。

钱事务主任云：或即规定本约以三年为期，亦无不可。

顾会长云：期限自以从短为是，因我国现在与各国所订条约，虽较以前大有进步，然内中多数条款仍采取一种过渡性质之办法，将来情形许可时，尚须再为修改。鄙意本约有效时期，不妨即照抄中国、波兰条约草案第十七条之规定，以三年为限。此外，诸君对于其他各点，如无他项意见，吾人可即讨论外部提案第二项，即中国、波兰订约问题。（众无异议）

罗总长云：请钱司长即照顷间议决情形，将希腊提案修改，转寄驻法陈公使，向希腊政府提出征求同意。

钱事务主任云：容即饬司照办。

顾会长云：关于中国、波兰订约问题，我国拟提新约草案，上次业经本会通过。兹请钱司长将最近部中与波兰代表交涉经过情形，约略报告。

钱事务主任云：查中国、波兰订约一案，前我国与波兰代表曾共同议定草约大纲，由该代表携回本国请训。现该代表业已返京，并于本月十日将波兰政府对案转送到部，内中对于上载草约大纲，略有修改之处，举其要者如下：（一）波兰对案拟于原案第五条第五节"律师"二字之下，加入"及代理人"四字；（二）波兰对案拟于原案第七条第一节"惟此缔约国所产"七字之下，加入"及来自此缔约国之"八字；（三）波兰对案拟将原案第八条第一项"此缔约国人民在彼缔约国境内有留立遗嘱，任意处理私人所有财产之权"一段，改为"此缔约国人民在彼缔约国境内，得由遗嘱或无遗嘱继承遗产"，并拟将该条第四项"其遗产应由死者该管领事暂时管理"一句，改为"其遗嘱当然应由死者该管领事暂时管理"；（四）波兰对案拟于原案第十四条之下，加入"关于两缔约国人民，彼此各照本国人民一体待遇问题，平等原则只适用于国内法或本约特别规定之事项"；（五）波兰对案拟于本约内另加一条，即"波兰国政府根据《凡尔塞和约》第一〇四条及一九二〇年十一月九日波兰 Dantzig 自由城所订巴黎条约第二、第六两条，有主持

Dantzig 自由城对外事务之责任,兹特别保留声明 Dantzig 自由城为本约缔约一份子,承认因本约发生之义务,并取得因本约发生之权利"。此外对于原案字句上尚有修改之点,然意义均无若何出入。至我方条约草案,本月八日经条约研究会通过之后,亦已于本月十二日向波兰代表提出。当时波兰代表对于大体上并无何种异议,惟第八条第一节"在彼缔约国进口、出口及通过时"句内之"通过"二字,波兰代表谓此系原案中之所无,须请示本国政府后,方可答复。而我国第二声明文件草案内所载之"本约未签字以前,在中国境内设立之波兰教堂、学校,得照旧继续享受中国官厅之充分保护"一段,波兰代表亦认为与平等原则不符。因该声明文件草案第二段既称"波兰官厅对于中国人民日后在波兰设立之教堂、学校,应同样予以充分之保护",则波兰在华应受保护之教堂、学校,自亦不应以在本约未签字以前所设立者为限。至我方主张将该项条文列入换文,波兰代表仍要求列入约文之内。部中与波兰代表交涉经过情形,大略如此。

姚总长云：加入"代理人"一节,我方可以承认,并无问题。

钱事务主任云：依照我国法律,律师本可执行代理人职务。

沈总长云：波兰要求于约内另加一条,载明"波兰有主持 Dantzig 自由城对外事务之责任,兹特保留声明 Dantzig 自由城为本约缔约一份子"等语,查事实上,波兰是否果有主持 Dantzig 自由城对外事务之权力?

钱事务主任云：Dantzig 自由城对外事务应由波兰主持,实根据《凡尔塞条约》第一〇四条及一九二〇年波兰 Dantzig 条约第二、第六两条而来。

顾会长云：现拟照外部提案说帖,依次分别讨论,即：（一）波兰要求于原案第五条第五节"律师"二字之下,加入"及代理人"四字,本问题顷间姚总长业经表示可以承认。(二)波兰要求于原案第七条第一节"惟此缔约国所产"七字之下,加入"及来自此缔约国之"八字,其用意是否指不惟产自两缔约国之货物,关于关税事项应互相享受本国人民之待遇,即来自两缔约国之货物,关于关税事项亦应互相享受本国人民之待遇。换言之,上列两种货物均应享受同样待遇。

钱事务主任云:据波兰代表面称,本条应解作两缔约国货物必须同时具有上载两种条件,即不惟应产自两缔约国,且须来自两缔约国者,方能互相享受本国人民之待遇。

罗总长云:我国直接运往波兰之货物,为数恐属无几。

钱事务主任云:鄙人当日对波兰代表亦曾声明,中国货物由本国直接运往外洋者,为数甚属寥寥。譬如中国南部产品半由香港出口,此种由香港出口之货物,如输入波兰时,波兰政府是否予以本国之待遇?当时波代表答称关于由香港出口之中国货物,将来或可另用换文特别规定,总之,凡中国货物,在外洋曾经重新制造者,决不能以中国货物论。

吴次长云:鄙意将来两国可约定采用出产地证明书办法 certificat d'origine,即中国产品,只须携有出产地证明书,证明其的系产自中国者,不论从何处运往波兰,均应享受本国待遇,波兰货物运至中国者亦然。

顾会长云:我国因航业、银行业及保险业之不发达,故海外贸易大半假手外人。如运往美国各货物,强半须经过日本之间接。波兰修正条文,如果解作凡中国货物运至英国再行打包,转运波兰者,即不能享受本国人民运货之待遇,则于我国对外贸易上,至有关系。此事鄙意应由外部会同税务处、实业部各主管机关，详细研究，妥筹办法，以昭慎重。

沈总长云：此事与实业部尚无若何重大关系，只须会同税务处详加研究可耳。

顾会长云：本问题关系重大，还以郑重办理为是。

王公使云：波兰用意，恐无非借此以鼓励本国人民对华直接之贸易。

姚总长云：然则将"来自此缔约国"数字，改为"最初来自此缔约国"，何如？

罗总长云：如此，是不啻将波兰加入"来自此缔约国"数字所能发生之效果，根本打消。

顾会长云：现在列席诸君，大约均赞成将 en provenance 一节删去，惟最后方针，还以俟征求税务处意见后再定为是。

罗总长云：我辈对于本问题殊少专门学识，故所发议论半系推测之辞，顾总理云征求税务处意见后再行决定，甚为得当。

顾会长云：（三）波兰要求将原案第八条第一项"此缔约国人民在彼缔约国境内，有留立遗嘱，继承财产之权"，改为"此缔约国人民在彼缔约国境内，得由遗嘱或无遗嘱继承财产"。无遗嘱继承遗产一层，我方可否承认？

姚总长云：可以承认，且我国习尚，绝少由遗嘱继承遗产者。此种规定，于我国侨民反为便利。

顾会长云：波兰并要求将该条第四项"其遗产应由死者该管领事暂时管理"，改为"其遗产当然应由死者该管领事暂时管理"。诸君对于"当然"二字，有何意见？

顾会长又云：波兰政府所以要求加入"当然"二字者，推其意，或惧该国侨民在我国身故,如无合法继承人时,我国或将其财产径予没收。

钱事务主任云:据波兰代表面称,加入"当然"二字之用意,不过在于避免中国官吏阻止波兰领事管理该国侨民遗产已耳。

姚总长云:鄙意于"无合法继承人"之下,再加"及合法管理人"数字,庶较有伸缩。诸君以为何如?

顾会长云:今将波兰修正案第一项,先付讨论。查第一项内 héritage 一字,就法国民法论,是否系一种赅括之名词,包括 dons et legs?又中文"继承"二字,洋文为 acquérir,或者译作"承受财产",何如?

钱事务主任云:据胡科长之推测,以为波兰政府所以将本条条文如此修改者,用意所在,无非因现在散居哈尔滨一带之俄侨,其系波兰人之戚族者,为数实复不少。如此规定,则此等俄侨身故后,波兰人均可继承其所有之财产。

罗总长云:héritage 一字是否包括 dons 及 legs,最好查法国民法,庶能有真确之解释。

钱事务主任云:法文 héritage 一字,意义本甚广泛。

姚总长云:鄙意于本条内加入"得依照本国法律"数字,则无论有"无遗嘱"或无"无遗嘱"诸字样,均不致发生他种问题。

钱事务主任云:本条是否应改作"此缔约国人民在彼缔约国境内,得依照本国法律,由遗嘱或无遗嘱继承遗产"?

顾会长云:又"继承"二字,应改为"承受"二字。

姚总长云:"继承"二字,改与不改,均无问题。

顾会长云:又本条第四项应如何改正?

姚总长云:于"无合法继承人"之下,加"及合法管理人"一句,则"当然"二字删与不删,并无关系。惟第二段亦应同时加入"及合理管理人"一句。

顾会长云:同人等对于本条如无他种意见,可讨论第十四条。

罗总长云:波兰要求于第十四条加入"惟关于两缔约国人民彼此各照本国人民一律待遇问题,平等原则只适用于国内法或本约特别规定之事项"一节,其用意究系何在?

钱事务主任云:本节规定实含有一种限制之意义,譬如我国国内法令如禁止外人经营矿产,则华人之在波兰者纵使享有采矿之权,然波兰人亦不能根据平等原则,要求我国予以同样之权利。

顾会长云:若果如此,则波兰对于我国侨民,如工人、小贩等均可随时以国内法取缔。本节意义与第一节适成一反比例,谅波兰政府必别有用意,可否请其再为说明。

沈总长云:本节意义殊欠明了。

姚总长云:约内既载有此种规定,则以后波兰政府即可随时颁布法令,对于我国侨民加以种种限制。

王公使云:闻现在华工之由俄国前往波兰者,为数甚多,或者此系波兰限制华工之一种办法,亦未可知。

姚总长云:不妨向波兰表示,无论如何,国内法令总不能与本约精神互相抵触。

顾会长云:鄙意还以将本段设法取消为是。

姚总长云:如能设法删去,自属更为妥当;否则波兰日后不难以国内法三字,将本约之效力,完全打消。

顾会长云:又诸君对于波兰追加条款,即关于 Dantzig 自由城加入本约问题,有何卓见?

钱事务主任云:波兰所以主张加入本条者,实因《凡尔塞和约》及一九二〇年波兰 Dantzig 条约，曾规定波兰负主持 Dantzig 自由城对外事务之责任，惟《凡尔塞条约》我国至今迄未签字。

顾会长云：查一九二〇年波兰 Dantzig 条约第六款载明"凡波兰缔结之条约或国际协约与 Dantzig 自由城有关系者，必须先征求该自由城之意见"，又 the High Commissioner shall in all cases have the right to veto any treaty or international agreement in so far as it applies to the Free City of Dantzig, which in the opinion of the Council of the Legation of Nations, is inconsistent with the provisions of the present treaty or with the status of the Free City。故鄙意主张关于 Dantzig 自由城一条，暂时似可不必列入约内，待本约签订之后，由波兰向该自由城及国际联盟会征得同意，然后再用换文程式，另为规定，亦无不可。否，假令条约业已签字，而该自由城或国际联盟会竟不表示赞同，则条约势必受其影响，于双方颜面，均有关系。又，我国一方面并应详查波兰与其他各国所订条约，是否亦载有同样条文。

沈总长云：待波兰征得各方面同意时，然后再用换文程式或另行规定，亦未为晚。

顾会长云：波兰对于我国提案，亦有不甚满意之处，即：（一）我国提案将传教及办学二事由声明文件规定，波兰则要求将其列入条约正文；（二）传教、办学问题，我国提案载明"在本约未签字以前，在中国境内设立之波兰教堂、学校，得照旧继续享受中国官厅之保护"，波兰对于"在本约未签字以前"一句，认为与平等原则不符，应予更正。

罗总长云：最好条约内不必特别载明，盖我国对于境内各波兰教堂、学校，即使无条文规定，事实上自亦当予以保护。

顾会长云：诚然，诚然。如一经条约规定，则日后必致蹈旧约之覆辙，凡外人所立教堂、学校，势将予以一种特别之保护。

钱事务主任云：我国业已承认将此层用声明文件规定，惟波兰坚决要求须列入条约正文。

顾会长云：近来我国与他国所订各新约中，是否亦载有同样条文？

钱事务主任云：近来我国与他国所订各新约中，并无该项条文。惟波兰代表对于此点，要求甚力，不知何故。

顾会长云：以前日本曾要求在我国内地传布佛教，我国迄未允许。现我国与其他各国所订条约，关于本问题既均无特别规定，则在中波条约中最好亦不必另行载明，以防日后其他各国援例要求。此事还望与波兰代表善为磋商。

罗总长云：又我国拟于草案第八条第一节内加入"通过 transit"二字，彼方亦似有异议。

钱事务主任云：据波兰代表面称，关于本问题，须请示政府后方可答复。

下午七时半散会。

附件：

中希协约希国提案

大中华民国与大希腊共和国愿以便利两国经济及商务关系发展之条约，增进两国间友谊，并觉悟尊重领土主权与平等相互各种原则之实行，为维持各民族间睦谊之唯一方法，因此各派全权代表如左：

大中华民国特简

大希腊共和国特简

为全权代表，彼此交换所奉全权文凭，会同议定各条款，开列如左：

第一条 大中华民国暨大希腊共和国以及两国人民应永敦和好，历久不渝。

第二条 两缔约国约定有互相指派正式外交代表之权，此项外交代表在所驻国境内各应享受国际公法对于同等官员所赋予之特权及豁免权。在两缔约国驻有他国领事官员各大城镇地方，两缔约国彼此均有派驻总领事、领事、副领事、代理领事之权，此项官员应享受相当之优礼待遇。

第三条 两缔约国人民在彼此境内，凡属他国人民所能买卖、游历、经商及经营其他合法事业之处，得遵照所在国法律、章程，有买卖、游历、经商及经营其他合法事业之权。

两缔约国人民身体、财产均在当地法庭管辖之下，该人民等应遵守所在国之法律，其所纳之税、捐、租、赋不得超过所在国人民应纳之数。

第四条 两缔约国约明关税税则一切事项，完全由各该国之内部法令规定，惟所有两国间或他国所产未制或已制之货物，由两国人民输运进出口者所缴货税，不得超越所在国本国人民应纳之数。

第五条 本约未经规定之事项，日后再由两缔约国依本约基础，会商另订之。

第六条 本约用中文、希腊文及法文缮写四份，遇有疑义之处，应以法文为准。

第七条　本约应由大中华民国大总统及大希腊共和国大总统各照本国法律批准。批准文书应从速互换。本约自两国政府互相通知业经批准之日起，发生效力。

声 明 文 件

大中华民国及大希腊共和国政府所派全权代表，于签订中希通好条约之时，彼此同意声明如左：

希腊人在华牵涉诉讼案件者，应由新法庭审理，不服该项法庭之判决者，并得上诉此项案件，应照正式手续处理。在诉讼期间，对法庭正式委派之希腊国籍律师及翻译得执行襄赞之职。

关于会审公厅管辖之诉讼案件，如原告或被告为希腊人时，中国承认觅一解决办法，使各方面均得其平。

年　月　日订于

CONTRE-PROJET
D'UN ACCORD ENTRE LA REPUBLIQUE DE
CHINE ET LA REPUBLIQUE EEIIENIQUE

La République de Chine et la République Hellénique, animées du désir de resserrer les liens d'amitié par un accord qui facilitera le développement des rapports économiques et commerciaux des deux Pays et reconnaissant que l'application des principes au respect de la souveraineté territoriale et de ceux de l'égalité et de la réciprocité est le seul moyen de maintenir la bonne entente entre les peuples, ont nommé, à cet effet, pour leurs Plénipotentiaires, savoir:

Le Président de la République de Chine:

Le Président de la République Hellénique:

Lesquels, après avoir échangé leurs pleins pouvoirs, ont convenu des dispositions suivantes:

Article I.

Il y aura entre la Chine et la Grèce, et entre leurs ressortissants, paix perpétuelle et amitié inaltérable.

Article II.

Il est convenu que les deux Hautes Parties Contractantes auront le droit de désigner et d'envoyer mutuellement des agents diplomatiques dûment accrédités qui jouiront réciproquement dans le Pays de leur résidence des privilèges et immunités qui peuvent être accordés aux agents pareils des autres nations d'après le droit des gens. Les deux Hautes Parties Contractantes auront le droit de nommer des Consuls Généraux, Consuls, Vice-Consuls ou Agents consulaires qui résideront dans les villes principales des deux Pays ou la résidence de ces Agents Etrangers est permise et seront traités avec la considération et les égards qui leur sont dus.

Article III.

Les ressortissants de l'une des deux Républiques résidant sur le territoire de l'autre, auront la faculté, conformément aux lois et règlements du Pays, d'acheter, de vendre, de voyager et enfin d'exercer le commerce ou de s'engager dans toute autre entreprise légalement reconnue dans toutes les localités où des ressortissants de toute autre nation peuvent le faire.

Ils sont placés, tant leurs personnes que leurs biens sous la juridiction des tribunaux locaux; ils doivent se conformer aux lois du Pays où ils résident; ils ne payeront aucun impôt, taxe ou contributions supérieurs à ceux des nationaux du Pays.

Article IV.

Les deux Hautes Parties Contractantes reconnaissent que toutes les questions relatives aux matières douanières seront réglées uniquement par la législation intérieure de chacune d'elles. Toutefois, aucun droit supérieur à ceux acquittés par les nationaux du Pays ne sera prélevé sur les produits bruts ou manufacturés d'origine d'une des deux Républiques ou d'un autre pays qu'importent et exportent les ressortissants des deux Parties Contractantes.

Article V.

Toutes les questions qui ne sont pas réglées par le présent Accord feront l'objet de négociations et d'spéciales ultérieure entre les deux Hautes Parties Contractantes sur la base du présent Traité.

Article VI.

Le present Accord est fait en quatre exemplaires, rédigé en

langue Chinoise, Grecque et Française. En cas de divergence d'interprétation, le texte frangais fera foi.

Article VII.

Le présent Accord sera ratifié par Son Excellence le Présidant de la Républigque de Chine et par son Excellence le Président de la République Hellénique conformément à leurs législations respectives.

Les ratifications seront échangées le plus tôt possible et l'Accord entrera en vigueur dès le jour où les deux Gouvernements ront fait connaître, l'un à l'autre, que les ratifications ont été effectuées.

DECLARATION.

Au moment de la signature du Traité d'amitié entre les Républiques de Chine et Hellénique, les Plénipotentiaires Chinois et Hellènes, dûment y autorisés par leurs Gouvernements, sont convenus de la déclaration suivante.

Les litiges dans lesquels des Grecs se trouveraient impliqués en Chine seront tous jugés devant les tribunaux nouvellement institués. Il pourra être fait appel des décisions de ces Tribunaux. Ces litiges donneront lieu à une procédure régulière. Des avocats et des interprètes grecs, officiellement accrédités auprès des tribunaux, pourront faire fonction de conseils pendant le durée du procès.

En ce qui concerne les procès relevant des tribunaux mixtes, dans lesquels des Grecs seraient demandeurs ou défendeurs, la Chine s'engage à rechercher par la suite une solution équitable pour toutes les parties.

  Fait à …………

波兰对案内应行讨论各点中文译文

  第五条 此缔约国人民在彼缔约国境内,凡属他国人民所能居留、游历之处,均得居留、游历,并得遵照所在国法律、章程,在各该处经营工商业及其他正当职业。上述规定在当地法律章程范围以内,对于个人及商业公司一律适用。

  两缔约国人民身体财产均在所在国管辖之下,该人民为保护自己权利及防卫起见,得自由向所在国法庭声诉。

  两缔约国人民应遵守所在国之法律,其所纳之税、捐、租、赋,不得超过所在国本国人民应纳之数。

  在中国波兰人之诉讼案件应由新法庭处理,按照法律用正式诉讼手续,并按照新法律得使用上诉权及其他上诉办法。

  凡一切事件涉及波兰人民者,该波兰人民有权委用波籍或他国国籍经司法部及管辖法庭正式承认之律师及代理人,并有权聘用波籍或他国国籍经管辖法庭正式承认之翻译,以资补助。

  第七条 两缔约国约明关税税则事件,完全由各该国之内部法令规定,惟此缔约国所产及来自此缔约国之未制或已制各货物,在彼缔约国进口、出口时,所纳关税,不得超过该国本国人民应纳之数。

  凡缔约国所产之未制或已制货物,输入彼缔约国时,应互相享受平等之待遇。

  (参阅议定书[二])

第八条　此缔约国人民在彼缔约国境内遗产事项，应遵照下列各款办理：

（一）此缔约国人民在彼缔约国境，得由遗嘱或无遗嘱继承遗产。

（二）波兰人民在中国所有遗产以及中国人民在波兰所有遗产所纳税项，不得超越本国人民遗产应纳之数，亦不得有何区别。

（三）遗产属于不动产部分者，应照不动产所在国法律办理；至关于遗产其他事项，应按照死者所属国之法律办理。

（四）此缔约国人民如在彼缔约国境内身故，而其财产所在之处，并无合法继承人时，其遗产当然应由死者该管领事暂时管理。

此缔约国人民如有财产在彼缔约国境内，而非在该国境内身故者，其财产所在之处，若无合法继承人时，亦照上项规定办理。

（五）若一缔约国人民在海上身故，其在彼缔约国之财产，应送交附近死者所属国之领事。

第十四条　本约未经规定之事项，两缔约国约定适用本约所引为基础之平等相互及互相尊重领土主权各原则。

惟关于两缔约国人民彼此各照本国人民一体待遇问题，平等原则只适用于国内法或本约特别规定之事项。

第　条　波兰国政府根据《凡尔塞和约》第一〇四条及一九二〇年十一月九日波兰 Dantzig 自由城所订《巴黎条约》第二、第六两条，有主持 Dantzig 自由城对外事务之责任，兹特保留声明 Dantzig 自由城为本约缔约一分子，承认因本约发生之义务，并取得因本约发生之权利。

Poland's Counter Draft

Article V.

Les ressortissants de l'une des deux Parties Contractantes auront réciproquement la faculté de s'établir et de voyager sur le territoire de l'autre dans toutes les localités où les ressortissants d'une autre nation, peuvent le faire et d'y exercer le commerce, l'industrie et autres professions licites en se conformant aux lois et règlements du pays. Il est entendu que la stipulation -dans les limites des lois et règlements du pays- (précédente s'applique tant aux individus qu aux sociétés) commerciales.

Les ressortissants de deux Etats Contractants seront réciproquement placés, tant pour leurs personnes que pour leurs biens, sous la juridiction de l'Etat ou ils résident. Ils jouiront du libre accès aux tribunaux locaux pour protéger leurs droits et se défendre.

Il doivent se conformer aux lois du pays ou ils résident. Ils ne payeront aucun impôt, taxe ou contribution supérieures à ceux acquittés par les nationaux du pays.

Les procès et autres affaires judiciaires concernant les citoyens polonais en Chine seront portés devant les tribunaux modernes, dans lesquels la procédure regulière et le droit et autre voies de recours (d'appel-seront appliqués) conformément aux nouvelles lois.

Pour toutes les causes judiciaires dans lesquelles seront intéressés les ressortissants polonais, ceux-ci auront le droit de se faire représenter en justice par les avocats-polonais ou (et mandataires) autre dûment autorises par le Ministère de la Justice et par les tribunaux compétents.

Dans ces mêmes causes judiciaires on admettra également le concours d'interprètes de nationalité polonaise ou autre dûment autorisés par les tribunaux compétents.

Article VII.

Les deux Parties Contractantes reconnaissent que toutes les matières douanieres sont reglées uniquement par la législation intérieure de chacune d'elles. Toutefois, aucun droit de douane supérieur à celui acquitté par les nationaux du pays ne sera prélevé sur les produits bruts ou manufacturés et en provenance (d'origine d'une des) deux Parties Contractantes à leur importation et exportation.

Il est entendu que les produits bruts ou manufacturés d'origine d'une des deux Parties Contractantes, à leur importation dans le territoire de l'autre, seront réciproquement traités sur un pied d'égalité.

/ voir protocole II./

Article VIII.

En matière de successions laissées par les ressortissants de l'une des Parties Contractantes dans le territoire de l'autre, les dispositions suivantes seront observées :

1/ - Les ressortissants de l'une des Parties Contractantes pourront (jouiront) sur le territoire de l'autre acquérir des héritages laissés (du droit de disposer de) ab intestat ou (leurs propriétés) par testament.

2/ - Les successions des Polonais en Chine et celles des Chinois en Pologne ne seront pas assujetties à des taxes ou frais autres ou plus élevés que ceux appliqués aux successions des nationaux.

3/ - La partie immobilière de la succession sera régie par la loi du pays où elle est située. Toutes les autres matières se rapportant à la succession seront régié par la loi de l'Etat auquel appartient le défunt.

4/ - En cas de décès d'un ressortissant de l'une des Parties Contractantes sur le territoire de l'autre, sans avoir laissé un héritier légal au lieu ou ses biens sont situés, le Consul de l'Etat auquel appartient le défunt sera de plein droit (appele- à administrer) provisoirement la succession.

Les dispositions précédentes seront de même applicables dans le cas ou un ressortissants de l'une des Parties Contractantes, possédant des biens dans les territoires de l'autre, viendrait à mourir en dehors desdits territoires sans avoir laissé un héritier légal au lieu ou ces biens sont situés.

5/ - En cas de décès en mer d'un ressortissant de l'une des Parties Contractantes, les biens qu'il possède dans le territoire de l'autre seront remis entre les mains ou Consul le plus rapproché du pays auquel appartient le défunt.

Article XIV.

Les principes de l'égalité, de la réciprocité et du respect mutuel de la souveraineté nationale qui forment les bases du présent Traité doivent également s'appliquer en ce qui concerne les questions qui ne sont pas visées dans le présent Traité.

Il est bien entendu que le principe d'égalité ne comporte le traitement des ressortissants respectifs à l'égal des nationaux que dans les cas prévus par la législation interne du pays ou expressément stipulés dans le présent Traité.

Article······

Le Gouvernement Polonais, auquel il appartient d'assurer la conduite des affaires extérieures de la ville Libre de Dantzig en vertu de l'article 104 du Traite de Versailles et des articles 2 et 6 de la Convention de Paris entre le Pologne et la Ville de Dantzig du 9 novembre 1920, se reserve le droit de declarer que la Ville Libre est Partie Contractante du présent Traité et qu'elle accepte les obligations et acquiert les droits en dérivant.

TREATY OF VERSAILLES

Article 104.

The Principal Allied and Associated Powers undertake to negotiate a Treaty between the Polish Government and the Free City of Danzig, which shall come into force at the same time as the establishment of said Free City, with the following objects:

1) To effect the inclusion of the Free City of Danzig within the Polish Customs frontier, and to establish a free area in the port;

......

6) To provide that the Polish Government shall undertake the conduct of the foreign relations of the Free City of Danzig as well as the diplomatic protection of citizens of that city when abroad.

CONVENTION BETWEEN POLAND AND THE FREE CITY OF DANZIG, SIGNED AT PARIS, NOVEMBER 9, 1920.

Article 2.

Poland shall undertake the conduct of the foreign relations of the Free City of Danzig as well as the protection of its nationals abroad. This protection shall be assured in the same conditions as the protection of Polish nationals.

Passports issued to nationals of Danzig will not assure to them Polish protection unless they have been visaed by the representative of the Polish Government at Danzig.

Article 6.

Poland shall conclude no treaty or international agreement affecting the Free City without previous consultation with the Free City; the High Commissioner of the League of Nations shall be informed of the result of this consultation

The High Commissioner shall in all cases have the right to veto any treaty or international agreement, in so far as it applies to the Free City of Danzig, which, in the opinion of the Council of the League of Nations, is inconsistent with the provisions of the present Treaty or with the status of the Free City.

波兰代表对于我国提案疑义之各点

第八条 两缔约国约明关税税则事件，完全由各该国之内部法令规定，惟此缔约国所产未制或已制之货物，在彼缔约国进口、出口及通过时，所纳关税不得超过该国本国人民应纳之数，亦不得有何区别。

此缔约国所产之未制或已制货物输入彼缔约国时，应互相享受平等之待遇。

（参阅议定书［二］）

声明文件二 本约未签字以前，在中国境内设立之波兰教堂、学校，如遵守中国法律章程，得照旧继续享受中国官厅之充分保护。波兰官厅对于中国人民日后在波兰设立之教会、学校，亦应按照波兰宪法，同样予以充分之保护。

Article VIII.

Les deux Parties Contractantes reconnaissent que toutes les matières douanières sont réglées uniquement par la législation intérieure de chacune d'elles. Toutefois, aucun droit de douane plus élevé ou autre que celui acquitté par les nationaux du pays ne sera prélevé sur les produits bruts ou manufacturés d'origine d'une des deux Parties Contractantes à leur importation, exportation ou transit.

Il est entendu que les produits bruts ou manufacturés d'origine d'une des deux Parties Contractantes à leur importation dans le territoire de l'autre, seront réciproquement traités sur un pied d'égalité.

(voir protocole III.)

Chinese Draft
DECLARATION II. à 1'artiele V.

Les Eglises et les Ecoles polonaises qui se sont établies avant la signature du présent traité sur le territoire de la République Chinoise, continueront à bénéficier, comme par le passé, de la pleine protection des autorités chinoises à condition de se conformer aux lois et règlements chinois. De même, les autorités polonaises accorderont, conformément à la constitution polonaise, pleine protection aux Institutions religieuses et d'éducation que les ressortissants chinois pourront établir en Pologne.

条约研究会第四十七次常会会议录

一九二八年四月十二日下午五时半

列席人员：顾会长主席，罗总长、姚总长、吴次长、戴公使、王公使、刁公使、严顾问、赵顾问、钱事务主任。

顾会长云：今日外部提付本会讨论之问题有二：第一为中葡修约问题，第二为最惠国条款问题。关于中葡修约问题，外部以一八八七年十二月一日中葡《和好通商行船条约》，算至本月二十八日，已届修改年份，惟该约第二、第三两款系追认一八八七年三月二十六日 Lisbon 议定书对于澳门问题之规定。此次我国提议修约自系指该约全部均应重予改订，然则对于第二、第三两款究应采取何种主张。换言之，对于约内所载之追认澳门由葡国永久占领 perpetual occupation 问题，究应采取何种态度？外部所欲提付讨论者，是否即系此点？

罗总长云：然。

顾会长云：本问题曾经罗总长转恳宝道顾问 Padoux 缮有说帖一件，对于葡国在澳门法律上之地位研究，甚为详备，而立论尤注意于"割让"与"永占"之区别。鄙意本问题大约可分作两步讨论：第一步，此次我国对葡修约，应否提及澳门问题；第二步，即使我方并不提及澳门问题，惟假令彼方提及时，究当如何应付。

罗总长云：谅葡国绝不肯首先提及，因该国之在澳门，法律上殊少确实根据，中葡议定书所用"永占"二字，国际法中似未见有何先例也。

顾会长云：恐我国一经提议修约，葡国必先要求切定修约范围。换言之，葡国必询问我国用意，是否欲将一八八七年条约全部修改，抑局部修改。

罗总长云：鄙意将来葡国复照到时，我不妨将澳门问题与约内其他各款，分为两事答复。

顾会长云：葡约期满之后，外部方针是否将该约全部宣布失效？抑声明对于非通商条款仍予保存？若全部宣布失效，则葡政府或将要求我国于新约之内，加入澳门条款，亦未可知。

罗总长云：Perpetual occupation 在国际法方面殊少先例。现葡国之于澳门，事实上与英国之于香港，正复相同，盖澳门已不啻等于葡国之殖民地矣。查葡人之初至该处，系远在明嘉靖年间；至清嘉庆时，乃强行占地；光绪十三年始由税务司金登幹赴葡与葡外部商订议定书四条，其第二条载中国允许葡国永驻管理澳门以及属澳之地。鄙意将来葡国复照到时，我不妨将澳门问题与一八八七年条约内其他各商务条款，分为两事答复。

顾会长云：关于澳门本身问题，自有葡京议定〔书〕规定。目下应讨论者，为我国对于一八八七年中葡条约内之追认永占澳门条款，将来开议修约时，究应如何应付。

罗总长云：此次对葡修约，若完全不提及澳门问题，恐必致引起国内舆论责难。

姚总长云：诚然，诚然。

王公使云：澳门问题，本系我国外交上各种悬案中之一种。

钱事务主任云：所谓悬案者，并非指 Perpetual occupation 问题而言，乃指划界问题而言。

顾会长云：罗总长之用意，是否指本问题应由我方先予提出。

罗总长云：将来双方正式开议修约时，对于追认永租（占）澳门条款，自必至于谈及。

戴公使云：鄙意旧约自应全部修改，至约内之澳门问题，不妨俟讨论及此时，然后体察情形，徐图应付。

顾会长云：既云修约，当然隐含有包括澳门追认条款之意义。假令葡国询及，究应如何表示？

罗总长云：就鄙人个人意见，目下我方只空泛的提议，将旧约全部修改，至澳门追认条款，待彼方询及时，然后体察情形，再图应付。

姚总长云：现在问题所在，为让与者能否收回让与。

顾会长云：鄙意现约应全部修改，至新约内对于现约所载之追认永占澳门条款，不必再予列入，将其作为另一种问题，何如？

钱事务主任云：好在澳门本身问题另有一八八七年葡京议定书规定。

罗总长云：照议定书规定，葡国之于澳门，与英国之于香港、日本之于台湾，情形完全不同。

姚总长云：照议定书规定，中国仍保留处分之权，惟能否随时处分，是一问题。

钱事务主任云：日来法文政闻报对于葡（澳）门历史记载颇多，略谓该处以前本属一片荒原，中国并未设官统治，迨葡人到后，竭力经营，始有今日。或者此系葡方授意，亦未可知。

罗总长云：澳门本系广东香山县之一部，与天津之塘沽差相仿佛。

顾会长云：既云全部修改，是澳门问题自亦包括在内，惟查一八八七年中葡条约第二款有两国派员会订界址之规定。现在划界事项，我国是否继续进行？

王公使云：鄙意此次修约时，可将澳门性质先行设法确定，换言之，即将澳门法律上之地位，先行确定是也。

钱事务主任云：查葡京议定书中载有 Macao + its dependencies 诸字样，因 dependencies 一字，嗣后遂致发生无穷纠葛。

顾会长云：修约时对于划界事项，是否继续进行？若继续进行划界，是承认葡国永占澳门也。

罗总长云：我方只承认葡国对于澳门有永占权 Perpetual occupation。

顾会长云：恐葡国之所要求者，亦仅止此，盖 Perpetual occupation 与 cession，事实上初无若何重大区别也。

戴公使云：以前曾有主张筹款将该处赎回者。

罗总长云：鄙意如葡国提及澳门问题时，我方可答以澳门之于葡国，性质与租界大略相同。

姚总长云：此次修约，可将澳门法律上之地位，先行确定。至收回一事，待日后有机可乘时，再行设法。

顾会长云：恐葡国所要求者，亦只以 Perpetual occupation 为止，因 Perpetual occupation 与 cession，事实上初无若何区别。惟葡国询及划界问题时，我将何辞以对？

罗总长云：我方认定澳门之于葡国，性质与租界大同小异。

顾会长云：最好关于划界事项，亦以含混答复为是。如此，则日后在"永占"二字上，如欲发生问题，亦可；即退一步着想，继续进行划界，亦无不可。此事还须慎重办理，对于舆论方面，应相当的予以留意。良以目下国内情形如此，且澳门不在北京势力范围之下，若欲采积极政策，则诸多困难；若不采积极政策，则将为众矢之的也。

王公使云：诚然，诚然。

顾会长云：本问题诸位意见既属相同，现可讨论议程中之第二问题，即最惠国条款问题。查该问题上次曾经外部一度提付本会讨论，新近罗总长又请宝道顾问缮就说帖一件，内中颇多足资考证之处，惟此事头绪纷繁，而影响我国经济前途，又至巨大，研究自以愈详愈好。鄙意不妨请王公使与刁公使、应顾问将外部提案，先行逐条签注，然后于下次开会时再予提出，或能较有结果，诸君以为何如？（众无异议）

罗总长云：现有应为诸君报告者，闻土耳其近由伍朝枢之间接，将与南方议定新约。假令果有其事，究应如何应付？土尔其日前与我方议约本有端倪，惟旋因新疆反对，此事遂致中止。

钱事务主任云：当时双方对于新约草案，大体均已同意，惟关于关税事项，土尔其要求两国人民输运两国或第三国 of other nation 所产已制、未制货物，其应缴税额，均不得超过本国人民。我国对于 of other nation 三字，表示不能承认。争持之点，仅止于此。

吴次长云：鄙人新近接到国际联合会全权代表办事处赵秘书长来函，以伍朝枢拟与土尔其政府商订新约，经泉向土外长解释，土外长允在未得北京政府同意前，不与南方签订任何条约云云。

姚总长云：现在新疆比较的恐尚与北方相接近。

钱事务主任云：南方势力恐不能及于新疆，惟既有此种事实，我方对于中土新约，应否继续进行？

罗总长云：伍朝枢能否代表南方，尚属疑问。鄙意本问题且看将来变化如何，再图应付。

顾会长云：不妨将此事经过情形，约略转告新疆杨省长，看其有何意见。

吴次长云：杨省长对于外人素抱闭关主义。

姚总长云：南方与土尔其订约一事，恐未必能成事实，不过一种宣传作用已耳。

下午七时散会。

条约研究会第四十八次常会会议录

一九二八年五月三日下午五时半

列席人员：顾会长主席、罗总长、沈总长、吴次长、戴公使、王公使、刁公使、严顾问、应顾问、钱事务主任。

顾会长云：今日本会应行讨论之问题有二：第一为最惠国条款问题，第二为中比修约问题。最惠国条款问题，内容较为复杂，鄙意先行讨论中比修约问题，何如？（众无异议）

顾会长又云：关于中比修约问题，最近曾由王公使与龚委员于上月二十八日在外交部大楼与比委员继续开第二次专门委员会议。兹请王公使将当日开会情形约略报告。

王公使云：中比修约问题，去年十二月间曾经两国专门委员在第一次专门委员会议席上，决定为使新约速告成功起见，嗣后双方当根据中国草案次序，逐条讨论。此次开会时，比委员于开始逐条讨论条文之前，宣言该国政府对于我国草案全部之观察，殊形失望。因我国草案虽声明以平等相互为新约之原则，然条文内容无处不含有限制意见，事实上显与上述原则不相符合。当经鄙人详为解释，说明我国政府并无此意。旋鄙人即宣读草案第一条。比委员对于此条并无异议，惟第二条"依照国际公法"一句，比委员以为过于空泛，应改为 all honors, rights, privileges exemptions, and immunities as accorded to consular officers of other nations。鄙人答以容报告政府后再行答复。继双方议及草案第三条，比委员认该条事实上甚为复杂，要求留待研究，将来再行讨论，鄙人复与再三声辩，告以此条早经王博士与贵国公使议有办法，自可作为双方业已同意之条文。惟比委员仍主张缓日提出。鄙人乃宣读草案第四条。比委员谓本条内关于签证护照一节，欧战后两国早已同意取消，中国政府如欲恢复，比国亦可赞同。嗣讨论草案第五条，比委员声称"惟以他国人民所能游历、居留及经营工商业之处为限"一句，规定比国人民只能在中国一定区域内居住，既与国际公法不合，又反乎彼此相互平等之原则，应予删去，另加一节如下："此缔约国按照本国法律所组织之私人会社、商业、工业、金融业、保险业之会社，在本国享有法人资格者，可以在彼缔约国内按照法律进行事业，并可设立分社。"比委员并要求于本条内载明比国人民在中国得享有土地所有权。我方以此种主张，与我国意见距离太远，断难承认，讨论并无结果。又第一次开会时，比委员对于关税问题，坚持应享受最惠国待遇，以为本问题若依照中国草案第十条规定，是不啻使比国处于不平等地位。当经鄙人于散会后，转商钱司长究应如何对付，钱司长谓不妨许以有期限的最惠国待遇。此次开会时，鄙人即本此旨，转告比方，惟比方仍维持原议。比委员并称比国政府准备放弃领事裁判权、退还租界，今中国对于关税最惠国待遇问题，亦坚不让步，则所谓利益交换何在云云。后我方又请求比委员将该国对案第十三条第四项，作文字上之说明。总之，观当日谈话情形，彼方对于我国不能承认内地杂居之苦衷，似尚可相对的予以谅解，惟对于我国之不许以关税上最惠国待遇，以为此实为彼方所不解。

顾会长云：今日所应讨论者，为比方对于我国条文拟予修正之各点，在我方是否可以承认。如我国提案第二条第四节关于领事待遇问题，比委员拟将"得互相享受依照国际法所有之权利、特权及豁免权"一句，改为"他国领事享有之所有光荣、权利、特权、免税权及豁免权" all honors, rights, privileges exemptions, and immunities as accorded to consular officers of other nations。此事假令我方予以承认，将来或能另生枝节，亦未可知。

罗总长云：比国态度，近来与以前似大不相同，如关于领事待遇问题，测该国修正案之用意，不啻欲恢旧约中领事裁判权之制度，良以 rights, privileges 二字用意异常含混，谓其包括领事裁判权可，谓其不包括领事裁判权亦无不可。

应顾问云：彼方对案对于 jurisdiction 问题虽未说明，然 rights 一字谓其包括领事裁判权，亦无不可。

顾会长云：若一切均照他国领事待遇，将来流弊定多。如日本在华领事，不但有裁判侨民之权，且往往领馆之内，设立警察机关。

罗总长云：比国近来态度，与以前似大不相同。

顾会长云：比国近来似有维持旧约之意。

王公使云：关于领事裁判权一层，比委员在第二次专门委员会议席上，已明白可以放弃。

罗总长云：测彼方真意，似欲根据"平等"二字，要求我国开放内地，并取得土地所有权。

王公使云：比国系取一种渐进政策，故第一次会议时比委员仅提出关税问题，第二次会议时乃提出土地所有权问题，恐第三次会议时将提及法权问题矣。

罗总长云：rights 与 privileges 二字，包含解释甚多。

顾会长云：领事权利在东方范围异常广泛。总之，我国希望根据新基础订立新条约；然在比国，则极愿恢复旧约精神也。

吴次长云：比国此种政策，动即要求仿照列国办法办理，造成各国间互相连锁之关系，在我断难承认。

罗总长云：领事本系一种 commercial representative 商务代表，惟领事权利 rights 及特权 privileges 在东方与在欧美各国微有不同。今比国对于领事裁判权一层，既未正式表示放弃，乃反要求内地杂居及土地所有权，我方实断难承认。

顾会长云：比国对于外交官之待遇，并未要求应与他国外交官同样办理，而独对于领事官则坚持须互相享受他国领事官享有之权利、特权，显见此中另有深意。我苟贸然允许，将来恐多误解。

罗总长云：本条比国修正各点，我方断难承认。

顾会长云：诸位意见既属相同，下次与比委员开会时可表示我方仍主张维持原案。

王公使云：本届开会时，比委员曾宣言已接到本国关于草案全部之训令。鄙意不妨请其对于草案全部，先行发表意见，然后再逐条讨论，何如？

罗总长云：犹忆以前比国政府曾要求我方将草约全部提交，以便通盘审核，故去年三月间，我国为应比国此种愿望起见，乃有中比新约草案大纲之提出。现在我方似亦可要求比国对于草案全部，先行发表意见，然后再与逐条讨论，何如？

王公使云：诚然，诚然。

顾会长云：我国草案第三条，比委员谓此条乃属法律问题，在事实上甚为复杂，应留待将来再为讨论。又我国草案第四条，关于护照之规定，比委员谓护照签证一节，欧战后两国已同意取消，若按照第四条条文解释，中国之意，似仍欲恢复旧有办法，但比国亦可赞同。

罗总长云：护照签证一事，与比国并无若何不甚便利之处，因来华比侨均属富商巨贾，些须小费，在彼辈视之无大关系。反是我国侨民之前往比国者，半系工人水手，若护照必须签证，渠等将多出一种负担也。

顾会长云：签证与否，互有利弊。若须签证，于我国赴比侨民固多一种负担，然嗣后我国对于旅华比侨，不致漫无稽考。不过目今世界趋势，均倾向取消签证，以促进国际交通。除比国外，现在我国对于来华侨民，因种种原因，事实上必须有一统计，故对于彼等所携护照，必须签证者，共有若干国。

钱事务主任云：就事实上论，对于俄侨护照，鄙意非保留签证办法不可。现今我国曾与约定双方侨民往来免用护照者，只有日本一国。至中比侨民护照免签一事，系于民国十年间由双方换文规定。

顾会长云：鄙意保留签证办法，与不保留签证办法，在事实上似无若何重大关系。

罗总长云：然则我国侨民之前往 Congo 者，关于护照问题，究应如何办理？

钱事务主任云：Congo 系比国属地，恐不能与比国本国同样办理。

罗总长云：关于护照问题，最好将 Congo 亦设法列入本约之内。

钱事务主任云：不妨另拟一条，规定华侨前往 Congo 请照办法。

顾会长云：可另拟一条，于下次开会时提出讨论。鄙意签证办法，在条约内不妨暂为保留，因现在来华外人，日多一日，事实上如入无人之境，多此一条，多少可多出一种限制及稽查方法；将来如或发现不便之处，只须一纸电报，即可取消，谅不致有何种困难也。又我国第五条比国要求修正各点，诸君对之有何意见？当日比国对于该条曾否提有具体修正案？

王公使云：比委员不过口头说明，惟当时鄙人已要求其缮具修正案正式送来。

顾会长云：比委员所称金融业，谅指银行及各银公司而言。

罗总长云：本条与第三条亦有密切关系。

顾会长云：我国法律对于外侨在境内经营工商事业，似须经过相当手续，如须在农商部或地方机关请册等等。此事各国法律不同。

钱事务主任云：第五条我国原案系取赅括程式，规定外国人民如遵照我国法律，可在第三国人民所能经营工商业各处所经营工商业，而比国对案对于"工商业"四(三)字，改取一种列举之程式，比委员并要求比国人民在中国，得享有内地杂居权及土地所有权二者。

罗总长云：本条与第三条有密切关系，似可转告比方，将第三条解决后，再谈本条。

吴次长云：若不取消比国法权，则嗣后如逢比国银行倒闭各情事，比领事仍有审理之权。

钱事务主任云：第三条内容在我国草案未提出以前，双方早已接洽妥帖，事实上直可认为一种业经决定之条文，现比国意图翻悔,似难承认。

顾会长云:五条之中,最关重要者首推第三条。鄙意可对比委员声明,该条在本草案未提出以前,双方业已接洽就绪;今比委员乃称该条系法律问题,留作将来再行讨论,中国政府殊为骇异,必比方仍坚持前议,则订约一事,不妨暂予停止进行。

王公使云:比国用意,似与我故意刁难。

顾会长云:鄙意不妨请应顾问先查我国公司条律,对于外国法人有无特别法令,拟就说帖,以便下次提付讨论。

罗总长云:此事可请应顾问详细调查,缮就报告。

顾会长云:然。又比国要求内地杂居及土地所有权问题,诸君有何意见?

罗总长云:比国对于法权问题,既不肯明白表示放弃,反要求内地杂居及土地所有权二者,是不啻希望在中国取得一种之待遇,较诸旧约中所许予之待遇,尤为优越也。

顾会长云:鄙意先要求比方对于我国提案全部发表意见,并承认我国提案第三条条文后,然后再与讨论第五条,何如?(众无异议)

罗总长云:下次开会时,请王公使即本此旨与比委员交涉,何如?

王公使云:自当如此。

顾会长云:关于最惠国条款问题,上次开会时,曾请王、刁两公使及应顾问担任研究,缮具报告。现三君业已将报告缮就送来,内容虽略为单简,然对于扼要各点,均已胪举靡遗,殊堪钦佩。鄙意条〔约〕司提案内所列普通适用最惠国待遇各事项,其中若:(一)出、入运货事项,(二)禁止及限制输入、输出事项,(三)定期邮、船待遇事项,(四)军事征发及强募军事公债事项,将来我国与他国订约时,尚可许以最惠国待遇;此外其他事项,则大有研究余地。本问题异常复杂,仍请王、刁两公使及应顾问再作进一步之研究,以为下次开会时讨论之资料,何如?(众无异议)

下午六时半散会。

附录一：外交部条约研究会人员任用

条约研究会关于聘王黻炜、孙子涵为顾问的函
一九二六年十一月十五日

径启者：查中外条约端绪纷繁，我国受不平等条约之束缚苦痛已深，研究修改至关重要。他山攻错，端仗贤哲。素仰执事学问闳通，经验丰富，兹特聘为本会顾问，尚祈共同研究，时惠南针，藉匡不逮，而利进行。相应函达，即希查照为荷。此致。

条约研究会关于派胡世泽、刁敏谦为事务副主任的函
一九二六年十一月十五日

径启者：奉会长谕，派胡世泽、刁敏谦充条约研究会事务副主任等因，遵此奉达，即希查照。此致。

条约研究会关于派金问泗为事务副主任的函
一九二七年一月十五日

径启者：奉会长谕，派金问泗充条约研究会事务副主任等因，遵此奉达，即希查照。此致。

条约研究会关于派刘廷冕办事的函
一九二七年二月十五日

径启者：奉会长谕,派刘廷冕在条约研究会办事等因,遵此奉达,即希查照。此致。

条约研究会关于聘陈博生为顾问的函
一九二七年二月二十一日

径启者：查中外条约端绪纷繁,我国受不平等条约之束缚苦痛已深,研究修改至关重要。他山攻错,端仗贤哲。素仰执事学问阂通,经验丰富,兹特聘为本会顾问,尚祈共同研究,时惠南针,藉匡不逮,而利进行。相应函达,即希查照为荷。此致。

陈博生致条约研究会函

敬覆者：顷奉贵会本月二十一日函,聘溥贤为顾问,殊深惭愧。溥贤从事新闻事业,向不参加政府机关,亦不妄领任何名义。此旨此心,始终不渝。辱承函聘,敬谨辞谢。专此布臆,顺颂台绥。弟陈溥贤拜启。二月二十一日。原函奉缴。

条约研究会关于聘庚恩锡为顾问的函
一九二七年五月十八日

径启者：查中外条约端绪纷繁,我国受不平等条约之束缚苦痛已深,研究修改至关重要。他山攻错,端仗贤哲。素仰执事学问阂通,经验丰富,兹特聘为本会顾问,尚祈共同研究,时惠南针,藉匡不逮,而利进行。相应函达,即希查照为荷。此致。

条约研究会关于聘汤尔和为高等顾问的函
一九二七年六月二日

径启者：查中外条约端绪纷繁，我国受不平等条约之束缚苦痛已深，研究修改至关重要。他山攻错，端仗贤哲。素仰执事学识阅通，经验丰富，兹特聘为本会高等顾问，尚祈共同研究，时惠南针，藉匡不逮，而利进行。相应函达，即希查照为荷。此致。

条约研究会关于聘严鹤龄、应时为顾问的函
一九二七年六月二日

径启者：查中外条约端绪纷繁，我国受不平等条约之束缚苦痛已深，研究修改至关重要。他山攻错，端仗贤哲。素仰执事学识阅通，经验丰富，兹特聘为本会顾问，尚祈共同研究，时惠南针，藉匡不逮，而利进行。相应函达，即希查照为荷。此致。

条约研究会关于聘郑天锡为专门委员的函
一九二七年六月二日

径启者：查中外条约端绪纷繁，我国受不平等条约之束缚苦痛已深，研究修改至关重要。他山攻错，端仗贤哲。素仰执事学识阅通，经验丰富，兹特聘为本会专门委员，尚祈共同研究，时惠南针，藉匡不逮，而利进行。相应函达，即希查照为荷。此致。

条约研究会关于派沈觐鼎办事的函
一九二七年六月二日

径启者：奉会长谕，派沈觐鼎在条约研究会办事等因，遵此奉

达,即希查照。此致。

条约研究会关于聘胡惟德为高等顾问的函
一九二七年六月十日

径启者:查中外条约端绪纷繁,我国受不平等条约之束缚苦痛已深,研究修改至关重要。他山攻错,端仗贤哲。素仰执事学识阂通,经验丰富,兹特聘为本会高等顾问,尚祈共同研究,时惠南针,藉匡不逮,而利进行。相应函达,即希查照为荷。此致。

条约研究会关于派施肇夔办事的函
一九二七年八月一日

径启者:奉会长谕,派施肇夔在条约研究会办事等因,遵此奉达,即希查照。此致。

条约研究会关于聘唐在章为专门委员的函
一九二七年十月四日

径启者:查中外条约端绪纷繁,我国受不平等条约之束缚苦痛已深,研究修改至关重要。他山攻错,端仗贤哲。素仰执事学识阂通,经验丰富,兹特聘为本会专门委员,尚祈共同研究,时惠南针,藉匡不逮,而利进行。相应函达,即希查照为荷。此致。

条约研究会关于派任志强为书记的函
一九二七年十月二十一日

径启者:奉会长谕,派任志强充条约研究会书记等因,遵此奉达,即希查照。此致。

条约研究会关于聘陈世第为咨议的函
一九二七年十一月二十九日

径启者：查中外条约端绪纷繁,我国受不平等条约之束缚苦痛已深,研究修改至关重要。他山攻错,端仗贤哲。素仰执事学识闳通,经验丰富,兹特聘为本会咨议,尚祈共同研究,时惠南针,藉匡不逮,而利进行。相应函达,即希查照为荷。此致。

条约研究会关于聘杨光泩为咨议的函
一九二八年三月二日

径启者：奉会长谕,派杨光泩充条约研究会咨议等因,遵此奉达,即希查照。此致。

条约研究会关于聘张嘉森、张东荪为顾问的函
一九二八年三月八日

径启者：查中外条约端绪纷繁,我国受不平等条约之束缚苦痛已深,研究修改至关重要。他山攻错,端仗贤哲。素仰执事学识闳通,经验丰富,兹特聘为本会顾问,尚祈共同研究,时惠南针,藉匡不逮,而利进行。相应函达,即希查照为荷。此致。

条约研究会关于派杨恩湛办事的函
一九二八年三月二十三日

径启者：奉会长谕,派杨恩湛充条约研究会办事等因,遵此奉达,即希查照。此致。

罗文干致张嘉森函

君劢我兄惠鉴：前奉大札，尔和兄回京复达尊意，谦德高风更深钦仰。修约一事，关系我国前途甚巨。环顾国内，如我兄之潜心研究，有独到眼光者，尚罕其俦。虽冲怀谦抑，拟暂不奉薪，以成兄志，顾暌违两地，就教无从，时殷怀企，务祈惠然肯来匡我不逮，岂惟弟一人之私幸，修约前途实利赖之。专布祗颂台祺。总长衔。

附录二：外交部条约研究会经费

通商司致条约研究会函

径启者：查由关税项下提拨贵会十五年十二月份经费洋二千元，上年底总税务司开具汇丰银行支票一纸，连同收款证一纸，呈由税务处咨送到部。该款当经出纳科照收，转交贵会应用，并由本司将收款证径呈贵会会长签字盖印讫，办文复达税务处各在案。兹特函达查照。此致条约研究会。外交部通商司，一月六日。

通商司致条约研究会函

径启者：准税务处咨送，由关税项下提拨贵会本年一月份经费洋二千元支票一纸暨收款证一纸到部。除前项支票，计洋二千元，当经出纳科照收，转交贵会外，兹将收款证一纸送上，希即呈贵会长于该收款证上签字盖印，仍送还本司，以便咨复税务处，转令总税务司备案可也。此致条约研究会。外交部通商司，一月廿六日。

条约研究会致通商司函

径启者：准一月二十六日函，送收款证一纸，希签字盖印送还等因前来。查该收款证现已经本会会长签字盖印，相应备函送还，即希查收转复为荷。此致。附件。条约研究会,十六年二月九日。

通商司致条约研究会函

径启者:准税务处咨送,由关税项下提拨贵会本年二月份经费洋二千元支票一纸暨收款证一纸到部。除前项支票,计洋二千元,当经出纳科照收,转交贵会外,兹将收款证一纸送上,希即呈贵会长于该收款证上签字盖印,仍送还本司,以便咨复税务处,转令总税务司备案可也。此致条约研究会。附收款证一件。外交部通商司,廿六日。

条约研究会致通商司函

径启者:准二月二十六日函,送收款证一纸,希签字盖印送还等因前来。查该收款证现已经本会会长签字盖印,相应备函送还,即希查收转复为荷。此致。附件。条约研究会,十六年三月二日。

条约研究会提出阁议追加经费事

查条约研究会经费,原经国务会议通过,月给三千元,嗣由关税项下每月提拨二千元在案。当初规定此数,本系于研究筹备之中,寓撙节公帑之意,乃自开会以来,事务异常繁剧。计各国条约业已到期,并已正式开会修改者,有比约、法约、日约;不久即将开会修改者,有西班牙约;已经提议修改,正在交涉之中者,又有墨西哥约;而最近英国提案内容,亦与修约之事息息相关。经纬万端,诸待研究,且修约中最关重要之问题,如法权、税权、航权等,均属专门性质,必须于本部部内人员之外,延揽专门人材,方收集思广益之效。他如每次会议之中西文记录、各项文件之编译,以及对外接洽、实地调查，事务纷繁，远过未开会以前所预料。会中原定经费，以及现有人员实属不敷分配。方今外部款项异常支绌，筹垫无方，拟请准予每月追加经费五千元，连同原定之三千元，共八千元，统由关税项下按月照拨，以资应付，而利进行。是否可行，提请公决。十六年三月十日。

通商司致条约研究会函

径启者：准税务处咨送，由关税项下提拨贵会本年三月份经费洋二千元支票一纸暨收款证一纸到部。除前项支票，计洋二千元，当经出纳科照收，转交贵会外，兹将收款证一纸送上，希即呈贵会长于该收款证上签字盖印，仍送还本司，以便咨复税务处，转令总税务司备案可也。此致条约研究会。附收款证一件。外交部通商司。

条约研究会致通商司函

径启者：准函送本会三月份经费收款证一纸，希签字盖印送还等因前来。查该收款证现已经本会会长签字盖印，相应备函送还，即希查收转复为荷。此致。附件。条约研究会，十六年三月廿九日。

通商司致条约研究会函

径启者：准税务处咨送，由关税项下提拨贵会本年四月份经费洋二千元支票一纸暨收款证一纸到部。除前项支票，计洋二千元，当经出纳科照收，转交贵会外，兹将收款证一纸送上，希即呈贵会长于该收款证上签字盖印，仍送还本司，以便咨复税务处，转令总税务司备案可也。此致条约研究会。附收款证一件。外交部通商司，四月廿三日。

条约研究会致通商司函

径启者：准四月二十三日函，送本会四月份经费收款证一纸，希签字盖印送还等因前来。查该收款证现已经本会会长签字盖印，相应备函送还，即希查收转复为荷。此致。附件。条约研究会，十六年四月二十八日。

通商司致条约研究会函

径启者：准税务处咨送，由关税项下提拨贵会本年五月份经费洋二千元支票一纸暨收款证一纸到部。除前项支票，计洋二千元，当经出纳科照收，转交贵会外，兹将收款证一纸送上，希即呈贵会长于该收款证上签字盖印，仍送还本司，以便咨复税务处，转令总税务司备案可也。此致条约研究会。附收款证一件。外交部通商司，六月十一日。

条约研究会致通商司函

径启者：准六月十一日函，送本会五月份经费收款证一纸，希签字盖印送还等因前来。查该收款证现已经本会会长签字盖印，相应备函送还，即希查收转复为荷。此致。附件。条约研究会，十六年六月廿八日。

通商司致条约研究会函

径启者：准税务处咨送，由关税项下提拨贵会本年六月份经费洋二千元支票一纸暨收款证一纸到部。除前项支票,计洋二千元,当经出纳科照收,转交贵会外,兹将收款证一纸送上,希即呈贵会长于该收款证上签字盖印,仍送还本司,以便咨复税务处,转令总税务司备案可也。此致条约研究会。附收款证一件。外交部通商司。

条约研究会致通商司函

径启者:准六月二十八日函,送本会六月份经费收款证一纸,希签字盖印送还等因前来。查该收款证现已经本会会长签字盖印,相应备函送还,即希查收转复为荷。此致。附件。条约研究会,十六年七月七日。

条约研究会致外交部函

径启者:本会经费本经三月十六日国务会议议决,原定每月由关余项下拨付七千元在案,嗣经七月十九日国务会议议决,自七月份起,改为每月拨三千五百元,并经财政部允许,以所余三千五百元借拨外交部作为使领经费等因,相应将七月份本会经费借拨外交部项下三千五百元,开送支票一纸,即希查收见复为荷。此致。附支票一纸。十六年八月廿七日。

外交部总务厅致条约研究会函

径复者:接准函称,本会经费经国务会议议决,自七月份改为月拨三千五百元,财政部允以所余三千五百元作为使领经费等因,应将本会借拨外交部项下洋三千五百元开送支票一纸,希查收见复等因。查上项七月份借拨使领经费三千五百元支票一纸,本部业经收到，相应函复查照可也。此致条约研究会。外交部总务厅，八月二十九日。

条约研究会致财政部函

径启者：关于本会与贵部接洽款项等事件，嗣后派本会事务员关文良随时赴贵部接洽，相应函送，即希查照为荷。此致。十六年九月三日。

条约研究会致外交部函

径启者：本会七月份经费借拨外交部使领经费项下之三千五百元，业经函送查收在案。兹将八月份借拨使领经费项下之三千五百元开送支票一纸，即希查收见复可也。此致。附支票一纸。十六年九月七日。

外交部总务厅致条约研究会函

径复者：接准函称，本会七月份经费借拨外交部使领经费项下之三千五百元，业经函送查收在案，兹将八月份借拨使领经费项下之三千五百元开送支票一纸，即希查收见复等因。查前项八月份借拨使领经费三千五百元支票一纸，本部业经收到，相应函复查照可也。此致条约研究会。外交部总务厅，九月十四日。

条约研究会致外交部函

径启者：本会八月份经费借拨外交部使领经费项下之三千五百元，业经函送查收在案。兹将九月份借拨使领经费项下之三千五百元开送支票一纸，即希查收见复可也。此致。附支票一纸。

十六年十月十二日。

外交部总务厅致条约研究会函

径复者：接准函称，本会八月份经费借拨外交部使领经费项下之三千五百元，业经函送查收在案，兹将九月份借拨使领经费项下之三千五百元开送支票一纸，即希查收见复等因。查前项九月份借拨使领经费三千五百元支票一纸，本部业经收到，相应函复查照可也。此致条约研究会。外交部总务厅，十月十四日。

外交部致罗文干函

钧公总长左右：关于条约研究会经费事，原议每月二千元，自十五年十二月份起，至本年九月止。本年五月，又经商得使团同意，自本年六月份起，追加五千元，由关余项下照拨，以一年为期。计期，应至明年五月方行付讫。现总税务司所发收条内，似以第一次原请期限计算，至本年九月即作为已经付讫。前曾由陈提调向说，未得要领。执事系原经手磋议人员，可否请向总税务司一商，照追加案照付。兹将本部与使团往来文件及总税务司所印收条各抄送一份，即祈察阅进行为盼。专此并颂勋绥。十六年九月二十七日。

条约研究会致外交部函

径启者：本会经费自本年七月份起，每月借拨外交部使领经费项下之三千五百元，业已照拨至九月份止，先后开具支票函送查收在案。至十月份以后应拨使领经费项下之三千五百元，现在本会经费异常支绌，不敷开支，拟请即行拨给本会应用，以资应付，至纫公谊。此致。十六年十二月九日。

外交部致梁士诒函

燕老督办尊鉴：本月二十三日曾经函请将每月海关指拨本部各项经费径行送部，比承俞允，无任感纫。惟前函所言外交部各项经费，外交部条约研究会经费自亦包括在内。按之以前惯例，均系连本部各项经费一并照拨本部，乃本日本部出纳科仅将部费及使费领到，至该会经费，字琴提调云，必须再得我公一言，方可照办。务恳立予转告主管人员照付，以便星期一派员走领。不胜感祷，专此敬颂勋绥。总长衔。十七年四月二十八日。

外交部致税务处函

径启者：查海关指拨本部各项经费在案，向由贵处径送本部，嗣于上年变原办法，始由财政部转交。现在政费保管委员会业经成立，对于各机关经费，已另有规定，所有上年新定办法，自不适用。嗣后海关所拨本部各项经费支票，应请仍照例由贵处径予送部。至纫公谊，相应函达，即希查照见复为荷。此致。十七年四月廿三日。

罗文干致梁士诒书

燕老督办尊鉴：海关每月指拨本部各项经费支票，径行送部一案，辱承俞允，务乞迅饬照办。至财部及保管委员会方面，自当由〇负责办理请衔。厪注为祷，专此敬颂勋绥。总长衔。十七年四月廿三日。

附录三：外交部条约研究会津贴及车马费

朱石孙致钱泰函

阶平姻世兄大人惠鉴：违教甚念。弟日内携谱笙先生之太夫人返沪，如有竹报，即请掷交。亮公之条约会薪水能预支最妙；否则届时请交修订法律馆庶务主任梁钜屏兄代收可也。专盼致祈。弟朱石孙启，五月十八日。

钱泰致朱石孙函

笑山姻丈大人赐鉴：接奉手示，诵悉一切。本月份条约研究会经费尚未送到，亮公津贴预支难办，应令到后即遵示送梁钜屏先生代收可也。专此布复，并颂公绥。

钱泰致梁钜屏函

钜屏先生左右：径启者：朱笑山姻丈南旋时，以函嘱将王总理亮畴条约研究会津贴送由执事代收。兹特将王总理四月份津贴三百元开送支票一纸，随同领款凭条，专人送上，即希查收，并请将领款凭条签印交来人带回为荷。专此敬颂台绥。此致梁先生。五月卅一日。

条约研究会致罗文干、戴陈霖、王继曾、刁作谦、刘崇杰函

径启者：兹送上五月份条约研究会津贴、夫马费取款凭条各一纸，即希签印后，粘附印花票二分，派人到本会走取可也。此致。十六年七月五日。

条约研究会致戴陈霖、王继曾、刁作谦、刘崇杰、
汤尔和、严鹤龄、应时、郑天锡函

径启者：兹送上六月份条约研究会津贴取款凭条一纸，即希签印后，粘附印花票二分，派人到本会走取可也。此致。十六年七月十五日。

钱泰致梁钜屏函

钜屏先生左右：接奉来函，诵悉一切，兹将罗总长五月份条约研究会津贴一百元、夫马费二百元，各开送支票一纸，即希查收转交为盼。专此并颂公绥。十六年七月七日。

钱泰致梁钜屏函

钜屏先生左右：兹将六月份王总理津贴三百元，罗总长津贴一百元、夫马费二百元，各开送支票一纸，随同领款凭条，专人送上，即希查收转交，并请将领款凭条签印后，粘附印花票二份，交来人带回为荷。专此敬颂台绥。十六年七月十五日。

梁钜屏致钱泰函

阶平先生司长大鉴：兹缴上罗总长文干由贵会支领津贴及夫

马费收条二纸,(一)一四三号,金额一百元;(一)一六四号,金额二百元。即希查照为荷。此颂台绥。梁钜屏敬启。七月七日。

条约研究会致戴陈霖、王继曾、刁作谦、刘崇杰、汤尔和、严鹤龄、应时、郑天锡函

径启者：兹送上七月份条约研究会津贴取款凭条一纸,即希签印后,粘附印花票二分,派人到本会走取可也。此致。附件。十六年八月。

钱泰致梁钜屏函

钜屏先生左右：兹将七月份本会罗总长津贴一百元、夫马费二百元,各开送支票一纸,随同领款凭条,专人送上,即希查收转交,并请将领款凭条签印后,粘附印花票二分,交来人带回为荷。专此敬颂台绥。卅一日。

条约研究会致沈瑞麟、姚震、汤尔和、赵恩庆、戴陈霖、王继曾、严鹤龄、应时、刁作谦、郑天锡函

径启者：兹送上八月份条约研究会津贴取款凭条一纸,即希签印后,粘附印花票二分,派人到本会走取可也。此致。附件。十六年九月六日。

钱泰致梁钜屏函

钜屏先生左右：兹将八月份本会罗总长津贴一百元、夫马费二百元,各开送支票一纸,随同领款凭条,专人送上,即希查收转交,并请将领款凭条签印后,粘附印花票二分,交来人带回为荷。

专此敬颂台绥。九月六日。

条约研究会致姚震、赵恩庆、戴陈霖、
王继曾、应时、刁作谦、郑天锡函

径启者：兹送上九月份条约研究会津贴取款凭条一纸，即希签印后，粘附印花票二分，派人到本会走取可也。此致。附件。十六年十月五日。

钱泰致梁钜屏函

钜屏先生左右：兹将九月份本会罗总长津贴一百元、夫马费二百元，各开送支票一纸，随同领款凭条，专人送上，即希查收转交，并请将领款凭条签印后，粘附印花票二分，交来人带回为荷。专此敬颂台绥。

条约研究会致赵恩庆、姚震、戴陈霖、
王继曾、应时、刁作谦、郑天锡函

径启者：兹送上十月份条约研究会津贴取款凭条一纸，即希签印后，粘附印花票二分，派人到本会走取可也。此致。附件。十六年十一月一日。

钱泰致梁钜屏函

钜屏先生左右：兹将十月份本会罗总长津贴一百元、夫马费二百元，各开送支票一纸，随同领款凭条，专人送上，即希查收转交，并请将领款凭条签印后，粘附印花票二分，交来人带回为荷。专此敬颂台绥。

条约研究会致赵恩庆、姚震、戴陈霖、应时、
王继曾、刁作谦、郑天锡函

径启者：兹送上十一月份条约研究会津贴取款凭条一纸，即希签印后，粘附印花票二分，派人到本会走取可也。此致。附件。十六年十一月三十日。

钱泰致梁钜屏函

钜屏先生左右：兹将十一月份本会罗总长津贴一百元、夫马费二百元，各开送支票一纸，随同领款凭条，专人送上，即希查收转交，并请将领款凭条签印后，粘附印花票二分，交来人带回为荷。专此敬颂台绥。

条约研究会致赵恩庆、姚震、戴陈霖、
应时、王继曾、刁作谦、郑天锡函

径启者：兹送上十二月份条约研究会津贴取款凭条一纸，即希签印后，粘附印花票二分，派人到本会走取可也。此致。附件。十六年十二月廿九日。

钱泰致梁钜屏函

钜屏先生左右：兹将十二月份本会罗总长津贴一百元、夫马费二百元，各开送支票一纸，随同领款凭条，专人送上，即希查收转交，并请将领款凭条签印后，粘附印花票二分，交来人带回为荷。专此敬颂台绥。

条约研究会致赵恩庆、姚震、戴陈霖、应时、
王继曾、刁作谦、郑天锡函

径启者：兹送上一月份条约研究会津贴取款凭条一纸，即希签印后，粘附印花票二分，派人到本会走取可也。此致。附件。十七年一月十八日。

钱泰致梁钜屏函

钜屏先生左右：兹将一月份本会罗总长津贴一百元、夫马费二百元，各开送支票一纸，随同领款凭条，专人送上，即希查收转交，并请将领款凭条签印后，粘附印花票二分，交来人带回为荷。专此敬颂台绥。

条约研究会致赵恩庆、姚震、戴陈霖、
应时、王继曾、刁作谦函

径启者：兹送上二月份条约研究会津贴取款凭条一纸，即希签印后，粘附印花票二分，派人到本会走取可也。此致。附件。十七年二月廿七日。

钱泰致朱石孙函

笑山姻丈大人赐鉴：奉电敬悉，兹将王总理条约研究会二月份津贴三百元支票一纸，随同领款凭条，一并奉上，即希查收，并请将领款凭条签印，交来人带回为荷。专此并颂勋绥。

钱泰致梁钜屏函

钜屏先生左右：兹将二月份本会罗院长津贴一百元、夫马费二百元，各开送支票一纸，随同领款凭条，专人送上，即希查收转交，并请将领款凭条签印后，粘附印花票二分，交来人带回为荷。专此敬颂台绥。

条约研究会致姚震、王荫泰、戴陈霖、张嘉森、
王继曾、刁作谦、应时、赵恩庆函

径启者：兹送上三月份条约研究会津贴取款凭条一纸，即希签印后，粘附印花票二分，派人到本会走取可也。此致。附件。十七年三月廿九日。

钱泰致朱石孙函

笑山姻丈大人赐鉴：兹将王总理条约研究会三月份津贴三百元支票一纸，随同领款凭条，一并奉上，即希查收，并请将领款凭条签印，交来人带回为盼。专此并颂公绥。

朱石孙致钱泰函

阶平姻兄大鉴：示悉支票亦（已）照收，兹将收条奉上，即希察收是荷。专颂刻祉。弟孙启，四月廿八日。

钱泰致陈溥贤函

径启者：兹送上条约研究会张顾问东荪三月份津贴取款凭条，随同一百五十三元支票各一纸，即希查收转交，并祈将取款凭

条代签,掷交来人带下为荷。此希。即颂撰祺。

陈溥贤致钱泰函

介(阶)平先生大鉴:手书及张东荪兄三月份津贴一百五十三元中行支票一纸,均已收到无误,兹将收据代签送上,即希察收为荷。专此即请大安。弟陈溥贤谨上,四月十六日。

钱泰致陈溥贤函

博生先生左右:径启者:兹送上条约研究会张顾问东荪四月份津贴领款凭条,随同一百六十元支票各一纸,即希查收转交,并祈将取款凭条代签掷还为荷。此希。即颂撰祺。

陈溥贤致钱泰函

介(阶)平先生大鉴:送来张东荪兄四月份津贴一百六十元,收到即代为转交,收据已签名盖章附还。专复,即请大安。弟溥贤上言,五月二日。

条约研究会致姚震、王荫泰、戴陈霖、 王继曾、刁作谦、应时、赵恩庆函

径启者:兹送上四月份条约研究会津贴取款凭条一纸,即希签印后,粘附印花票二分,派人到本会走取可也。此致。附件。十七年三月廿九日。

条约研究会致姚震、王荫泰、戴陈霖、王继曾、刁作谦、应时、赵恩庆、张嘉森函

径启者：兹送上五月份条约研究会津贴取款凭条一纸，即希签印后，粘附印花票二分，派人到本会走取可也。此致。附件。十七年五月廿九日。

附录四：条约研究会开会通知

条约研究会致罗文干、王宠惠、王荫泰、
王继曾、戴陈霖、刁作谦函

径启者：兹定于本月十八日星期四下午四时在外交部大楼会议厅开第一次常会，相应将议事日程备函通知，即希查照。此致。十五年十一月十六日。

附件：议事日程第一号（十一月十八日）

日本条约复照；复法使修改越南商约节略；比国人民待遇办法。

条约研究会致罗文干、王宠惠、王荫泰、
王继曾、戴陈霖、刁作谦函

径启者：兹定于本月二十五日星期四下午四时在外交部大楼会议厅开第二次常会，相应将议事日程备函通知，即希查照。此致。十五年十一月二十四日。

附件：议事日程第二号（十一月二十五日）

比国将中比条约提出国际法庭法后，我国对付方法；日本修约手续。

条约研究会致罗文干、王宠惠、王荫泰、
王继曾、戴陈霖、刁作谦函

径启者：兹定于十二月二日星期四下午四时在外交部大楼会议厅开第三次常会，相应将议事日程备函通知，即希查照。此致。十五年十二月一日。

附件：议事日程第三号（十二月二日）

比国将中比条约提出国际法庭法，我国对付方法。

条约研究会致罗文干、王宠惠、王荫泰、刘崇杰、
王继曾、戴陈霖、刁作谦函

径启者：兹定于本月九日星期四下午四时在外交部大楼会议厅开第四次常会，相应将议事日程备函通知，即希查照。此致。十五年十二月八日。

附件：议事日程第四号（十二月九日）

中比条约案；中国西班牙修约案；中墨修约案。

条约研究会致罗文干、王宠惠、王荫泰、
王继曾、戴陈霖、刘崇杰、刁作谦函

径启者：兹定于本月十六日星期四下午五时在外交部大楼会议厅开第五次常会，相应将议事日程备函通知，即希查照。此致。十五年十二月十五日。

附件：议事日程第五号（十二月十六日）

比国提出海牙诉状案；上海会审公堂比国人民诉讼案；修改不平等条约对于领事裁判权问题应取步骤案。

条约研究会致罗文干、王宠惠、王荫泰、
王继曾、戴陈霖、刘崇杰、刁作谦函

径启者：兹定于本月三十日星期四下午五时在外交部大楼会议厅开第六次常会,相应将议事日程备函通知,即希查照。此致。十五年十二月二十九日。

附件：议事日程第六号(十二月三十日)

比国提出海牙诉状案；中国西班牙修约案。

条约研究会致罗文干、王宠惠、王荫泰、
王继曾、戴陈霖、刘崇杰、刁作谦函

径启者：兹定于本月六日星期四下午五时在外交部大楼会议厅开第七次常会,相应将议事日程备函通知,即希查照。此致。十六年一月五日。

附件：议事日程第七号(一月六日)

中法修约问题；法权问题。

条约研究会致罗文干、王宠惠、王荫泰、
王继曾、戴陈霖、刘崇杰、刁作谦函

径启者：兹定于本月十三日星期四下午五时在外交部大楼会议厅开第七次常会,相应将议事日程备函通知,即希查照。此致。十六年一月十二日。

附件：议事日程第七号(一月十三日)

法权问题；中法条约草案；中比条约案。

条约研究会致罗文干、王宠惠、王荫泰、
王继曾、戴陈霖、刘崇杰、刁作谦函

径启者：兹定于本月二十日星期四下午五时在外交部大楼会议厅开第八次常会，相应将议事日程备函通知，即希查照。此致。十六年一月十八日。

附件：议事日程第八号（一月二十日）

比国中止海牙诉讼问题；中法越南商约新草案。

条约研究会致罗文干、王宠惠、王荫泰、
刁作谦、戴陈霖、王继曾、刘崇杰函

径启者：本届第八次常会兹改于本月二十二日星期六下午五时在外交部大楼会议厅开会，相应备函通知，即希查照。此致。十六年一月二十一日。

条约研究会致罗文干、王宠惠、王荫泰、
王继曾、戴陈霖、刘崇杰、刁作谦函

径启者：兹定于本月二十四日星期一下午四时在外交部大楼会议厅开第九次常会，相应将议事日程备函通知，即希查照。此致。十六年一月二十四日。

附件：议事日程第九号（一月二十四日）

关税条款。

条约研究会致罗文干、王宠惠、王荫泰、
王继曾、戴陈霖、刘崇杰、刁作谦函

　　径启者：兹定于本月二十七日星期四下午三时在外交部大楼会议厅开第十次常会，相应将议事日程备函通知，即希查照。此致。十六年一月二十六日。

　　附件：议事日程第十号(一月二十七日)

　　法权问题；中法越南商约问题。

条约研究会致罗文干、王宠惠、王荫泰、
王继曾、戴陈霖、刘崇杰、刁作谦函

　　径启者：兹定于本月三十一日星期一下午三时在外交部大楼会议厅开第十一次常会，相应将议事日程备函通知，即希查照。此致。十六年一月三十日。

　　附件：议事日程第十一号(一月三十一日)

　　法权问题(延前会)；中法越南商约问题；中日商约问题。

条约研究会致罗文干、王宠惠、戴陈霖、
王继曾、王荫泰、刘崇杰、刁作谦函

　　径启者：兹定于本月十日星期四下午四时在外交部大楼会议厅开第十二次常会，相应将议事日程备函通知，即希查照。此致。十六年二月九日。

　　附件：议事日程第十二号(二月十日)

　　比约问题；日本约问题。

条约研究会致罗文干、王宠惠、王荫泰、
刁作谦、戴陈霖、王继曾、刘崇杰函

径启者：兹定于本月十七日星期四下午四时在外交部大楼会议厅开第十三次常会，相应将议事日程备函通知，即希查照。此致。十六年二月十六日。

附件：议事日程第十三号（二月十七日）

中日约案；英国提案。

条约研究会致罗文干、王宠惠、王荫泰、
刁作谦、戴陈霖、王继曾、刘崇杰函

径启者：兹定于本月二十四日星期四下午三时半在外交部大楼会议厅开第十四次常会，相应将议事日程备函通知，即希查照。此致。十六年二月二十三日。

附件：议事日程第十四号（二月二十四日）

中法约案；英国提案。

条约研究会致罗文干、王宠惠、王荫泰、
戴陈霖、王继曾、刁作谦、刘崇杰函

径启者：兹定于本月二十六日星期六下午四时在外交部大楼会议厅开第十五次常会，相应将议事日程备函通知，即希查照。此致。十六年二月二十五日。

附件：议事日程第十五号（二月二十六日）

中比约案；英国提案；中法约案。

条约研究会致罗文干、王宠惠、王荫泰、
戴陈霖、王继曾、刁作谦、刘崇杰函

径启者：兹定于本月三日星期四下午四时在外交部大楼会议厅开第十六次常会，相应将议事日程备函通知，即希查照。此致。十六年三月二日。

附件：议事日程第十六号(三月三日)

比国法权问题；英国提案。

条约研究会致罗文干、王宠惠、王荫泰、
戴陈霖、王继曾、刁作谦、刘崇杰函

径启者：兹定于本月十日星期四下午四时在外交部大楼会议厅开第十七次常会，相应将议事日程备函通知，即希查照。此致。十六年三月九日。

附件：议事日程第十七号(三月十日)

法约草案；比国法权问题。

条约研究会致罗文干、王宠惠、王荫泰、
戴陈霖、王继曾、刁作谦、刘崇杰函

径启者：兹定于本月十七日星期四下午四时在外交部大楼会议厅开第十八次常会，相应将议事日程备函通知，即希查照。此致。十六年三月十六日。

附件：议事日程第十八号(三月十七日)

法约草案；日本最惠国条款。

条约研究会致罗文干、王宠惠、王荫泰、
戴陈霖、王继曾、刁作谦、刘崇杰函

径启者:兹定于本月二十一日星期一下午四时在外交部大楼会议厅开第十九次常会,相应将议事日程备函通知,即希查照。此致。十六年三月十九日。

附件:议事日程第十九号(三月二十一日)

日本最惠国条款;法约草案。

条约研究会致罗文干、王宠惠、王荫泰、
戴陈霖、王继曾、刁作谦、刘崇杰函

径启者:兹定于本月二十四日星期一下午四时在外交部大楼会议厅开第十九次常会,相应将议事日程备函通知,即希查照。此致。十六年三月二十三日。

附件:议事日程第十九号(三月二十四日)

日本最惠国条款;法约草案。

条约研究会致罗文干、王宠惠、王荫泰、
戴陈霖、王继曾、刁作谦、刘崇杰函

径启者:兹定于四月一日星期五下午三时半在外交部大楼会议厅开第二十次常会,相应将议事日程备函通知,即希查照。此致。十六年三月三十日。

附件:议事日程第二十号(三月三十一日)

法约草案。

条约研究会致罗文干、王宠惠、王荫泰、
戴陈霖、王继曾、刁作谦、刘崇杰函

径启者：兹定于本月十二日星期二下午四时在外交部大楼会议厅开第二十一次常会，相应将议事日程备函通知，即希查照。此致。十六年四月九日。

附件：议事日程第二十一号（四月七日）

中法约案；比国租界问题；西班牙约案。

条约研究会致罗文干、王宠惠、王荫泰、
戴陈霖、王继曾、刁作谦、刘崇杰函

径启者：兹定于本月十四日星期四下午三时半在外交部大楼会议厅开第二十一次常会，相应将议事日程备函通知，即希查照。此致。十六年四月十二日。

附件：议事日程第二十一号（四月十四日）

中法约案；比国租界问题；西班牙约案。

条约研究会致罗文干、王宠惠、王荫泰、
戴陈霖、王继曾、刁作谦、刘崇杰函

径启者：兹定于本月二十二日星期五下午四时在外交部大楼会议厅开第二十二次常会，相应将议事日程备函通知，即希查照。此致。十六年四月二十日。

附件：议事日程第二十二号（四月二十二日）

比国租界案。

条约研究会致罗文干、王宠惠、王荫泰、
戴陈霖、王继曾、刁作谦、刘崇杰函

径启者：兹定于本月二十九日星期五下午四时在外交部大楼会议厅开第二十三次常会，相应将议事日程备函通知，即希查照。此致。十六年四月二十八日。

附件：议事日程第二十三号（四月二十九日）

外人在中国土地所有权问题；最惠国原则问题。

条约研究会致罗文干、王宠惠、王荫泰、
戴陈霖、王继曾、刁作谦、刘崇杰函

径启者：兹定于本月六日星期五下午四时在外交部大楼会议厅开第二十四次常会，相应将议事日程备函通知，即希查照。此致。十六年五月四日。

附件：议事日程第二十四号（五月六日）

土地所有权案；内地杂居案；中比诉讼国际法庭规定，呈递答辩文据日期为本年五月二十五日，现不久即将到期，应如何应付案。

条约研究会致罗文干、王宠惠、王荫泰、
戴陈霖、王继曾、刁作谦、刘崇杰函

径启者：兹定于本月十三日星期五下午四时在外交部大楼会议厅开第二十五次常会，相应将议事日程备函通知，即希查照。此致。十六年五月十三日。

附件：议事日程第二十五号（五月十三日）

中日商约草案;土地所有权案。

条约研究会致罗文干、王宠惠、王荫泰、
戴陈霖、王继曾、刁作谦、刘崇杰函

径启者:兹定于本月二十七日星期五下午四时在外交部大楼会议厅开第二十六次常会,相应将议事日程备函通知,即希查照。此致。十六年五月二十五日。

附件:议事日程第二十六号(五月二十七日)

内河航行问题。

条约研究会致罗文干、王宠惠、王荫泰、
戴陈霖、王继曾、刁作谦、刘崇杰函

径启者:兹定于本月十日星期五下午四时在外交部大楼会议厅开第二十七次常会,相应将议事日程备函通知,即希查照。此致。十六年六月七日。

附件:议事日程第二十七号(六月十日)

航行条款;中墨修约问题。

条约研究会致罗文干、王宠惠、戴陈霖、
王继曾、刁作谦、刘崇杰、吴晋函

径启者:兹定于本月二十九日星期五下午五时半在外交部大楼开第二十八次常会,相应将议事日程备函通知,即希查照。此致。十六年七月廿八日。

附件:议事日程第二十八号(七月二十九日)

法约问题;西班牙约问题;和(荷)属领约问题。

条约研究会致罗文干、王宠惠、戴陈霖、
刁作谦、王继曾、刘崇杰、吴晋函

径启者：兹定于本月五日星期五下午五时半在外交部大楼会议厅开第二十九次常会，相应将议事日程备函通知，即希查照。此致。十六年八月四日。

附件：议事日程第二十九号（八月五日）

西班牙约案；日本约案。

条约研究会致罗文干、王宠惠、戴陈霖、
王继曾、刁作谦、刘崇杰、吴晋函

径启者：兹定于本月十二日星期五下午五时半在外交部大楼会议厅开第三十次常会，相应将议事日程备函通知，即希查照。此致。十六年八月十一日。

附件：议事日程第三十号（八月十二日）

中国日斯巴尼亚约案；中日约案。

条约研究会致姚震、罗文干、王荫泰、沈瑞麟、
赵恩庆、戴陈霖、王继曾、刁作谦、吴晋函

径启者：兹定于本月二十六日星期五下午五时半在外交部大楼会议厅开第三十一次常会，相应将议事日程备函通知，即希查照。此致。十六年八月二十五日。

附件：议事日程第三十一号（八月二十六日）

中法约案；中日约案；外国人入境居留法大纲草案。

条约研究会致姚震、罗文干、王荫泰、沈瑞麟、 赵恩庆、戴陈霖、王继曾、刁作谦、吴晋函

径启者：兹定于九月二日星期五下午四时半在外交部大楼会议厅开第三十二次常会，相应将议事日程备函通知，即希查照。此致。十六年九月一日。

附件：议事日程第三十二号（九月二日）

中国西班牙约案；局部外人内地杂居及土地所有权案；中墨约案。

条约研究会致姚震、罗文干、王荫泰、沈瑞麟、 赵恩庆、戴陈霖、王继曾、刁作谦、吴晋、严鹤龄函

径启者：兹定于九月十六日星期五下午四时半在外交部大楼会议厅开第三十三次常会，相应将议事日程备函通知，即希查照。此致。十六年九月十五日。

附件：议事日程第三十三号（九月十六日）

最惠国待遇问题。

条约研究会致姚震、罗文干、王荫泰、沈瑞麟、赵恩庆、 戴陈霖、王继曾、刁作谦、吴晋、严鹤龄函

径启者：兹定于九月三十日星期五下午四时半在外交部大楼会议厅开第三十四次常会，相应将议事日程备函通知，即希查照。此致。十六年九月廿八日。

附件：议事日程第三十四号（九月三十日）

中法约案。

条约研究会致姚震、罗文干、王荫泰、沈瑞麟、赵恩庆、戴陈霖、王继曾、刁作谦、吴晋、严鹤龄函

径启者：兹定于本月十四日星期五下午四时半在外交部大楼会议厅开第三十五次常会，相应将议事日程备函通知，即希查照。此致。十六年十月十三日。

附件：议事日程第三十五号（十月十四日）

中日约案；中法约案。

条约研究会致王荫泰、顾维钧、罗文干、戴陈霖、姚震、沈瑞麟、赵恩庆、王继曾、刁作谦、吴晋、严鹤龄函

径启者：兹定于本月二十一日星期五下午四时半在外交部大楼会议厅开第三十六次常会，相应将议事日程备函通知，即希查照。此致。十六年十月二十日。

附件：议事日程第三十六号（十月二十一日）

中西约案。

条约研究会致王荫泰、顾维钧、罗文干、戴陈霖、姚震、沈瑞麟、赵恩庆、吴晋、王继曾、刁作谦、严鹤龄函

径启者：兹定于本月二十八日星期五下午四时半在外交部大楼会议厅开第三十七次常会，相应将议事日程备函通知，即希查照。此致。十六年十月二十八日。

附件：议事日程第三十七号（十月二十八日）

中西约案；中法约案。

条约研究会致王荫泰、顾维钧、罗文干、戴陈霖、姚震、沈瑞麟、赵恩庆、吴晋、王继曾、刁作谦、严鹤龄函

径启者：兹定于本月三十一日星期一上午十一时在外交部大楼会议厅开第三十八次常会,相应将议事日程备函通知,即希查照。此致。十六年十月廿九日。

附件:议事日程第三十八号(十月三十一日)

中西约案。

条约研究会致王荫泰、顾维钧、罗文干、吴晋、姚震、沈瑞麟、赵恩庆、戴陈霖、王继曾、刁作谦、严鹤龄函

径启者：兹定于本月四日星期五下午四时半在外交部大楼会议厅开第三十九次常会,相应将议事日程备函通知,即希查照。此致。十六年十一月三日。

附件:议事日程第三十九号(十一月四日)

中西约案;中法约案。

条约研究会致王荫泰、顾维钧、罗文干、吴晋、姚震、沈瑞麟、赵恩庆、戴陈霖、王继曾、刁作谦、严鹤龄函

径启者：兹定于本月九日星期三下午四时半在外交部大楼会议厅开第四十次常会,相应将议事日程备函通知,即希查照。此致。十六年十一月八日。

附件:议事日程第四十号(十一月九日)

中西约案;中法约案。

**条约研究会致王荫泰、顾维钧、罗文干、吴晋、姚震、
沈瑞麟、赵恩庆、戴陈霖、王继曾、刁作谦、严鹤龄函**

径启者：兹定于本月十八日星期五下午四时半在外交部大楼会议厅开第四十一次常会，相应将议事日程备函通知，即希查照。此致。十六年十一月十七日。

附件：议事日程第四十一号（十一月十八日）

中西约案；中法约案。

**条约研究会致王荫泰、顾维钧、罗文干、吴晋、姚震、
沈瑞麟、赵恩庆、戴陈霖、王继曾、刁作谦、严鹤龄函**

径启者：兹定于十二月二日星期五下午四时半在外交部大楼会议厅开第四十二次常会，相应将议事日程备函通知，即希查照。此致。十六年十二月一日。

附件：议事日程第四十二号（十二月二日）

中法约案；中墨约案。

**条约研究会致王荫泰、顾维钧、罗文干、吴晋、姚震、
沈瑞麟、赵恩庆、戴陈霖、王继曾、刁作谦、严鹤龄函**

径启者：兹定于本月九日星期五下午四时半在外交部大楼会议厅开第四十二次常会，相应将议事日程备函通知，即希查照。此致。十六年十二月七日。

附件：议事日程第四十二号（十二月九日）

中法约案；中墨约案。

条约研究会致王荫泰、顾维钧、沈瑞麟、吴晋、罗文干、
姚震、戴陈霖、王继曾、刁作谦、赵恩庆、严鹤龄函

径启者：兹定于本月十六日星期五下午四时半在外交部大楼会议厅开第四十三次常会，相应将议事日程备函通知，即希查照。此致。十六年十二月十五日。

附件：议事日程第四十三号(十二月十六日)

中日航行问题；最惠国条款问题。

条约研究会致王荫泰、顾维钧、沈瑞麟、吴晋、罗文干、
姚震、戴陈霖、王继曾、刁作谦、赵恩庆、严鹤龄函

径启者：兹定于本月三十日星期五下午四时半在外交部大楼会议厅开第四十三次常会，相应将议事日程备函通知，即希查照。此致。十六年十二月廿九日。

附件：议事日程第四十三号(十二月三十日)

中西约案；最惠国条款。

条约研究会致王荫泰、顾维钧、罗文干、吴晋、沈瑞麟、
姚震、赵恩庆、戴陈霖、王继曾、刁作谦、严鹤龄函

径启者：兹定于本月二十四日星期五下午四时半在外交部大楼会议厅开第四十四次常会，相应将议事日程备函通知，即希查照。此致。十七年二月廿三日。

附件：议事日程第四十四号(二月二十四日)

中西约案；中日约案。

条约研究会致罗文干、顾维钧、王荫泰、吴晋、沈瑞麟、
姚震、赵恩庆、戴陈霖、王继曾、刁作谦、严鹤龄函

径启者：兹定于本月八日星期四下午四时半在外交部大楼会议厅开第四十五次常会，相应将议事日程备函通知，即希查照。再，嗣后常会均改在星期四举行，合并声明。此致。十七年三月七日。

附件：议事日程第四十五号（三月八日）

中义约案；中国波兰约案。

条约研究会致罗文干、顾维钧、王荫泰、吴晋、沈瑞麟、
姚震、赵恩庆、戴陈霖、王继曾、刁作谦、严鹤龄函

径启者：兹定于本月十五日星期四下午四时半在外交部大楼会议厅开第四十六次常会，相应将议事日程备函通知，即希查照。此致。十七年三月十四日。

附件：议事日程第四十六号（三月十五日）

中波约案；中希约案。

条约研究会致罗文干、顾维钧、王荫泰、吴晋、沈瑞麟、
姚震、赵恩庆、戴陈霖、王继曾、刁作谦、严鹤龄函

径启者：兹定于本月十二日星期四下午四时半在外交部大楼会议厅开第四十七次常会，相应将议事日程备函通知，即希查照。此致。十七年四月十一日。

附件：议事日程第四十七号（四月十二日）

中葡约案；最惠国条款。

条约研究会致罗文干、顾维钧、王荫泰、吴晋、沈瑞麟、姚震、赵恩庆、戴陈霖、王继曾、刁作谦、严鹤龄、应时函

径启者：兹定于本月三日星期四下午四时半在外交部大楼会议厅开第四十八次常会，相应将议事日程备函通知，即希查照。此致。十七年五月二日。

附件：议事日程第四十八号(五月三日)

最惠国条款问题；比约问题。

图书在版编目（CIP）数据

民国条约研究会会议录：1926—1928／吴文浩整理.
上海：上海古籍出版社，2024. 9. --（近代中外交涉
史料丛刊）. -- ISBN 978-7-5732-1266-5

Ⅰ. D829. 15；K258. 206

中国国家版本馆 CIP 数据核字第 2024V6B813 号

近代中外交涉史料丛刊

民国条约研究会会议录（1926—1928）

吴文浩　整理

上海古籍出版社出版发行

（上海市闵行区号景路 159 弄 1-5 号 A 座 5F　邮政编码 201101）

（1）网址：www.guji.com.cn

（2）E-mail：guji1@guji.com.cn

（3）易文网网址：www.ewen.co

浙江临安曙光印务有限公司印刷

开本 890×1240　1/32　印张 13.625　插页 5　字数 306,000

2024 年 9 月第 1 版　2024 年 9 月第 1 次印刷

ISBN 978-7-5732-1266-5

K·3661　定价：68.00 元

如有质量问题,请与承印公司联系